U0505407

LUMINAIRE
光启

守望思想　逐光启航

理性的反讽

韦伯《新教伦理与资本主义精神》导读

李放春 著

上海人民出版社　LUMINAIRE BOOKS 光启书局

目　录

下　编　探究《新教伦理与资本主义精神》之妙

序言　理性的历史与历史的无理性

百余年来，马克斯·韦伯（Max Weber）的名文《新教伦理与资本主义精神》在西方学界可谓饱受争议，但也备受推崇。在这部经典作品中，韦伯对早期现代（early modern）西方出现的那种视营利赚钱为天职 / 职业（Beruf）的“资本主义精神”及其潜在的基督新教禁欲主义伦理渊源做了匠心独具的妙笔钩沉。它成为一个经典命题。

就韦伯个人而言，《新教伦理与资本主义精神》在其整个学术人生中无疑占据至关重要的地位。韦伯遗孀玛丽安妮·韦伯（Marianne Weber）在为亡夫撰写的传记中曾提到，“这是严重的神经疾病迫使韦伯悲剧性地丧失了生命活力之后，让他这颗学术之星重新闪耀的第一部著述”，同时，这部论著“与他最根本的人格有不解之缘，并以难以确定的方式打上了他人格的烙印”。[①] 而在晚近的另一部韦伯传记中，作者则认为：“这部作品中有关新教的诸多主题均可视作当时韦伯自身境遇的直接反映——他的孤独与绝

① 玛丽安妮·韦伯：《马克斯·韦伯传》，简明译，北京：中国人民大学出版社，2013 年，第 264 页。

望、无助感、渴望释放，竭力寻觅一种可以达成自我救赎的生活方式。”[①] 可见，《新教伦理与资本主义精神》不是一般意义上的学术作品，而是深深烙上了韦伯个人的生命印记。

就这部作品在韦伯著述中的地位而言，其重要性亦毋庸置疑。研究《新教伦理与资本主义精神》的专家、英国历史学者格奥西（Peter Ghosh）认为，这部作品标志了韦伯智识生涯中的一次断裂，或者说一次创造性突破。它是韦伯关于西方现代性——所谓“现代文明”（Kultur）之特点的首次阐发。格奥西甚至认为，《新教伦理与资本主义精神》提出的命题构成韦伯此后的学术工作（包括其比较宗教社会学系列研究以及《经济与社会》的写作）围绕的轴心。就此而论，后续的思想延展相比《新教伦理与资本主义精神》都只具有次级的地位。[②] 韦伯本人也非常钟爱这部未竟的作品，晚年将它收入其《宗教社会学论文集》第一卷并列为首篇。不唯如此，他还为《新教伦理与资本主义精神》的再版花很大精力做修订、补注等工作。

在韦伯身后，这部作品何以获得了如此受人瞩目的学术经典地位？《新教伦理与资本主义精神》的原创性在于韦伯独辟蹊径从16世纪、17世纪“禁欲主义新教”（asketischen Protestantismus）塑造的生活伦理及其历史

---

① Joachim Radkau, *Max Weber: A Biography*, Cambridge: Polity Press, 2009, p. 200.

② 参阅 Peter Ghosh, *Max Weber and The Protestant Ethic: Twin Histories*, Oxford: Oxford University Press, 2014, pp. viii, 183-184。

演变中梳理、辨识出现代“资本主义精神”的文化“出身”。这项精神史的考察，揭示出看似极度悖反的历史谱系关联，其反直觉的论断深深震动了韦伯的同时代人。例如，在1925年发表的一篇论文中，奥地利学者施潘（Othmar Spann）有感于韦伯命题的不可思议，形容它就像是“要从火热出发来解释冰冷”一样悖反。[①]“二战”后，韦伯成为西方（首先是美国）社会科学界的热点人物，而经帕森斯（Talcott Parsons）翻译的《新教伦理与资本主义精神》也随之逐渐获得了经典地位。特别是对英美世界而言，这部由一位来自非英美世界的欧陆学者撰成的文化史杰作——或可称之为一部“精神资本论”——揭示出了现代西方资本主义文化的英美清教（韦伯所谓“禁欲主义新教”）渊源。因此，它受到英美世界的特别推崇就在情理之中了。至于“二战”后的联邦德国，《新教伦理与资本主义精神》则是在接受帕森斯式的现代化理论再教育过程中才重新复兴起来。

对中国读者而言，《新教伦理与资本主义精神》又有着别样的知识与政治意涵。20世纪80年代，伴随着社会科学“补课”，帕森斯的《新教伦理与资本主义精神》英译本被引入大陆。特别是三联书店1987年出版的中译本（于晓等译，收入“现代西方学术文库”），流传甚广。此后，《新

---

① 转引自 Joshua Derman, *Max Weber in Politics and Social Thought: From Charisma to Canonization*, New York: Cambridge University Press, 2012, p. 89。

教伦理与资本主义精神》在很大程度上成为国内学界管窥“西方”文化堂奥的重要门径。同时，它在相当程度上也和现代化理论范式建立起密切关联。特别是韦伯在那篇著名序言中的发问——“为什么科学的、艺术的、政治的或经济的发展没有在印度、在中国也走上西方现今所特有的这条理性化道路呢？”[①]——不知曾深深震撼过多少中国学人的心灵。

然而，在《新教伦理与资本主义精神》的全球学术传播过程中，不免由于时空错位、文化隔膜而造成诸多的误读。韦伯关于资本主义“精神”的文化史考察高度凸显了基督教文化特别是“理性的”禁欲主义新教伦理在现代资本主义进程中发挥的重要作用。到 1920 年《新教伦理与资本主义精神》收入其《宗教社会学论文集》再版时，他为文集撰写的总序中则将其研究题域进一步拓展为所谓“西方文化特有的‘理性主义’”（spezifisch gearteten „Rationalismus“ der okzidentalen Kultur）问题。[②] 实际上，这个远为宏大的问题意识是 1909 年前后才开始发展出来的，而并不是韦伯 1904 年发表《新教伦理与资本主义精神》第一部分“问题”时的问题意识。[③] 德国的韦伯研

---

① 马克斯 · 韦伯：《新教伦理与资本主义精神》，于晓、陈维纲等译，北京：生活 · 读书 · 新知三联书店，1987 年，第 15 页。

② Max Weber, *Die protestantische Ethik und der Geist des Kapitalismus, Max Weber Gesamtausgabe*, I/18, Hg. von Wolfgang Schluchter, Tübingen: J. C. B. Mohr, 2016, S.116.

③ 参阅玛丽安妮 · 韦伯：《马克斯 · 韦伯传》，第 263—264 页。

究权威专家施路赫特（Wolfgang Schluchter）将此视为韦伯思想的“第二次突破”。[①]然而，帕森斯的《新教伦理与资本主义精神》英译本（在英方出版社安排下）将这篇序言以“作者序言”为题放置在《新教伦理与资本主义精神》正文前，导致了几代读者的误会。[②]在汉语学界，从起初的“文化决定论”批判到近来的“文化帝国主义”指控，对《新教伦理与资本主义精神》的各种误读可谓比比皆是、层出不穷。

实际上，此前已有不少学者关注到《新教伦理与资本主义精神》前后两个版本的差异，并强调《新教伦理与资本主义精神》最初文本独立的研究价值。美国历史学者利伯森（Harry Liebersohn）指出，韦伯后来对《新教伦理与资本主义精神》的增订旨在使其契合于他关于世界诸宗教的比较研究这一更为宏阔的语境，然而却在某种程度上模糊了其研究初衷。[③]例如，韦伯在其分析中高度凸显了加尔文宗（及其他禁欲主义新教派别）与路德宗之间的差异，其中隐含的政治用意，可说是为正在崛起中的德意志民族

---

① 参阅 Wolfgang Schluchter, *Rationalism, Religion, and Domination: A Weberian Perspective*, translated by Neil Solomon, Berkeley and Los Angeles: University of California Press, 1989, pp. 44-48。

② 关于《新教伦理与资本主义精神》出版过程中各方的协商情况，参阅 Lawrence A. Scaff, *Max Weber in America*, Princeton: Princeton University Press, 2011, pp. 217-219。

③ 参阅 Harry Liebersohn, *Fate and Utopia in German Sociology, 1870-1923*, Cambridge, Mass.: MIT Press, 1988, p. 226。

与帝国提供一个从文化上反省自身弊病（路德宗的传统主义、俾斯麦式的政治威权主义）的历史借镜。借用德裔美国学者罗特（Guenther Roth）的说法，就是"要把盎格鲁－撒克逊的过去当作一面镜子来映照德国的现实"。[①] 这与 1920 年序言的立意可谓大相径庭。2001 年，卡尔伯格（Stephen Kalberg）新译的《新教伦理与资本主义精神》英译本出版。为避免此前的误读，译者干脆将韦伯 1920 年文集序言作为附录放到最后。[②] 2002 年，贝尔（Peter Baehr）与韦尔斯（Gordon Wells）合作翻译的《新教伦理与资本主义精神》最初版本由企鹅出版社出版。两位译者专门就《新教伦理与资本主义精神》1905 年与 1920 年的两个版本的差异做了长篇讨论。[③] 这个译本也将文集序言作为附录放到最后。

1920 年版序言的错置所引致的"跑偏"只是误读的一个原因。此外，还有很多其他常见的误会。例如，《新教伦理与资本主义精神》常被学界习惯性地视作一部社会学经典。这似乎也有其根据。毕竟，韦伯本人在生前将它收入了其《宗教社会学论文集》中。然而，事实上在《新

① 京特·罗特：《绪论》，载哈特穆特·莱曼、京特·罗特编：《韦伯的新教伦理：由来、根据和背景》，阎克文译，沈阳：辽宁教育出版社，2001 年，第 9 页。

② 卡尔伯格译本的中译本（社会科学文献出版社 2010 年版）则又将序言调到正文的前面。不过，标题中倒是注明了该文是韦伯《宗教社会学论文集》的绪论。

③ Peter Baehr and Gordon Wells, "Addendum on the 1905 and 1920 Versions of the Protestant Ethic," in Max Weber, *The Protestant Ethic and the "Spirit" of Capitalism and Other Writings*, New York: Penguin Books, 2002, pp. xxxiii-lxiii.

教伦理与资本主义精神》的初版中完全没有出现过“社会学”这个字眼。就其最初的知识旨趣而言，韦伯的着眼点在于“资本主义精神”这一独特“历史个体”的文化意义及对其进行归因说明。从“禁欲主义新教”到“资本主义精神”，从巴克斯特（Richard Baxter）的灵魂牧引到富兰克林（Benjamin Franklin）的致富箴言——通过韦伯的妙笔钩沉而浮现出的这一西方文化史谱系，与其说是揭示了什么普遍历史法则（如“理性化”），毋宁说是具体而深入地揭示了人类历史进程之内在的无理性。就此而言，与其说《新教伦理与资本主义精神》是一部社会学经典，倒不如说是一部反社会学经典更确切些。如果带着法则性社会科学的思维方式来阅读这部作品，则势必造成误读。如果对韦伯前期的“历史的文化科学”（historische Kulturwissenschaft）观点缺乏必要的了解，而直接带着他在后期发展出的“理解社会学”（verstehenden Soziologie）观点来阅读这部作品，也可能会产生相当程度的误读。

又如，《新教伦理与资本主义精神》常被视作一部“西方”（相对于“非西方”）自我言说的经典。的确，对于任何阅读帕森斯译本的读者而言，首先跃入眼帘且印象深刻的就是韦伯在“序言”中围绕“西方”（Okzidents/the West）展开的“洋洋自得”的言说。然而，如前所述，韦伯最初写作《新教伦理与资本主义精神》时的经验立足点并不是作为整体的“西方”。[①] 在韦伯的基督教“西方”文明图景中，至少存在传统天主教世界（如意大利、波兰等）、路德宗的德国以及盎格鲁－美利坚清教世界三个文化板块。即使在德国内部，也存在普鲁士的路德宗与西南德国的新教之间的差异，更不用提新教与天主教之间的巨大文化差异了。韦伯在《新教伦理与资本主义精神》中着力凸显的则是加尔文之后的英美清教文化对于现代资本主义文明的独特历史贡献。论其对资本主义发展的文化意义，相较于“禁欲主义新教”，天主教、路德宗和诸如伊斯兰教、佛教、儒教等亚洲宗教一样都属于“传统主义”的范畴。就此而言，与其说《新教伦理与资本主义精神》建构了“西方”，倒不如说它解构了“西方”更确切些。这跟韦伯在 1920 年序言中的立意存在很大的反差。如果带着序言中浓墨重彩描绘的“西方”意象来阅读《新教伦理与资本主义精神》，则很容易跑偏、迷失。

因此，阅读这部经典，最好是先把“序言”放到一边，直接进入文本正文。这样，更有利于把握韦伯原初的问题意识。反过来，先对《新教伦理与资本主义精神》这项研究的理路及其方法论原则有了较好的了解，然后再读

① 当然，韦伯在《新教伦理与资本主义精神》初版中的确就已经展现出初步的“普遍历史”与文明比较视野。例如，他在论及基督教禁欲主义的理性特征时曾指出：“西方修行生活的巨大历史意义（与东方修行生活相对而言），正是以这种理性特征为基础的。”（马克斯·韦伯：《新教伦理与资本主义精神》，1987 年，第 90 页）不过，仅限于此类零星的泛论而已。

韦伯的文集序言，就能对他关于西方文明“特有的‘理性主义’”这个问题意识有更为准确的把握。实际上，这是在不同的研究尺度上提出的问题。在世界不同文明（“宗教”）之间展开社会学的比较研究时，“西方”才被视为一个整体，而淡化了其内部的差异或者说复杂性。它是一个独一无二的“历史个体”，尽管就其对于世界历史进程而言可能具有普遍意涵。相应地，韦伯所谓“西方文化特有的‘理性主义’”并不是说唯独在西方才产生了“理性主义”，才有“理性化”进程。恰恰相反，他在文集序言中明确提出：在世界各文化圈（Kulturkreisen/cultural circles）中，“理性化”会以极为不同的方式在众多不同的生活领域中出现。[①] 也就是说，韦伯关于“理性主义”“理性化”的知识立场是多元主义的，而不是一元主义的。如果我们先读《新教伦理与资本主义精神》就知道，韦伯的多元主义“理性”观在这本书中已初步形成。他明确认为，人们“可以从根本不同的基本观点并在完全不同的方向上使生活理

---

① 参阅 Max Weber, *Die protestantische Ethik und der Geist des Kapitalismus*, S.116。韦伯在序言中当是借用了民族学家格雷布纳（Fritz Graebner）提出的“文化圈”（Kulturkreis）概念，可惜帕森斯由于对此不了解而误译为“文化的各个领域”（areas of culture），以致以讹传讹。参阅 Max Weber, *The Protestant Ethic and the "Spirit" of Capitalism*, translated by Talcott Parsons, London: Routledge, [1992] 2001, p. xxxix；马克斯·韦伯：《新教伦理与资本主义精神》，1987 年，第 15 页；马克斯·韦伯：《新教伦理与资本主义精神》，阎克文译，上海：上海人民出版社，2010 年，第 166 页。卡尔伯格的新译注意到了这个概念，但其理解则与帕森斯没有实质区别（参阅 Max Weber, *The Protestant Ethic and the "Spirit" of Capitalism*, translated by Stephen Kalberg, New York and Abingdon: Routledge, [2001] 2012, pp. 160, 257nt.21）。

性化"。[①] 而在后期的比较宗教社会学研究中，韦伯进一步将这一基本原则运用到关于世界诸文明（文化圈）的认识。例如，他在关于中国文明的开创性研究中将儒教视为与清教截然不同的"理性主义"类型。[②] 应该说，这在当时来说是非常先锋的，也是非常难能可贵的。当然，身为欧洲文明之子，韦伯主要关注的是现代西方理性主义的独特性问题。

无论是前期关于"资本主义精神"之独特性还是后期关于"西方理性主义"之独特性的探究，都和韦伯在与《新教伦理与资本主义精神》同时期发表的《社会科学的与社会政策的知识之"客观性"》这篇重要论文中阐述的社会（文化）科学方法论息息相关。因此，结合这篇方法论文献来阅读《新教伦理与资本主义精神》是一条重要门径。初步了解了韦伯关于"文化实在""历史个体""因果归责""理念型""价值自由（免于价值评判）"等一系列"历史的文化科学"方法论原理后，再来阅读《新教伦理与资本主义精神》，就能对韦伯如何在实质性经验研究中贯彻其科学方法有较好的把握了。

《新教伦理与资本主义精神》不仅出色贯彻了韦伯式文化科学方法，而且集中展示了韦伯式文明史钩沉的匠心独运。"往昔如异邦"（The past is a foreign country）。韦伯

---

① 马克斯·韦伯：《新教伦理与资本主义精神》，1987 年，第 57 页。

② 参阅马克斯·韦伯：《中国的宗教：儒教与道教》，康乐、简惠美译，桂林：广西师范大学出版社，2010 年。

在行文中不厌其烦地反复提醒读者,《新教伦理与资本主义精神》所呈现的这段“精神”史是已经习惯于人本主义、幸福主义思维的现代人难以理解的。为此，他在开篇提出问题后特别提醒读者不要带着现代思维而把工作精神的觉醒理解成追求现世幸福，也不能在启蒙的意义上来理解它（第一章）。与现代人耳熟能详的启蒙叙事截然不同，韦伯着意从宗教改革出发来勾勒西方现代文化的另样历史叙事。无论是16世纪加尔文宗教义的极端非人性（第四章），还是17世纪英格兰清教教牧实践对信众的巨大影响（第五章），抑或是18世纪北美新英格兰人的“资本主义精神”（第二章），对现代西方人而言都是非常陌生的。直到全文篇末，韦伯再次重申：现代人如今已经很难理解昔日宗教观念对人们的生活之道、文化以及“国民性”的重大意义。可以说，韦伯在整个研究中都非常着意保持历史的陌生化。

另一方面，对于现代人而言，历史以及身处历史中的人们又是可理解的。韦伯通过“理性的”（des „Rationalen“）这一概念的运用而建立起这一可理解性。只不过，他所谓的“理性”完全跳出了人本主义、启蒙主义的“理性”概念的框架。例如，他认为清教的入世禁欲主义伦理具有“理性”性质，世俗的“资本主义精神”亦具有“理性”性质，但是，它们的历史生成与文艺复兴以来的人本主义、17世纪以来的人本理性主义无关。可以说，此“理性”实非彼“理性”。在1920年修订版中，韦伯曾特别就“理性”问题加写了一个注释：“如果说本篇文章还有一点真知灼见，但愿这点真知灼见能用来说明表面看似简单的‘理性的’这一概念的复杂性。”[①] 可以说，一方面韦伯的研究理路在策略上是“理性主义”的；但是，另一方面他在研究中对“理性”“理性主义”以及“理性化”的具体处理则又是历史主义的。

有论者指出，《新教伦理与资本主义精神》探讨的核心问题与其说是资本主义，不如说是理性主义。韦伯着重考察的并不是新教与资本主义的关联，而是禁欲主义新教与现代理性主义的关联。[②] 的确，韦伯在分析中经常将“禁欲的”与“理性的”联系起来乃至等同起来。从禁欲主义伦理到资本主义精神，贯穿了“理性主义”的线索。[③] 然而，仅仅看到这一点仍是不够的。因为，这样的现代性叙事很容易沦为有别于现代性启蒙叙事的另一种目的论的（teleological）“理性化”叙事。韦伯在研究中显然清楚地意识到这个潜在陷阱，并通过巧妙的历史钩沉避开了这个

---

① 马克斯·韦伯：《新教伦理与资本主义精神》，1987 年，第 156 页。

② 参阅 Peter Ghosh, *Max Weber and The Protestant Ethic: Twin Histories*, pp. 102-103；Peter Ghosh, "The Protestant Ethic and the 'Spirit' of Capitalism," in Alan Sica, ed., *The Routledge International Handbook on Max Weber*, Abingdon and New York: Routledge, 2023, pp. 147-149。格奥西甚至直接用“理性主义”取代“资本主义”，把韦伯的问题意识重新表述为“禁欲主义新教伦理与理性主义‘精神’”（Peter Ghosh, *Max Weber and The Protestant Ethic: Twin Histories*, p. 135）。

③ 当然，照韦伯后期提出的两种不同“理性”类型来看，新教禁欲主义属于典型的“价值理性”（Wertrationalität/value rationality）而资本主义精神则更近于“目的理性”（Zweckrationalität/purposive rationality）。参阅马克斯·韦伯：《社会学的基本概念》（《韦伯作品集》VII），顾忠华译，桂林：广西师范大学出版社，2005 年，第 31—32 页；G. H. Mueller, "The Notion of Rationality in the Work of Max Weber," *European Journal of Sociology*, vol. 20, no. 1, 1979, pp. 154-155。

陷阱。在他的叙事中，固然“禁欲主义新教”伦理与“资本主义精神”都是“理性”的，但（价值理性的）新教禁欲主义孕育（目的理性的）资本主义精神的历史过程则是“无理性”的。后者绝非前者的目的；毋宁说，它是个意外后果。而且，从宗教革新者们的原初动机（灵魂的救赎、天国的追寻）到其世俗的结果（财富的积累、资本主义“铁笼”)，整个历史过程充满了悖论、反讽的意味。[①] 就此而言，《新教伦理与资本主义精神》绝不能说是一部“西方理性主义”在凯歌中前进的胜利史。韦伯夫人玛丽安妮在谈及这部作品背后的“思想家的人格”时曾评论道：“你可以感受到他深深地为‘激荡胸怀’的人类命运的历程所动。他尤其感到震撼的是，一种理念在尘世间的传播中不管在哪里最终都总会走向自己原来意义的反面，并因此而自我毁灭。”[②] 在这个意义上，韦伯勾勒的“精神”史在经验地展示“观念的力量”的同时也写意地呈现了“观念的悲剧”。身处技术与工具理性主导、享乐主义充斥的现代资本主义“铁笼”之中，他转头回望那早已被人们遗忘的早期“资本主义精神”，并一路追溯其禁欲主义新教伦理起源。这是关于“理性”“理性主义”的历史，也是充满“无理性”、反讽的历史。

---

① 参阅Stephen Kalberg, "Max Weber's Types of Rationality: Cornerstones for the Analysis of Rationalization Processes in History," *American Journal of Sociology*, vol. 85, no. 5, 1980, pp. 1172-1173。

② 玛丽安妮 · 韦伯：《马克斯 · 韦伯传》，第 266 页。

本书上编是在2019年以来我为重庆大学博雅学院的低年级本科生和人文社会科学高等研究院的研究生导读《新教伦理与资本主义精神》的基础上整理而成。由于主要面向没有相关知识背景的初学者，我在导读时尽可能做到深入浅出，使文义变得通俗易懂。整理讲稿的时候，尽可能保留了课堂氛围与导读口吻。与此同时，我也尽可能地把授课内容背后的学术依据通过脚注的形式提供给有兴趣进一步深研的读者。对于初入门的读者而言，由于文化历史背景的隔膜，阅读《新教伦理与资本主义精神》有很大难度。我在导读和注释中尽可能地提供了相关的历史与文化背景知识，以助读者理解文本。此外，讲稿中关于一些关键术语的译法（特别是帕森斯英译导致的问题）商榷，除了相关研究文献外，我尽可能对照了德文《韦伯全集》中收录的《新教伦理与资本主义精神》注疏版（MWG I/18）。讲稿中恕不逐一注明页码。

下编收录的则是我在不同时期完成的两篇相关研究论文。第一篇是二十多年前我在燕园求学时完成的读书报告，曾发表于《北京大学研究生学志》。这篇文章的基本设定是韦伯与马克思的思想对话，大体反映的是20世纪90年代的认识水平。受当时学术潮流的影响，我在本科期间研读过青年马克思的一些著述（如《1844年经济学哲学手稿》《论犹太人问题》等），并在文中有所运用。90年代中后期中国学界开始反思现代化理论，并引入现代性问题。受此影响，我尝试将《新教伦理与资本主义精神》的解读与现代性问题联系起来。另外，当时在北大图书馆的港台文献阅览室可以看到最新出版的港台学术文献，我在那里读到了韦伯的《宗教社会学》（选自《经济与社会》）、德国哲学家雅斯贝尔斯（Karl Jaspers，台译雅思培）的《论韦伯》等，受益匪浅。不过，对我启发最大的则是美国社会学家伯格（Peter Berger）在其名著《社会学邀请》（*Invitation to Sociology: A Humanistic Perspective*，1963）中关于《新教伦理与资本主义精神》的精彩点评。他促使我意识到韦伯的历史叙事中隐含的“反讽”意味。二十多年后，我的基本看法仍然如此。

韦伯的思想深受马克思与尼采两位巨人的影响，如今已众所周知了。我在本科阶段曾关注过韦伯与尼采的思想关联，并一度考虑以此作为毕业论文选题。然而，这个计划却迟迟未能如愿以偿。直到2018年秋季，我在为重庆大学高研院博士生开设的研讨课上导读福柯的法兰西学院讲稿《惩罚的社会》（*La Société punitive: Cours au Collège de France, 1972–1973*）时，萌生了将韦伯在《新教伦理与资本主义精神》中的“精神”史考察与尼采提出的谱系学方法联系起来的想法。于是，多年前的研究兴趣重新被激活了。后续在查找研究文献时，我发现匈牙利裔社会学家绍科尔采伊（Arpad Szakolczai）在《韦伯与福柯》（*Max Weber and Michel Foucault*，1998）一书中关于《新教伦理与资本主义精神》的解读已提出过类似的看法。这对我是个很大的鼓舞。2019年秋季，我有机会到北京大学人文社会科学研究院访问交流。驻访期间，我在文研院的内部交流会上汇报了初步想法。随后，带着自己的问题意识，又静心研读了尼采的一些著作，形成更加具体的理路。2020年春季，适逢韦伯逝世一百周年，我完成了关于韦伯在《新教伦理与资本主义精神》中对尼采谱系学的传承、改造与化用的研究论文，并先后在复旦大学举办的主题为“韦伯：现代政治与文明危机”的政治思想史年会、中国社会科学院社会学研究所社会理论研究室与《社会》编辑部合作举办的主题为“百年韦伯”的社会理论工作坊上宣读。次年，拙文在《史学理论研究》上发表。

两篇论文前后间隔二十余年，但在问题意识上则有其内在的连贯性。它们关注的不是韦伯在《新教伦理与资本主义精神》中探讨的实质问题，而是他在其历史考察中展示的技艺、运用的方法、采用的策略及其背后的历史意识。换句话说，我想探问的是《新教伦理与资本主义精神》这项经典研究之“妙”究竟在何处。要真正回答这个问题，仅仅停留在“反讽”意象上是不够的，还要深入挖掘《新教伦理与资本主义精神》中隐而不彰的“历史方法”。我的初步答案就是韦伯传承自尼采的“道德谱系学”。这些探讨比较深入，在讲稿中基本没有涉及。因此，此番收录作为本书的下编。

▮ 上编 ▮

《新教伦理与资本主义精神》导读

导引

《新教伦理与资本主义精神》可谓现代西方人文社会科学的一部经典名篇。韦伯写作这篇作品的时间大约是在1903至1904年之间，1904年正式发表其第一部分《问题》。写作时间大概和《社会科学的与社会政策的知识之"客观性"》那篇社会科学方法论论文在一个时间段上，所以韦伯当时既在做科学认识论的原理性思考，同时又做实质的经验研究。可谓是现身说法，通过一项具体的研究来示范他主张的历史文化科学或社会科学观。韦伯1864年生人，1904年的时候正好四十周岁，按照我们中国人的说法叫不惑之年。他就是在这个时候接连写出了几篇重要的传世之作。

韦伯在之前的几年精神陷于崩溃，无法工作，到1903年才终于能重新开展学术工作，可是却失业了。好多年不能上讲台，他也不好意思白领工资，就跟学校请辞，不在海德堡大学继续教书带学生了。还好他有个犹太人朋友很有钱，买下了一个学术刊物，并请他来做编辑。这个新的学术角色对韦伯是一个巨大的激励，此后他就以《社会科学与社会政策文献》杂志为阵地，接连发表了一系列重头文

Die protestantische Ethik und der „Geist" des Kapitalismus.

Von

MAX WEBER.

I. Das Problem.

Inhalt: 1. Konfession und soziale Schichtung. — 2. Der „Geist", des Kapitalismus. — 3. Luthers Berufsbegriff. Aufgabe der Untersuchung.

I.

Ein Blick in die Berufsstatistik eines konfessionell gemischten Landes pflegt, mit relativ geringen Abweichungen und Ausnahmen [1]), eine Erscheinung zu zeigen, welche in den letzten Jahren mehrfach in der katholischen Presse und Literatur [2]) und auf den Katholikentagen Deutschlands lebhaft erörtert worden ist: den ganz vorwiegend protestantischen Charakter des Kapitalbesitzes und Unternehmertums sowohl, wie der oberen gelernten Schichten der Arbeiterschaft und namentlich des höheren technisch oder kaufmännisch vorge-

[1]) Diese erklären sich — nicht alle, aber überwiegend — daraus, daß natürlich die Konfessionalität der Abeiterschaft einer Industrie in erster Linie von der Konfession ihres Standorts bzw. des Rekrutierungsgebiets ihrer Arbeiterschaft abhängt. Dieser Umstand verwirrt zuweilen auf den ersten Blick das Bild welches manche Konfessionsstatistiken — etwa der Rheinprovinz — bieten. Überdies sind natürlich nur bei weitgehender Spezialisierung und Auszählung der einzelnen Berufe die Zahlen schlüssig. Sonst werden unter Umständen ganz große Unternehmer mit alleinarbeitenden „Meistern" in der Kategorie „Betriebsleiter" zusammengeworfen.

[2]) Vgl. z. B. Schell, Der Katholizismus als Prinzip des Fortschrittes. Würzburg 1897 S. 31.

v. Hertling, Das Prinzip des Katholizismus und die Wissenschaft. Freiburg 1899 S. 58.

《新教伦理与资本主义精神》在《社会科学与社会政策文献》上初次发表

中年韦伯

章。《新教伦理与资本主义精神》第一部分（上篇）发表在《社会科学与社会政策文献》第20卷第1期（1904年付印）。写完这篇之后，韦伯就到北美新大陆游历考察去了。1904年底从美国回来以后，他又写出《新教伦理与资本主义精神》的第二部分（下篇），并发表在《社会科学与社会政策文献》第21卷第1期（1905年）。[①]《新教伦理与资本主义精神》发表以后，引起学界的广泛争论。因为观点标新立异，所以在后面几年陆续就有相关的批评文章发表，韦伯随后也做了回应。一直到1910年，争论才算告终，但那只是韦伯自己宣布休战，实际上在他退出以后争论与批评还在继续。

直到“一战”结束后，韦伯准备结集出版他的三卷本《宗教社会学论文集》时，才又把《新教伦理与资本主义精神》做了一次全面修订，并列为文集第一卷的首篇。但是，很遗憾，韦伯在文集正式出版前就突然去世了。我们现在读的文本不是最初的版本，而是1920年出版的修订本。[②]当然，《新教伦理与资本主义精神》的修订和通常意义上的修订不太一样。不是说年轻时写的东西不堪入目，现在要改一改。韦伯自己表示，《新教伦理与资本主义精神》的核心论点二十年后看还是正确的，所以除了一些细节性的错

---

① 关于《新教伦理与资本主义精神》的成文过程，参阅 Peter Ghosh, *Max Weber and The Protestant Ethic: Twin Histories*, pp. 31-56。

② 关于《新教伦理与资本主义精神》的修订过程，参阅 Peter Ghosh, *Max Weber and The Protestant Ethic: Twin Histories*, pp. 213-216。

误更正以外，论点一点都不改动。那么，修订主要体现在哪里呢？主要是后面的注释大篇幅地增加了，所以到1920年这个版本出来以后，注释比正文看起来都要长。这部作品光读正文的话其实不长，很快就读完了，但如果要把后面注释也细读一下的话，就要花点功夫了。韦伯修订的时候做了大量补充，包括在他1910年提出休战以后，德国学界又陆续推出一些关于现代资本主义起源问题的重头著作，其中对韦伯的批评以及他的回应都放在注释里面。所以，专业的学者都要到注释里面去一个一个仔细看，因为那些注释是下了功夫的。这多少有点像古代的经注。经典就叫“经”，直接读的话不容易明白，后面就有人去注疏。韦伯的修订等于是他自己把“注”的工作也做了，自己写了一部经，又自己做注。所以，如果要深入研究这本书，一定得去看韦伯的注释。

《新教伦理与资本主义精神》这部作品在世界学界真正受到瞩目，则是得益于其英译本的广为传布。20世纪20年代中期，有个叫帕森斯的美国小伙子去德国海德堡大学留学，听说了韦伯这个人。帕森斯自己是新教徒，读了《新教伦理与资本主义精神》之后特别喜欢，回国后就把它译成英文，1930年在英国伦敦正式出版了。这个英译本的出版对于韦伯在西方社会科学界的声誉建立起到了至关重要的作用。帕森斯这个人很厉害，在“二战”后成为美国社会科学界一个教父级的人物。帕森斯的译本出版后，英美学界的学者才越来越重视韦伯，然后由于英美学界对韦伯的重视，倒过来又引起德国学界对韦伯的重视。所以，德国学界也掀起了韦伯研究的热潮。这是在“二战”以后，20世纪60—70年代发生的情况。然后再传到中国，则是20世纪80年代以后了。这不是说在改革开放以前人们就没有听说过韦伯，事实上是听说过的。至少熟读《列宁全集》的人是见到过这个名字的，但是里面不是叫“韦伯”，而是叫“维贝尔”。[①] 不过，韦伯在中国学界真正成为一个研究热点，最重要的推动则是1987年三联书店出版了于晓等人基于帕森斯英译本翻译的《新教伦理与资本主义精神》。这个中译本当时在国内引起的反响非常大。那个时候刚刚打开国门不久，各种西方的学术资源进来以后，大家也没什么学科分野，这个书一译出来，各个学科背景的学者都在看，影响很大的。

进入新世纪以后，一位叫卡尔伯格的美国学者又推出一个新的英译本。这是因为，后世通过对照德文原本

---

① 1917年初，列宁在苏黎世用德语向瑞士青年工人做的《关于1905年革命的报告》中曾提到：“资产阶级喜欢把莫斯科的十二月起义叫做什么‘人为的东西’而加以嘲笑。例如在德国的所谓‘科学’界麦克斯·维贝尔教授先生就在一部论俄国政治发展的巨著中称莫斯科起义为‘盲动’。这位‘博学的’教授先生写道：‘……列宁集团和一部分社会革命党人早就准备了这次愚蠢的起义……’”（《列宁全集》第二十八卷，北京：人民出版社，1990年，第330页）他在报告中特别援引1905年俄罗斯的罢工统计数字来证明革命的增长，以驳斥这位“胆小的资产阶级教授”的看法。列宁的这篇报告在他逝世一周年之际由苏共中央机关报《真理报》（1925年1月22日）公开刊发。1906年初，韦伯关于俄国1905年革命的长篇研究报告《俄国的资产阶级民主》以增刊形式在他主编的《社会科学与社会政策文献》杂志发表。列宁引述韦伯对“列宁集团”的那句评论是在该文一个脚注的末尾出现的（马克斯·韦伯：《论俄国革命》，潘建雷、何雯雯译，上海：上海三联书店，2010年，第165页）。不过，中译本的该句译文不如《列宁全集》中的转述确切。

和英译本发现，帕森斯当年翻译《新教伦理与资本主义精神》时在有些地方对韦伯的原意做了“篡改”。其实这种“篡改”也可以说代表他当时的理解，而在经过几十年的研究以后发现存在各种问题，需要做些矫正。举个例子，韦伯在《新教伦理与资本主义精神》末尾关于现代资本主义的著名评论中曾借用了“最后的人”（die „letzten Menschen“）这个来自尼采的表述。然而，帕森斯却误译成文化发展的“最后阶段”（last stage）了，因为他不了解尼采的思想。另外，今天来看，帕森斯译本在一些关键概念的理解与把握上确有诸多可商榷的地方。例如在《新教伦理与资本主义精神》德文原本中有一个贯穿全文的重要术语：Lebensführung，其字面的意思就是“生活之道”，即人们应该如何过自己的生活，也就是我们常说的“活法”。在帕森斯的译本中，这个关键词虽然不是完全没译出来（如译成 conduct of life），但是其重要性则被大大消解掉了，有时甚至干脆给漏掉了。诸如此类的问题，就使得一个新的英译本有了必要性。[①] 到 2010 年，中国社科院社会学所的苏国勋教授——他属于改革开放以来最早做韦伯研

① 卡尔伯格对其新译与帕森斯旧译的优劣比较，参阅 Stephen Kalberg, "The 'Spirit of Capitalism' Revisited: On the New Translation of Weber's 'Protestant Ethic' (1920)," *Max Weber Studies*, vol. 2, no. 1, 2001, pp. 41-58。关于帕森斯翻译错误的更早批评，参阅 Peter Ghosh, "Some Problems with Talcott Parsons," *European Journal of Sociology/Archives Européennes de Sociologie/Europäisches Archiv Für Soziologie*, vol. 35, no. 1, 1994, pp. 104-123。关于 Lebensführung 一词的翻译，另参阅 Lawrence A. Scaff, *Max Weber in America*, pp. 223-226。

究的一批学者，应该说是国内研究韦伯的第一人——组织团队翻译了卡尔伯格的新译本。

与此同时，2010 年上海人民出版社也推出了一个在帕森斯旧译基础上译出的中译本（即我们采用的这个译本）。[①] 译者阎克文多年从事韦伯著作的翻译，近期正主持德文《韦伯全集》的翻译。这个译本的推出，当然是由于三联那个老译本现在看来存在一些翻译错误。[②] 那么，既然卡尔伯格的新译本已经出来了，为什么还要用帕森斯的旧译本？现在还用这个本子，不是误导大家吗？应该说，帕森斯的英译本尽管存在一些问题，但它仍然堪称一个经典的译本，特别是在学术史上占据着重要地位，不会那么轻易就被扔进历史垃圾堆。例如，德国的一位韦伯研究专家、海德堡大学社会学教授格哈特（Uta Gerhardt）曾经对两个英译本做过比较，认为帕森斯的旧译对韦伯方法论的理解要比卡尔伯格的新译更合韦伯的本意。这集中地体现在 historisches Individuum 这个术语的翻译与理解上。帕森斯将之直译为 historical individual（历史个体），而卡尔伯格则将之意译为 historical case（历史案例）了。[③] 大家读过

---

① 马克斯·韦伯：《新教伦理与资本主义精神》，阎克文译，上海：上海人民出版社，2010 年。上编征引以这个版本为准。

② 关于三联译本中出现的翻译错误情况，参阅阎克文：《不能这样对待韦伯》，载《博览群书》2006 年第 3 期，第 36—48 页。

③ 参阅 Uta Gerhardt, "Much More than a Mere Translation: Talcott Parsons's Translation into English of Max Weber's 'Die Protestantische Ethik Und Der Geist Des Kapitalismus': An Essay in Intellectual History," *The Canadian Journal of Sociology/Cahiers Canadiens de Sociologie*, vol. 32, no. 1, 2007, pp. 41-62。

韦伯的《社会科学的与社会政策的知识之“客观性”》一文就知道，把“历史个体”（强调文化现象的独一无二性）翻译成“历史案例”的确在相当程度上扭曲了韦伯的方法论思想，容易对不明就里的读者形成误导。而这个概念对于理解《新教伦理与资本主义精神》这项研究的方法理路实在至为关键。[①] 这也是我们没有选用卡尔伯格译本的一个主要原因所在。当然，卡尔伯格的新译本有很多可取之处。阎译本在帕森斯译本基础上也把卡译本中的部分分歧点列举出来了，大家在读的过程中会看到相关注释。这对初学者的帮助更大。另外，阎译本还有个好处就是在书前录有一些名家的导读，如托尼、吉登斯、科林斯、罗特等。这对于初学者来说是很好的文献参考。

当然，我们采用的这个中译本并不见得是《新教伦理与资本主义精神》的最佳译本。在此之前，台湾已经出版过一个译本，由康乐、简惠美合作翻译。这个译本也是在帕森斯英译本基础上译出的，但是人家对照德文原文做了相应校订。因此，应该说该译文整体上更接近德文原貌。对于专业研究者而言，当为更好的选择。不过，对初学者

---

① 事实上，当年韦伯夫人玛丽安妮就曾高度关注过 historisches Individuum 一词的译法。她在审阅帕森斯的英译样稿时在“historical individual”概念旁边打了问号，不禁一度对帕森斯能否胜任《新教伦理与资本主义精神》的翻译表示担忧。1928 年 11 月 26 日，玛丽安妮在写给出版商西贝克（Paul Siebeck）的信中特别指出：“德语词‘历史个体’是德国人耳熟能详的一个哲学概念，照李凯尔特对它的界说，我觉得它不应被译成别的说法。”（转引自 Lawrence A. Scaff, *Max Weber in America*, pp. 220-221）幸好，帕森斯没在这个关键性方法论概念的翻译上犯错。

而言，或有点太专业化了。最近，译林出版社新推出了一个从德文直译过来的中译本，总体而言也比阎译本要更忠于《新教伦理与资本主义精神》原貌。另外，据说阎先生主持的德文《韦伯全集》翻译项目近期即将推出《宗教社会学论文集》第一卷的中译本，其中包括了《新教伦理与资本主义精神》。这个本子除正文之外，还有《全集》编者做的详尽注疏。或许，这个译本的推出将能一锤定音？我们拭目以待。目前我们采用的这个译本，译文整体而言挺流畅的，适合初学者。至于其中存在的具体翻译问题，在导读过程中有必要的话我会给大家指出来。

接下来，简单介绍一下《新教伦理与资本主义精神》这部作品的学术影响。我们先看下英美学界的一些评价。1976 年的时候，帕森斯的译本在英国出了新版。英国著名社会学家吉登斯（Anthony Giddens）撰写了《导言》，开篇就说《新教伦理与资本主义精神》“可以说是声誉最为卓著而且最受争议的现代社会科学著作之一”。[①] 卡尔伯格在为其 2002 年英译本写的《导论》里面则说：这部作品“是 20 世纪最富有生命力的著作之一，也是社会科学领域的一部主要经典”。[②]

① 马克斯·韦伯：《新教伦理与资本主义精神》，第 17 页。

② 同上，第 69 页。

这里有个数据统计：20 世纪末的时候，国际社会学学会（ISA）曾组织会员投票选举“20 世纪最具影响的著作”（Books of the 20th Century）。总共 455 位专家投票，选出心目中影响力最大的著作，每人可投五本，根据得票最后选出十本著作。投票结果位列第一的是韦伯的《经济与社会》，这部巨著是他去世以后由他的夫人玛丽安妮整理出版的，超过 20% 的投票专家认为这本书是 20 世纪最重要的社会学著作。此外上榜的还有别的一些学者如默顿、伯格、布尔迪厄、埃利亚斯、哈贝马斯、帕森斯等，都是社会学界的著名人物。而在前十名的著作里面，韦伯一个人独占了两部，《新教伦理与资本主义精神》排名第四。由此，可知这部作品在专业学者心目中的地位了。[①]

另外还有一个统计数据：伦敦政经学院一个教授统计了 1950 年以前出版的社会科学著作中最被广泛引用的十本著作。[②] 这个是根据数据库统计，不是投票。这个统计中排名第一的是《资本论》，西方学者最常引用的社会科学经典就是马克思的《资本论》。大家不要以为只有中国人才会读《资本论》，不是这样；西方人特别是英国人比我们更重视

① 参阅 The ISA (International Sociological Association) World Congress of Sociology, 1998, "Books of the 20th Century" (https://www.isa-sociology.org/en/about-isa/history-of-isa/books-of-the-xx-century)。

② 参阅 Elliot Green, 2016, "What are the most-cited publications in the social sciences (according to Google Scholar)?" (https://blogs.lse.ac.uk/impactofsocialsciences/2016/05/12/what-are-the-most-cited-publications-in-the-social-sciences-according-to-google-scholar/)。

《资本论》，因为那里面讲的就是他们自己的历史。其次是斯密的《国富论》，以及熊彼特、凯恩斯等经济学家的经典著作。在这个统计中，韦伯的《新教伦理与资本主义精神》排第八位。

韦伯认为——如果大家还记得《社会科学的与社会政策的知识之“客观性”》这篇文章里的内容的话——“社会经济学”（即“社会科学”）研究的社会经济现象包括了几种：有纯粹的经济现象，如银行、股票市场等。还有一种叫“受经济制约”的现象，很多现象是受到经济的力量所制约的，包括审美、宗教、艺术等。搞艺术的人往往觉得特别自由，就是追求艺术本身，art for art's sake，就好这口，那些物质的、功利的东西我不关心。我们常常这样来刻画艺术家，但韦伯会说可别这么想，因为马克思已经告诉我们：你们认为自己很自由，而这些东西其实是受到经济力量的制约。除了这个以外，还有第三种叫作“经济上有重大意义”的现象。有些看起来似乎和经济没什么关系的东西，却可以影响到经济的进程。在这个意义上，它们就被称为是经济上意义重大的一些现象。例如韦伯研究的新教伦理，跟经济有什么关系？经济学一般不探讨这个问题，但韦伯会说宗教伦理就属于“经济上有重大意义”的现象，因为它在一定时空背景下实际影响到人们的经济活动，从而影响到整个经济过程。①

---

① 参阅马克斯·韦伯：《社会科学的与社会政策的知识之“客观性”》，载《韦伯方法论文集》，张旺山译，台北：联经出版公司，2013 年，第 186—192 页、第 195 页。

那么，韦伯所谓“社会科学”——或者用当时他偏好的说法“历史的文化科学”——如何看待其研究对象？作为一种“实在科学”，其研究的对象是所谓“历史个体”——哲学家李凯尔特（Heinrich Rickert）提的“历史个体”概念。我们要去探究作为“历史个体”的文化现象的内在文化意义，这是文化的社会科学研究的旨趣，是他当时理解的“社会科学”。[①]《新教伦理与资本主义精神》这项研究的基本对象就是他所谓的一种叫作“资本主义精神”的文化“历史个体”。当然资本主义精神的这个“精神”（Geist）是打了引号的，但是后人在翻译的时候把它去掉了，老加引号似乎挺别扭的，就去掉了，但韦伯本来是加了引号的。德国的思想家们特别爱讲“精神”，像大哲学家黑格尔讲“客观精神”“绝对精神”等。韦伯一定要加引号，以标明使用“精神”这个词不是在形而上的思辨意义上，特别不是在黑格尔意义上使用的，而是讲一个经验层次的独特“历史个体”。

韦伯在给一个朋友的信里面曾经提到，他这项研究的旨趣是关于现代经济的一种“精神论”的构建。[②] 现代的、“理性的”资本主义经济的发展、扩张，它早期的社会心理动力来自哪里？韦伯认为就是来自“资本主义精神”。这种把资本主义式营利视为个体天职义务的“资本主义精神”

---

① 参阅马克斯·韦伯：《社会科学的与社会政策的知识之“客观性”》，第196—208页。

② 参阅玛丽安妮·韦伯：《马克斯·韦伯传》，第271页。

又是从哪里来的？他认为是源自宗教改革这一欧洲历史上的重大文化事件，特别是在教会革新后形成的禁欲主义新教伦理。这样，他就在“精神”层面建立起了一个具体的历史因果关联（归因），或者说文化史“谱系”。

一句话，新教伦理孕育了资本主义精神——这就是著名的“韦伯命题”。那么，这样一个命题能不能站得住脚？宗教是人的精神性追求，而资本主义则是基于物质性追求，这两个东西怎么能扯到一起呢？韦伯做了很多论证，但也不见得能够说服别人，很多人看了之后觉得匪夷所思，不能接受他的观点。听起来实在太离谱了！但是，韦伯命题吸引人的地方也正在这里，跟人们通常的看法有很大反差，而且，他这个观点不是异想天开，而是有相当的经验事实基础的。

关于这部作品的背景情况，可以讲得很复杂，也可以讲得比较简单。简单来说，在他当时所在的学科领域，以经济学历史学派为主体建立的社会政策协会内部围绕资本主义问题开展了一些争论，应该说《新教伦理与资本主义精神》的论旨是扣着这些争论的主题发展出来的。韦伯的朋友、同事桑巴特（Werner Sombart）在1902年出版过一部两卷本的大作《现代资本主义》（*Der moderne Kapitalismus*）。这个人是经济学历史学派青年一代的领军人物，也是个比较偏马克思主义取向的学者。他曾经说，《现代资本主义》这本书所有优秀的东西都得益于马克思的启发。但是他并不是一个坚定的马克思主义者，而只是非常钦慕马克思关于资本主义的分析。资本的逻辑是什么？就是要不断地产生利润。桑巴特探讨早期资本主义发展的动力，认为营利是资本主义企业家的基本心理驱动，这和前资本主义时期人们的心理很不一样。但是，他没有深究营利驱动的文化来源，而是把它作为基本的心理学预设。当然，桑巴特在书里提到过新教伦理的问题，他看到了新教与资本主义的亲和，但认为这不值得深入分析。而且，在他看来，新教伦理并非资本主义的原因，而是其结果。据说韦伯读了桑巴特的书以后，对他这位同行的观点相当不满，于是决定与他展开学术商榷。所以，韦伯这部作品直接的论战对象并不是马克思。论战在两个好朋友之间，在他和桑巴特之间展开。第二年，也就是 1903 年，韦伯就开始写作《新教伦理与资本主义精神》。不是说新教伦理无须进一步解释吗？他偏要做一个反向解释给桑巴特看看。[①] 这两个人是既合作又竞争的关系。[②]

为什么韦伯有这样的动力、信心去写这部作品呢？有人说，这跟他此前的精神崩溃有很大关系。正是在那段煎熬的时期，韦伯对心灵、精神的力量有了常人难以企及的

---

① 韦伯曾经明确指出过在资本主义精神问题的探究上与桑巴特分道扬镳的地方："桑巴特绝没有忽略资本主义企业家的道德侧面。但是在他看来，这个问题似乎是由资本主义产生的结果。为了我们的研究目的，我们必须提出一个反命题。"（马克斯·韦伯：《新教伦理与资本主义精神》，第 283 页注 6）

② 参阅哈特穆特·莱曼：《资本主义的兴起：韦伯与桑巴特》，载哈特穆特·莱曼、京特·罗特编：《韦伯的新教伦理：由来、根据和背景》，第 197—212 页；于尔根·考伯：《马克斯·韦伯：跨越时代的人生》，吴宁译，北京：社会科学文献出版社，2020 年，第 160—169 页。

体悟。[①] 他把自己的体悟化用到学术研究中了。当然，一个学术观点的形成，往往不是灵光一闪那么简单，而是一个长期的探索过程。韦伯自称他很早就关注这个问题了，后来有人去研究了他患病前在海德堡大学的讲义，里面的确有这方面的初步探讨。

除了韦伯自己的学术积累外，另外还有一个人的影响也很重要。这就是耶利内克（Georg Jellinek），一个犹太人，海德堡大学的法学教授。他比韦伯年长一辈，也是韦伯在海德堡的时候比较景仰，也很合得来的学者。耶利内克曾经做过一个非常经典的研究：在《人权和公民权宣言》（*Déclaration des droits de l'homme et du citoyen*，1789）发布一百年以后，耶利内克写了部《〈人权宣言〉论》（1895），重新探寻人权思想的源头。他的研究得出一个惊人的结论，就是人权观念并非起源于启蒙运动与法国大革命。通常认为，法国大革命是现代人权思想诞生的标志点，特别是以这篇宣言为标志点。耶利内克说不是这样的。他没有把考察的重心放在欧洲大陆，而是放在英格兰和北美新英格兰。他说实际上人权思想恰恰是起源于宗教，特别是新教徒对于世俗权力的不信任，而由此发动的对新世俗权力的宗教的、文化的斗争。而在这个斗争中，就是要去争取宗教自由、良心自由。我们今天讲的人权，耶利内克认为实际上最初是基于清教徒对于信教自由的追求、斗争，

---

① 参阅 Joachim Radkau, *Max Weber: A Biography*, p. 180。

早期的清教徒移民们认为信教自由是天赋权利，所以在他看起来，西方的人权思想其实最开始讲的是宗教信仰自由。[①] 韦伯看了耶利内克的研究以后大受启发。耶利内克的研究证明，很多非宗教的事物中其实有一个宗教的因素在，比如法学的问题，人权是法史的问题，一个看起来完全世俗的现象，实际上却有其宗教的根源。韦伯看后颇有共鸣，那么经济史是不是也可以借鉴这个思路？今天讲的现代世俗的资本主义文化是不是背后也可能有宗教的根源呢？这是韦伯思路的一个重要出发点。[②]

除了学术背景之外，《新教伦理与资本主义精神》一书还有诸多背景，如德国的文化与政治背景。19 世纪后半期德国的所谓“文化斗争”，就是在新教和天主教之间展开的，牵涉很复杂的问题，特别是民族国家与罗马教廷的关系。[③] 在当时的德国，宗教问题是很大的问题，影响到国

---

① 参阅 Georg Jellinek, *The Declaration of Rights of Man and of Citizens*, translated by Max Farrand, New York: Henry Holt & Co., 1901。

② 韦伯本人在《新教伦理与资本主义精神》1905 年初版中曾明确承认耶利内克的研究对他在身体康复后重启清教研究的激励作用（参阅 Max Weber, *The Protestant Ethic and the "Spirit" of Capitalism and Other Writings*, 2002, p. 157）。1911 年耶利内克去世后，韦伯在悼词中再次强调了他的贡献：“他提供了‘人权’起源中宗教影响的证据，从而启发了人们在他们起初没有进行过探索的领域去研究宗教因素的影响。”（转引自内玛丽安妮·韦伯：《马克斯·韦伯传》，第 365 页）

③ 德国学者、新教神学家弗里德里希·格拉夫（Friedrich W. Graf）认为，20 世纪初德国的新“文化科学”（Kulturwissenschaften）或“文明史研究”（Historische Kulturwissenschaften/historical study of civilization）乃是源自新教神学，并潜在地充当了新教神学针对天主教以及犹太教的“文化斗争”（Kulturkampf）的世俗政治工具（参阅 Friedrich W. Graf, "Why Theology? Strategies of Legitimation: Protestant Theology in German Protestantism," in Efraim Podoksik, ed., *Doing*

家内部的团结，包括政治认同、社会分层等都受到影响。所以，耶利内克、韦伯、特洛尔奇（Ernst Troeltsch）这些海德堡的文化学者很关注这个问题，都从这里切入做研究。

（接上页）*Humanities in Nineteenth-Century Germany*, Leiden: Brill, 2019, pp. 51-54）。关于韦伯与所谓“文化新教”（Kulturprotestantismus）之间关系的考察，参阅 Christopher Adair Toteff, Weber and „Kulturprotestantismus", *Max Webers Protestantismus-These, Kritik und Antikritik*, Bozen: StudienVerlag, 2012, S. 50-66。关于韦伯在罗马逗留时对宗教问题的思考、探究，参阅于尔根·考伯：《马克斯·韦伯：跨越时代的人生》，第 132—143 页。

讽刺画《柏林与罗马的较量》（*Zwischen Berlin und Rom*，1875）

第一章　问题的提出

《新教伦理与资本主义精神》的第一部分（前三章）总的来讲是提出问题，第二部分（第四章、第五章）则是解决问题。这部社会科学的研究经典，它和大家通常读的那些人文经典不一样，从起点上就不一样。这个研究是从哪里发起的？从统计数据出发。韦伯将自己的问题意识建立在职业统计（Berufsstatistik）的数据基础上。现代社会科学著作和卢梭的《社会契约论》或者康德的《纯粹理性批判》不一样，其整个思考方式、提出问题的方式是不一样的。现代社会科学研究要有经验事实的基础，并运用科学的方法来加以分析、解释。

职业统计：宗教归属与社会分层

韦伯关注的经验事实是宗教归属对于社会分层、社会结构的影响。职业的统计会显示出一些趋势，即新教徒在工商、技术等现代行业精英以及熟练工人中占据了优势地位。当然，普通老百姓平时茶余饭后也会聊聊这个问题，有的人会讲，犹太人真会挣钱，你看咱们德国人就不行；有的人会说新教徒挺能干云云。但这只是大家比较模糊的感觉而已，并不是科学研究。要找到比较确定的事实基础，要等到20世纪初的时候，比较广泛地运用统计学，诸如人口统计、职业统计此类的东西，从这些统计数据上可以看出一些比较明显的趋势。韦伯提出问题的策略是比较“狡猾”的，他说这个问题曾经几度在天主教出版物和文献以及在天主教大会上引起争论。因为在德国，本来就存在天主教和基督新教之间的紧张关系。如果一上来就说新教徒比天主教徒优秀，谁能接受？天主教徒从情感上就接受不了。这就相当于我们说南方人比北方人优秀，或者北方人比南方人优秀，无论谁说这个话，另一方都不能接受。所以，韦伯便抖了个小机灵，借北方人的刊物来讲南方人优秀："一种曾经几度在天主教出版物和文献中以及在德国天主教大会上引起争论的局面：在工商界领袖、资本所有者、现代企业中的高级熟练工人乃至更多受过高等技术培训和商业培训的职员中，都是新教徒占据了优势。"[①] 这是个统计性的事实，但是，即使是呈现统计性事实的时候也要有一定的策略考量。当然，韦伯真正的经验基础是他指导的一个学生写的论文，就在离海德堡不远的一个叫巴登（Baden）的地方做的调研，统计结果清晰显示了新教徒的

① 马克斯·韦伯：《新教伦理与资本主义精神》，第173页。

优势地位。[①]

韦伯从经验出发提出了这个问题。更广而泛之去讲，他说几乎在任何地方，首先是德国，经济界的精英大多数是新教徒。再看德国内部的德国人和外国人，如德国东部的日耳曼人和波兰人，波兰人大多是天主教徒，德国人是以新教徒为主，好像德国人就显得比波兰人“优秀”似的。如果是在美洲，最明显的就是北美和南美的区别，北美是新教徒的，南美是天主教徒的。美洲都是被欧洲人殖民的，怎么被天主教殖民就成那样，被新教殖民的就成这样？这可说是韦伯问题意识的某种延伸。那么在德国内部，也是这样："几乎在任何地方，只要资本主义在其迅猛发展时期任由社会的人口分布按照自身需要发生变化并决定其职业结构，那里宗教归属的统计数字也都会表明同样的局面。"这是讲自由放任的资本主义和某一类的宗教之间似乎有一种亲和性，而且的确是有很多经验证据可以作支撑。自从韦伯提出这个问题，很多学者就去做经验性的数据统计，一直在做。很多人对韦伯的观点是不服气的，特别是那些非新教背景的学者，就去找数据推翻它。远的不说，最近德国慕尼黑大学的一位经济史教授发表了一篇研究论文，

① 马克斯·韦伯：《新教伦理与资本主义精神》，第 279—280 页注 4—5。韦伯采用的衡量指标是年度（1895 年）可课税资本（Kapitalrentensteuerkapital/taxable capital available for the tax on returns from capital）。当然，韦伯也提到，数据显示犹太人的人均资本量远超过新教徒、天主教徒。但是，与桑巴特的研究不同，犹太人不是韦伯的关注重点。

试图全面推翻韦伯关于新教促进经济发展的命题。他的数据基于1300至1900年间神圣罗马帝国境内的二百七十多个城市的情况，统计分析显示六百年间天主教城市与新教城市的经济增长表现相差无几。[①] 换句话说，韦伯的命题不过是个神话而已。从这位学者的姓氏Cantoni来看，他应该是意大利裔（天主教背景），那么对韦伯的新教命题不满意就在情理之中。无论如何，这个问题看来还不是一个过去式，争论仍在进行当中。

回到文本。韦伯讲，当然这种优势的形成也可以说成是由于历史的原因，新教徒多半家庭出身比较好、有遗产、受过高等教育。这是比较唯物主义的一种解释。不要说谁天生就优秀、谁的文化优秀，还不是因为你们物质条件比我们好？城市的孩子就比农村孩子聪明吗？很多社会学家说其实是因为农村的孩子没有城市孩子的那些资源和教育条件而已。如果只看大学，就忽略了不同的孩子从小学到中学吸收的教育资源是不一样的，横断的比较就没有意义，而要去看历史条件。所以，这种反驳也是很有道理的。韦伯没有说历史原因完全没有道理，而是说过去的历史遗产本身就值得解释。为什么从16世纪开始，那些经济最发达、自然资源最丰富、自然环境最优越的地区，特别是那些富庶的城镇都转向新教了呢？正是因为他们都转向新教，

① 参阅Davide Cantoni, "The Economic Effects of the Protestant Reformation: Testing the Weber Hypothesis in the German Lands," *Journal of the European Economic Association*, vol. 13, Iss. 4, 2015, pp. 561-598。

才致使后来新教徒的家境普遍比较好。需要回答的是，为什么这些经济最发达的地区，同时也都特别赞成教会中的革命呢？大家注意，这些问题不是一般的问题，跟我们通常想象的情况是存在很大反差的。我们想想，80年代以来中国大陆经济最发达的地区是哪里呀？先是广东，然后是广大的沿海地区。当时的舆论说，改革开放把经济搞起来了，但“苍蝇”也随之进来了。这什么意思啊？它指的就是各种世俗化的东西，录像厅、洗脚屋之类各种世俗文化就从港台进来了。人们认为，经济发展和人们的纵情享乐之间存在一个正相关性。我们去看中国的历史，这种相关性似乎也是很明显的。研究中国经济史的学者重视明代中后期的经济变化，一般认为到明中叶以后中国经济其实是有一个较大的转型。朱元璋开始打天下时很辛苦，自己也过过苦日子，开国皇帝最见不得贪污腐败，所以朱元璋当皇帝的时候最爱干的一件事情就是整肃贪官污吏。到明中后期，中国的商业经济逐渐发达起来了，这有很多经验证据，特别是在江南地区，丝绸业、轻工业起来以后，经济繁荣。这时候，中国的文化也在经历着转型。转型的标志是什么？像《金瓶梅》这样的作品就标志了市井文化在中国都市的兴起。这是人们容易看到的一种相关性。

但韦伯讲的不是这个，而恰恰是反过来。他讲的不是通常意义上经济和文化之间的这种关联，而要问的是为什么在经济最发达地区同时也都特别赞成教会中的革命，就是所谓“宗教改革”。宗教改革是干什么呢？我们千万不能把它理解成，过去宗教对人性的束缚太多了，现在要把这绳索给解开。宗教改革是说，天主教已经腐败透顶了，你把权威交给教会之后教会就要腐败，所以宗教革新是要把神的意旨直接交给个人，然后要每个人自主地去管理自己的生活。大家看下面这段话：

> 宗教改革并不意味着消除了教会对日常生活的控制，毋宁说，那只是用一种新的控制形式取代先前的控制。这意味着否定了一种非常松弛、在当时实际上已经感觉不到、差不多只是徒有其表的控制，而支持一种对所有行为进行的调整，它渗透进了私人生活与公共生活的所有范畴，不胜其烦但却得到了认真执行。[①]

这才是“宗教改革”的意思。[②]

原来天主教就跟中国的佛教一样，宽容得不得了，好多人一辈子没干好事儿，到临死前去忏悔，然后神父就说主宽恕你了。这些金主给教会捐款，买赎罪券。在新教看

---

① 马克斯·韦伯：《新教伦理与资本主义精神》，第 174 页。

② 美国社会学家科林斯（Randall Collins）为学生撰写的《新教伦理与资本主义精神》导读（1998）中曾特别指出：“长期以来人们对新教宗教改革的解释，就是认为它标志着中世纪宗教的衰落。韦伯对这种看法进行了辩驳。新教并不是走向世俗化的一步，恰恰相反，它加大了宗教的强烈程度。新教也并没有引发向世俗享乐的转变，文艺复兴时期的天主教社会中早已大大超前做到了这一步。”（兰德尔·科林斯：《导读》，载马克斯·韦伯：《新教伦理与资本主义精神》，第 34 页）

木刻《神圣的书写》（*Göttlicher Schrifftmessiger*，1617）

宗教改革百年纪念，展现了 1517 年路德在维滕贝格教堂大门上挥毫书写《九十五条论纲》的场景。

来，这就是宗教的腐败。美国有部电影《教父》，那部片子的主角是纽约的意大利黑手党家族，就是典型的天主教文化传统。

宗教改革以后，有了天主教、新教之分，其实都是基督教、耶教。新教是从天主教里面分裂出来的，其中包括了加尔文宗这个大教派。“正如它在16世纪的日内瓦和苏格兰、16世纪与17世纪之交的荷兰大部分地区、17世纪的新英格兰，以及一段时间内在英格兰本土所实施的那样，在我们看来是一种居然能够存在但又绝对无法忍受的对于个人的教会控制形式。”你看，不好受的，不是让你解放的，而是要把你管得严严的，是自己就要把自己管得严严的。然后，再看下面的几句话：“当时的经济最发达的国家和那些国家中正在蒸蒸日上的自由民中产阶级不但没有抵制这种史无前例的清教专制主义，反而为保卫这种专制发展出了一种英雄主义的精神，这该如何解释呢？资产阶级本身表现出的这种英雄主义可谓空前绝后。”[①] 19世纪英国

① 马克斯·韦伯：《新教伦理与资本主义精神》，第174页。关于“自由民中产阶级”：帕森斯将韦伯在文中采用的德文原词„bürgerlichen" Mittelklassen和bürgerliche Klassen分别译作bourgeois middle classes和bourgeois classes。德语Bürgerliche是从Bürger一词衍生出来的形容词。Bürger意为“公民”（国家中的）、“市民”（城市中的），通常对应英语单词citizens（法语citoyen)。就其词源而言，Bürger最初与城堡（burgus, Burg）联系在一起。19世纪末20世纪初时，德国经济史界已将Bürger作为一般概念工具来使用，大致与法语词bourgeoisie（或英语middle class）对应。后者从其词源borgeis/borjois来看，最初与市镇（bourg）联系在一起。这里韦伯将“市民阶级”（bürgerliche Klassen）作为一般性术语运用，而无关其德国性。不过，韦伯本人曾在1895年弗莱堡大学就职演说中明确表达过自己的“市民阶级”认同（参阅MWG I/4.2, S.568；马克斯·韦伯：

评论家卡莱尔（Thomas Carlyle）曾经说过，这是“我们最后的英雄主义”（the last of all our Heroisms）。[1] 此话是哲人痛切的怀古之语，中国学生读到这些话，可能理解上会有困难，因为涉及很多历史文化背景。你可以把它简单化地理解成民间的宗教力量对于官方化宗教的反抗，什么东西一旦被官方化了以后就容易变成形式的、空洞的，然后民间就会有一种力量出来，说你那些个东西已经不代表神的意志了，所以民间自己起来发展宗教。在欧洲，最初大家都是天主教徒，“天主教”是我们中国人的叫法，其实就是“基督教”。但是后来民间一些像路德（Martin Luther）这样的宗教改革家就开始站出来讲，再不能按你们教会说的去做，把人都教坏了，我们自己做，重新立一套规矩出来。然后，再看英格兰，17 世纪初时英格兰已经是新教国家了，但还有个国教与异端的问题。好多虔诚的信徒对英国国教看不惯，去挑战权威，然后这帮被称为“清教徒”（Puritans）的人就受迫害，他们受不了就跑去了北美。所以，美国最初的十三州，就是那些不信国教者离开英格兰，

（接上页）《民族国家与经济政策》，甘阳等译，北京：生活·读书·新知三联书店，1997 年，第 102 页）。

① 卡莱尔（1795—1881）是英国维多利亚时代著名的评论家、历史学家、哲学家。“我们最后的英雄主义”一语出自卡莱尔为其搜集、整理的《克伦威尔书信与演说集》写的序言（参阅 Thomas Carlyle, "Introduction," to *Oliver Cromwell's Letters and Speeches*, vol. I, London: Chapman and Hall, 1871, p. 2）。卡莱尔持英雄史观，而克伦威尔（Oliver Cromwell，1599—1658）则是他心目中的清教英雄典范，是 17 世纪英国“清教抗争的魂”（the soul of the Puritan Revolt）（Ibid., p. 11）。韦伯则把卡莱尔的话一般地运用于 17 世纪的清教徒。

去新大陆建设一个可以寄托宗教理想的“新英格兰”。韦伯说，在17世纪的新英格兰，那些虔诚的清教徒移民们是有一种真正的英雄主义情怀，要去实现他们的宗教理想。这种理想就是要对自己实行严格的专制，而不是说到美国以后，踏上了自由的国土，这下可没人管了。不是这样，完全是反过来的。那这个问题就比较有意思了，为什么经济发达了人们反而会赞成这样一种宗教专制？同学们这里要注意，这种现象不是韦伯在20世纪初写文章时德国或者欧洲的现象，而是一个历史的现象。

以上是韦伯全文的开篇。我们不是这个文化背景的人感触还不会那么深，但如果是一个西方人特别是英美人读《新教伦理与资本主义精神》这个文本的话应该会比较亲切。这或许也是为什么在美国大学里往往会把《新教伦理与资本主义精神》拿出来作为吸引孩子们走向社会科学的入门书，文化上太亲切了。中国学生读起来就会有一些隔膜。

资本主义营利生活与宗教虔诚

下面，韦伯讲到教育类型如何影响人们的职业方向。这主要也是基于他那个学生在巴登做的调查统计。[①] 天主

① 参阅马克斯·韦伯：《新教伦理与资本主义精神》，第280页注8—9。

教徒和新教徒家庭的教育选择倾向不同：天主教家庭乐于给子弟选择的是高级中学所提供的人文教育，比如学点希腊语、拉丁语之类，以后便于学习神学；而新教徒更多地选择那种比较偏重实业的教育，比如实业中学、技术工艺学校、工商学校等。可想而知，相比新教背景的学生而言，天主教背景的学生在毕业后就较少参与德国的现代商业生活或者说营利生活（Erwerbsleben/business life）。

随后，韦伯指出，这个事实有点违背常理：

> 这一事实更为令人惊诧，因为它与任何时候——包括现在——都可以观察到的一种趋势恰好相反。屈从于一个统治者群体的少数民族或少数派宗教，由于他们自愿或不自愿地被排除在政治影响之外，一般都会在一种异乎寻常的力量驱使下介入经济活动。他们当中最富有才干的成员都会力图在这一领域满足使自己的才干得到承认的愿望，因为他们没有机会为国家效力。俄国与东普鲁士境内的波兰人肯定就是这样，毫无疑问，他们在那里的经济发展要比在他们占支配地位的加里西亚快得多。再往前说，路易十四统治时期的法国胡格诺教徒，英格兰的不信国教者与贵格会教徒，最后还有不可不提到的两千年来的犹太人，也莫不如此。[①]

---

① 马克斯·韦伯：《新教伦理与资本主义精神》，第175—176页。不过，巴登的情况则是天主教徒占人口的大多数（同上，第280页注8）。

如果是我们中国人写这段话一定还会加上东南亚华人，这也是非常典型的例子。因为华人移民在东南亚很难进入国家权力机构，所以就在经济领域努力，势力有了很大的发展。本来人们觉得中国人似乎也不大会做生意赚钱，比如“安土重迁”“与世无争”“难得糊涂”之类的说法，怎么一到东南亚就成了搞经济的人才，乃至被称为“东方犹太人”了！①其实，照韦伯的说法，这在世界史上是一个比较有普遍性的趋势。

然而，怎么日耳曼天主教徒不是这种情况呢？在德国，天主教徒是少数，从宗教上说是“少数族群”，那为什么他们不努力赚钱呢？怎么反而是新教徒在经济方面更占优势呢？韦伯说：

> 确凿无疑的是，新教徒（特别是后面还要详尽探讨的新教运动某些分支），不管是作为统治阶层还是被统治阶层，不管是作为多数还是作为少数，都表现出一种发展经济理性主义的特殊倾向，这在天主教徒当中却从未达到同样的程度，不管他们的处境是上述的

① 所谓“东方犹太人”之说，最初出自暹罗国王瓦栖拉兀（Vajiravudh）用化名撰写的一篇文章。关于东南亚华人与欧洲犹太人的比较，参阅 Daniel Chirot and Anthony Reid, eds., *Essential Outsiders: Chinese and Jews in the Modern Transformation of Southeast Asia and Central Europe*, Washington: University of Washington Press, 1997。

前一种还是后一种。因此，我们必须到他们宗教信仰的永久性内在特征中，而不光是在他们一时的外在历史－政治处境中，来寻求对这一差异的主要解释。①

这是在层层推进地提出他的问题。你的问题，可能一下子就被别人推翻了，人家说这其实就是一个很普通的现象。韦伯说我这个问题不是，跟一般的情况恰恰是反过来的，那么，就不能照一般的道理去解释它。这里，韦伯提出新教徒与天主教徒的一个重要差异在于“一种发展经济理性主义的特殊倾向”，而要解释它就必须“到他们宗教信仰的永久性内在特征中”去探究。这样，就把问题的焦点从外部因素转移到宗教本身的内在特征了。

需要注意的是，韦伯在讲到因果关联时的措辞是“可能”而不是必然，讲的是所谓“客观的可能性”。韦伯的社会科学是非常谨慎的，从来不会说发现了一个什么新的规律，而只是说我们在这些经验基础上去发现一个可能的因果关联。②

关于新教徒和天主教徒的比较，德国人最喜欢讲的一句俗语叫作“要么吃好，要么睡好”。什么叫吃好？想吃好就得挣钱，有了钱以后才可以享受，对吧？这是新教徒的伦理。而我们天主教徒不是这样的，不求飞黄腾达，就像

① 马克斯·韦伯：《新教伦理与资本主义精神》，第 176 页。

② 参阅马克斯·韦伯：《社会科学的与社会政策的知识之“客观性”》，第 218—222 页。

中国老百姓常常讲那些有钱人有什么好，你看钱多了以后给他们带来那些个麻烦，我们没钱的，睡得特别安稳。这是德国老百姓讲新教徒与天主教徒的文化差异。韦伯则说，现在的清教徒可能是这样子的，但历史上却并不是这样。历史上英国、荷兰、美国的清教徒，他们的行为特征与纵情享乐恰恰是背道而驰的。我们要研究的不是新教徒今世物质欲望和经济发展的关系，而恰恰是得反过来想问题：新教徒的禁欲主义、宗教虔诚和资本主义获利活动的内在亲和关系。[①] 这样的关联不是直观就可以看到的，而是相当反直觉的，需要大胆地去想象，去构建，去揭示。如果是直观可以看到的，那就没有什么探究价值了。普通人都能看到，努力赚钱是因为想吃好喝好享受幸福生活，这东西还需要去做科学研究吗？历史与社会科学研究需要去揭示普通人看不到的那些历史真相或者说历史的“客观可能性”。这才是研究的价值所在。

事实上，“一种非同寻常的资本主义商业意识与最彻底的虔诚形式结合在同一批人、同一些群体身上，而这种虔诚已经渗透并支配了他们的全部生活”[②]——新教历史上许多重要的教会和教派都有这种典型特征，特别是加尔文宗，无论它在哪儿出现，总是体现这种结合。为什么宗教信仰越虔诚，就越能挣钱？这两者怎么会合为一体呢？我们不

---

① 马克斯·韦伯：《新教伦理与资本主义精神》，第 177 页。

② 同上，第 178 页。

是常说“无商不奸”吗？我们讲，中国的儒家文化重义轻利，因此讲到商人的时候就少有好话。其实，西方过去也是这样。这是一种比较普遍的前资本主义的认识。韦伯要讲的则是完全不同的历史。资本主义早期的时候，恰恰是一帮怀着强烈宗教虔诚的新教徒在有意无意间引领了资本主义的经济活动。在他看来，这才是需要研究的问题。

接下来，韦伯指出，并不是所有的新教教派在这方面都具有同样强大的影响力。加尔文宗“似乎比其他教派更大地促进了资本主义精神的发展”。[①] 即使在德国这个路德宗国家，加尔文宗的影响也是最强的。为此，韦伯的同事、前辈学者格特恩（Eberhard H. Gothein，一译格赛因）在他的经济史研究中就曾把加尔文教徒在各地的聚居地称作“资本主义经济的温床”。[②] 贵格会在英格兰和北美、门诺派在德国和荷兰也发挥了类似的作用。这些教派都是把宗教生活方式与极度发达的商业头脑结合在一起的范例。此外，虔信派（Pietism）也是如此。[③]

无论如何，所谓努力工作的精神、进取的精神，其觉醒往往归功于新教。但是，韦伯指出：“对此，务必不能像

---

① 马克斯·韦伯：《新教伦理与资本主义精神》，第 179 页。

② 同上，第 178 页。桑巴特在其《现代资本主义》中对格特恩的这一看法不以为然，认为其错误在于倒果为因。他认为，新教加尔文主义的兴起不过是现代资本主义发展的宗教反映而已。韦伯的这项研究则是对桑巴特观点的反驳。

③ 此处，韦伯加了一个非常重要的注释。他指出：“一种宗教作为理想追求的东西和它影响信徒的生活所产生的实际后果，肯定有着明确区别。”（同上，第 282 页注 24）

流行的做法那样把它理解为追求生活享乐，也不应在任何意义上与启蒙联系起来。”[1] 这是在研究理路上提出了“两个务必”，为什么这么讲呢？因为那些早期基督新教领袖们与今天所说的“进步”几乎毫不相干。当时，他们“直接敌视现代生活的一切方面”。韦伯一再提示我们，要打破一些想当然的成见，特别是现代人习以为常的意识形态（如启蒙理性的思维定式），才能回到历史“现场”中去。为此，他提出：

> 如果说旧日的新教精神和现代的资本主义文化之间有什么内在联系的话，我们无论如何也不应在它的所谓多少是唯物主义的或者至少是反禁欲主义的生活享乐中，而应在其纯粹的宗教品性中寻找这种联系。[2]

韦伯特别征引了法国思想家孟德斯鸠在《论法的精神》（*De l'esprit des lois*，1748）一书中对英国人的评论：他们“在世上所有民族中取得了三项最长足的进展，即虔诚、贸易和自由”。[3] 借用这句经典评论，韦伯表达了自己的问题意识，即英国人的商贸活动（以及自由政治制度）与他

---

① 马克斯·韦伯：《新教伦理与资本主义精神》，第 180 页。

② 同上。

③ 语出自《论法的精神》第四编，第二十章第七节。孟德斯鸠采用的原词实际是“宗教、贸易和自由”（法语 la religion, le commerce et la liberté），韦伯的征引有所更动，将“宗教”改为“虔诚”。

们的宗教虔诚之间会不会以某种方式联系在一起呢？就此而言，我们或许可以把他提出的问题表述为“孟德斯鸠命题”吧。[①]

① 韦伯在《新教伦理与资本主义精神》这项研究中着重考察了清教伦理与资本主义营利活动的关系，而搁置了清教伦理与自由宪政的关系问题。

第二章　资本主义“精神”

第一章把问题初步提出来以后，下一步的研究任务就是要尝试去“探究在基督教各个分支中历史地存在过的那些宗教思想的各自特性和相互差异”。不过，在此之前，韦伯说先得扼要谈谈我们试图做出历史说明的那些现象的独特性，他把这种历史文化现象称作“资本主义精神”。

“资本主义精神”概念，本身并不是韦伯第一个提的，而是他的那位《社会科学与社会政策文献》编辑同事桑巴特首先提出来的。大家在阅读过程中会看到韦伯对桑巴特的研究的评论。1902 年，桑巴特发表了一部很大部头的著作《现代资本主义》，在里面已经采用了“资本主义精神”这个概念，并做了阐述。[①] 韦伯“沿用”了这个概念，但他在用的时候只取了这个表述，实际上要用它表达的意思以及整个研究思路都是和桑巴特不一样的。可以说，在相当程度上韦伯是在对桑巴特关于“资本主义精神”的阐述做出批评和回应。而在这个过程中，韦伯发展出了自己关

① 参阅桑巴特：《现代资本主义》第二卷第一分册，季子译，上海：商务印书馆，1937 年，第 21—33 页。

于“资本主义精神”的独到理解。这是大家首先要知道的。

其次，大家还要注意韦伯如何使用“精神”这个词。新英译本的译者卡尔伯格在这个词这里加了脚注，他说，韦伯在“精神”一词上加引号意在强调他在研究中是以特定的方式使用这个词。[①] 韦伯是研究经济史出身，他所谓“资本主义‘精神’”指涉的是经验性的历史文化现象，而不是抽象思辨的东西。

另外，我们之前阅读了韦伯的《社会科学的与社会政策的知识之“客观性”》一文，非常重要的关于社会科学方法论的探讨文章。他在 1903 至 1907 年间，写下了一系列方法论论文。可以看出，韦伯在这个时期对社会科学的方法论的思考与探讨，投入了很大的精力。那么，他做了关于“资本主义精神”这样一个实质性研究，也就意味着一定会带着高度的方法论自觉来做研究。这也是我们应该在阅读时要注意到的。所以，阅读第二章的时候，除了他的实质性观点，希望大家能够对其方法的运用特别留心，看他是怎么来推进这个研究的。

概念与方法：作为历史个体的“资本主义精神”

有了《社会科学的与社会政策的知识之“客观性”》的

---

① 马克斯·韦伯：《新教伦理与资本主义精神》，第 181 页脚注（卡尔伯格译注）。

底子，读这一章的时候就能对里头运用的方法有一定的领会。大家应该看到，这一章已经在运用《社会科学的与社会政策的知识之“客观性”》里论述的“文化科学”的研究方法了，如作为“历史个体”的“文化实在”这一基本原则以及“理念型”概念图式的构建等。[①] 这里顺带提及下，台湾学者张旺山把《社会科学的与社会政策的知识之“客观性”》中的Idealtypus译作“理想典型”，阎译本则译作“理想类型”，我个人比较推崇的还是“理念型”这个早期译法。联系韦伯的历史文化科学观，我们就能知道，译作“典型”尚可接受，译作“类型”就过于社会学化，偏离韦伯本意了。[②] 这是要先跟大家指出的。

当然，如果对读《社会科学的与社会政策的知识之“客观性”》的话，我们就会发现，其实它跟《新教伦理与资本主义精神》这个研究之间的关系是多少有点“拧巴”的。为什么这么说呢？韦伯在《社会科学的与社会政策的知识之“客观性”》里面讲到，他认同的“社会科学”或

---

① 参阅马克斯·韦伯：《社会科学的与社会政策的知识之“客观性”》，第216—242页。

② 应该说，这个概念的翻译困境部分是由于韦伯本人造成的。他在《社会科学的与社会政策的知识之“客观性”》一文中最初提出Idealtypus的方法时，主要考虑的是为“历史个体”趋向的历史研究提供一种策略。应该说，这一时期（如在《新教伦理与资本主义精神》中）对Idealtypus的运用鲜有社会学类型的考量。但是，随着后期韦伯转向“普遍历史”趋向的社会学，Idealtypus越来越具有一般性“纯粹类型”（pure type）的意味（参阅德国学者莫姆森的分析：Wolfgang Mommsen, "Ideal type and pure type: Two variants of Max Weber's ideal-typical method," in Mommsen ed., *The Political and Social Theory of Max Weber*, London: Polity Press, 1989, pp. 121-132）。然而，韦伯本人并没有就此变化做过清晰的说明。

“文化科学”的做法，当时他从自己的学科出发把这个叫作“社会经济学”，也就是说，他比较关注的问题是那些所谓的“社会经济”现象。这样的一种研究视角，他也是有祖述的，一个是马克思，另外一个是罗舍尔（Wilhelm Roscher）。马克思开辟了历史唯物主义的政治经济学这样一个批判的进路，而罗舍尔则是经济学历史学派的创始人。韦伯的社会经济学祖述的是这两位前辈。他在《社会科学的与社会政策的知识之“客观性”》里也曾经提到，沿着“社会经济学”这样一种视角去考察文化生活—— 德国人喜欢说“文化生活”，因为他们是用“文化”（Kultur）来跟“自然”（Natur）相对，既然存在一个“自然科学”，那么也应该存在一个“文化科学”，我们更习惯用的则是“自然科学”和“社会科学”。韦伯在《社会科学的与社会政策的知识之“客观性”》里也使用“社会科学”，但主要还是使用“文化科学”这个术语。韦伯说，我们对于“文化生活”是沿着“社会经济学”的视角去看的，也就意味着常常带着一种经济的观点去研究“文化生活”。这显然是受到马克思和罗舍尔的影响。同时，韦伯也提到，如果我们带着一种经济的观点去看“文化生活”，常常就会被人误认为是一种“唯物论”观点，但是，韦伯说他不是唯物主义的视角，虽然这种观点常常被误认为是唯物主义的，因为它强调经济的因素在文化生活中的重要性。这一点要特别给大家提出来，为什么呢？因为随后韦伯《新教伦理与资本主义精神》这项研究给人的感觉恰好是反过来的，好像他是唯心论的观点，是在讲资本主义的精神面向。所以很多人读了《新教伦理与资本主义精神》后会留下一种印象：马克思发展了一种关于资本主义的唯物论的解说，而韦伯则发展了一种唯心论的解说。实际上，读过《社会科学的与社会政策的知识之“客观性”》那篇文章你就知道，他主张的“社会经济学”恰恰首先是要强调经济的观点。

但是，与此同时，韦伯不是一个一元论的经济决定论者。他在讲到“社会经济学”关注的现象时，列了三类现象：一类就是我们通常意义上的经济现象，还有一类叫作“受到经济制约的”现象，第三类现象就叫作“与经济相关的”或“经济上有重大意义的”现象，实际上他在这项研究里面研究的所谓“资本主义精神”，就是一个与经济相关的现象，从而也就构成了他所谓“文化科学”或者“社会经济学”的研究对象。韦伯说我们之所以关注这个现象，是因为从经济的观点出发对这样一个现象产生了研究的兴趣，但并不是带着一种经济决定论的观点去看这个问题的。也就是说，当我们在理解“资本主义精神”的时候，不是把它看成资本主义经济在意识层面的反映，而是说所谓的“资本主义精神”是和资本主义经济相关的一个“文化实在”（Kulturwirklichkeit）。文化科学就是要去关注“文化实在”，他是这样来关注这个问题的。作为一种历史的“文化实在”，“资本主义精神”是一个非常独特的、独一无二的文化现象。西方历史上，特别是到了西方的近代早期，出现了一个非常独特的文化现象，韦伯要做的研究就是要去贴近这个“文化实在”，去理解它，并尝试对它做一定的历史归因。这样一种独特的“文化实在”，虽然是一个“精神”的、心态性的实在，但它不是像我们通常意义上理解的“实在”，即一种物质性的实在、一个“物”，它不是那样的一个东西。可以说韦伯所谓的“资本主义精神”就是一种生活的态度，怎么过日子，怎么管理自己的生活。我们每个人都有一种生活的“哲学”，“资本主义精神”就是一种生活的“哲学”。也可以说，它是一种与经济相关的新的文化心性，或者用后期韦伯经常使用的说法，一种“经济伦理”，就是和经济相关的一种伦理态度。

对于这样的一种历史文化实在，韦伯认为我们不应该从一开始就去给它一个清晰的定义，不应从一开始就去界定什么叫作“资本主义精神”。通常我们讲到社会科学研究，首先要对研究对象做一个清晰的界定，给出一个操作性定义，通过定义才能明确我们的研究对象是什么。然后，我们才从这个定义出发，展开后续的研究工作。韦伯则说，“资本主义精神”是一个历史性的概念，所指涉的是在西方现代历史早期出现的一个独特的“文化实在”，这个概念不是一个去历史的一般性概念。这是大家要特别注意的。所以，不能从一开始就想当然地先提出一个定义，而是要到历史现实当中去看我们讲的这个“资本主义精神”具体呈现出什么样子。然后，从里面去提炼“资本主义精神”最核心的构成要素是什么。所以，可能要到研究的最后，才能真正地把握住“资本主义精神”这个历史性概念的内涵，它具体指涉的到底是什么东西。

我们来看文本。第二章一开始，韦伯就用了两段的篇幅扼要地介绍了他的研究方法和理路。他说“资本主义精神”这个术语如果有意义的话，它所指涉的对象只能是一种历史个体。前面我们提到过，“历史个体”这个概念也不是韦伯创造的，而是他的一个哲学界朋友李凯尔特提出的，相当于《社会科学的与社会政策的知识之“客观性”》里面讲的“文化实在”。“文化实在”都是独一无二的存在，从这个意义上讲，它也就是独特的“历史个体”。这个“历史个体”是一种在历史实在中联结起诸要素的综合体。进而，从文化意义的角度将其在概念上统合成一个整体。这里韦伯是要告诉大家，“资本主义精神”这个历史性的概念是如何形成的。接下来，他指出：

> 这样一个历史概念，因为其内容涉及一种由于独一无二的个体性才具有重要意义的现象，所以不可能按照“属加种差”（*genus proximum, differentia specifica*）的公式来定义，必须循序渐进地把那些从历史现实中抽取出来的个别部分构成为整体，从而形成这个概念。[①]
>
> 历史概念的方法论目的并不是以抽象的普遍公式，而是以具体发生的各种关系来把握历史现实，而这些

① 马克斯·韦伯：《新教伦理与资本主义精神》，第 181 页。

关系必然地具有一种特别独一无二的个体性质。[1]

大家要特别注意领会“历史个体”，这是韦伯探究“资本主义精神”的基本方法论前提。[2]历史概念指涉的是独一无二的历史“文化实在”，是在这个意义上而言的“历史个体”。

另外，有人问到什么是“属加种差”。这是一种运用很广泛的定义方法。举个例子，如何来界定你这个人？最基本的界定就是你是一个人。这是你和其他同类的共同属性。然后，再进一步往下界定，你是个黄种人。那么，人是属，黄种人则是其下的种，二者之间是从属关系，而“黄种”就是所谓“种差”。进而，还可以再往下界定，比如你是个中国人，你是个中国大学生，等等。照这种方法下定义，就要遵循属加种差的逻辑，先确定被定义对象所属的类（即属），然后再找出其区别于其他种概念所反映的对象的特有属性（即种差）。但是，这种定义方法对于强调“文化实在”（如资本主义精神）之独一无二性的文化科学而言就显得难以切中要害。就像前面那些对你的重重界定，虽然有一定意义，却始终无法触及你的独特个性与内在气质。

---

① 马克斯·韦伯：《新教伦理与资本主义精神》，第 182 页。

② 关于“历史个体”的深度阐述，参阅 Heinrich Rickert, *The Limits of Concept Formation in the Natural Sciences: A Logical Introduction to Historical Sciences (Abridged Edition)*, translated by Guy Oakes, Cambridge: Cambridge University Press, 1986, pp. 78-99。

富兰克林的箴言：理性营利作为天职

接下来，韦伯说，既然不能从抽象的定义开始，那就先给大家一个描述性的具体呈现吧。那么，怎么来呈现“资本主义精神”呢？韦伯提供了一份 18 世纪中叶的文献，说它“以近乎经典的纯粹性保存着我们正在寻找的那种精神”。这份短篇文献就是美国人富兰克林（1706—1790）作为过来人写给一个年轻生意人的忠告，是关于如何致富的经验之谈。[①] 富兰克林这个人被认为是 18 世纪后期西方世界的一个智者，不仅在北美新大陆，而且在欧洲的影响也非常大。虽然当时欧洲人一般看不起新大陆，觉得美国那个地方没文化，但奇怪的是在新大陆竟产生了一批非常杰出的思想人物。韦伯对富兰克林是非常推崇的。他小的时候就读过富兰克林的回忆录，印象深刻，现在有了用武之地。不过，韦伯在这里要呈现的并不是作为历史伟人的富兰克林，而是作为美国新兴中小企业主、商人的典型。[②]

这篇文献的内容，大家以前可能也有耳闻，如“时间

---

① 富兰克林这份公开信（署名“一位长者”）最初刊登在 1748 年出版的一部面向青年的手册《美利坚向导》（参阅 An old One [Benjamin Franklin], "Advice to a Young Tradesman," in George Fisher, ed., *The American Instructor: or Young Man's Best Companion*, The Ninth Edition Revised and Corrected, Philadelphia: Printed by B. Franklin and D. Hall, at the New-Printing-Office, in Market-Street, 1748, pp. 375-377）。这部手册系富兰克林从英国购入，并做了一些增删后出版。

② 富兰克林少时到波士顿给他哥哥当学徒工，在这个过程中熟悉了印刷业务，成年后独自到费城闯天下，并成为费城最成功的印刷商。参阅 *Autobiography of Benjamin Franklin*, John Bigelow, ed., Philadelphia: J. P. Lippincott & Co., 1869。

就是金钱”“信用就是金钱”之类的劝诫。[①] 韦伯提到，19世纪中叶一个奥地利作家写的一部讽刺作品《美国文化写照》（*Der Amerikamüde*，1855）中就拿富兰克林的这套说辞来表现鄙俗的美国信仰。作家把富兰克林式的“贪婪哲学”形象地概括为：“从牛身上刮油，从人身上刮钱。”言语中，对这种美式的唯利是图充满了鄙夷。这样的看法在当时的德语世界很有代表性，韦伯则刻意反其道而解之，要给富兰克林“正名”。韦伯指出，这样一种生活哲学“看上去成了那种公认为有信用的诚实人所抱的理想，尤其是成了这样一种观念：个人理应让自己的资本增殖，好像这就是目的本身”。[②] 他从这里面看到了更深层的东西，即富兰克林宣讲的是一种很独特的“伦理”，如果违背了它的准则，会被视作没有恪守自己的职责。韦伯强调，这才是问题的实质。

然而，这么讲恐怕就有人不服气，人家会说，在富兰克林之前很早就已经有“资本主义精神”了。桑巴特曾经在他的书里举过一个例子，就是韦伯接下来提到的富格尔（Jakob Fugger，1459—1525）。他是15世纪末16世纪初德国的一位富甲欧洲的商业金融大亨、天主教徒。那时候，有人跟他说，你赚钱赚这么多了，该退休歇歇了，也给别人点机会。富格尔回答说，只要还能干，他就要一直赚下

① 马克斯·韦伯：《新教伦理与资本主义精神》，第182—184页。

② 同上，第184页。

THE

American Inſtructor:

OR,

YOUNG MAN'S BEST COMPANION.

CONTAINING,

SPELLING, READING, WRITING and ARITHMETIC, in an eaſier Way than any yet publiſhed; and how to qualify any Perſon for Buſineſs, without the Help of a Maſter.

Inſtructions to write Variety of Hands, with Copies both in Proſe and Verſe. How to write Letters on Buſineſs or Friendſhip. Forms of Indentures, Bonds, Bills of Sale, Receipts, Wills, Leaſes, Releaſes, &c.

Alſo Merchant's Accompts, and a ſhort and eaſy Method of Shop and Book-keeping; with a Deſcription of the ſeveral American Colonies.

Together with the Carpenter's plain and exact Rule; ſhewing how to meaſure Carpenters, Joiners, Sawyers, Bricklayers, Plaiſterers, Plumbers, Maſons, Glaſiers, and Painter's Work. How to undertake each Work, and at what Price; the Rates of each Commodity, and the common Wages of Journeymen; with Gunter's Line, and Coggeſhal's Deſcription of the Sliding Rule.

Likewiſe the Practical Gauger made eaſy; the Art of Dialing, and how to erect and fix any Dial; with Inſtructions for Dying and Colouring, and making Colours.

TO WHICH IS ADDED,

The POOR PLANTER'S PHYSICIAN.

With Inſtructions for Marking on Linen; how to Pickle and Preſerve; to make divers Sorts of Wine; and many excellent Plaiſters and Medicines, neceſſary in all Families.

AND ALSO

Prudent Advice to young TRADESMEN and DEALERS.

The whole better adapted to theſe American Colonies, *than any other Book of the like Kind.*

By *GEORGE FISHER*, Accomptant.

The Fourteenth Edition, Reviſed and Corrected.

NEW-YORK:

Printed and ſold by H. GAINE, at the *Bible* and *Crown*, in *Hanover-Square*, M,DCC,LXX.

《美利坚向导》第 14 版封页（*The American Instructor*，1770）

刊载富兰克林面向青年的致富忠告。

去。但是，在韦伯看来，这里面体现出的“精神”并不是他讲的“资本主义精神”，因为在他看来像商界大亨的这种态度，更多体现的是一种商业胆略，或者说桑巴特所看重的“冒险的精神”，里面并没有什么特别的伦理意涵。富兰克林的教诲就大不同了，他写的那些忠告是“一种具有伦理色彩的劝世箴言”[①]。就是说，这是一种关于人应该怎样过自己生活的劝谕。韦伯强调，他是在这个特定的意义上使用“资本主义精神”概念的。

通过对富兰克林和富格尔之间差异的辨析，韦伯实际上是要澄清他和桑巴特对“资本主义精神”的理解的不同所在。这一点要给大家指出来，因为韦伯在正文中没有明言，而是放到了注释中。到后面，他专门讨论到桑巴特，大家往后翻到192页下面那里，韦伯提到桑巴特关于资本主义起源的研究。他区分了经济史上的两大主导原则，或者说两种心理驱动：传统社会主要是一种满足需求的原则，一种生存原则；到了现代资本主义的时代，主导的则是一

① 德文原本中，韦伯在此处使用了Lebensführung一词；帕森斯将之译作the conduct of life；阎译本则采用了“劝世”这个比较模糊的中文表达。Lebensführung是一个贯穿全文的关键词。照韦伯的用法，它具有应该怎样生活的伦理性意涵。顺带指出，在韦伯之前，西美尔（Georg Simmel）在《货币哲学》一书中曾探讨过“生活方式”（Der Stil des Lebens）问题。他在书中已使用了Lebensführung一词，但整体上更偏好采用Lebensstil（lifestyle，生活方式）这个术语。韦伯则采用Lebensführung一词作为全文关键词，中译则权且采用“生活样式”（及“活法”等），以与Lebensstil（生活方式）有所区分。关于西美尔对韦伯提出的论题的影响，参阅于尔根·考伯：《马克斯·韦伯：跨越时代的人生》，第169—176页。

种获利或营利的原则。这是桑巴特勾勒的古今之变。韦伯则认为，获利固然重要，但获利本身并不是现代资本主义精神最特别的地方，因为在别的时代、别的地方也可以看到获利的冲动。韦伯认为，需要看的是对获利活动的具有伦理色彩的态度，是那种把资本增殖视作目的本身、奉为个体职责的独特“精神气质”。这才是他所谓“资本主义精神”侧重的面向。

当然，对于如何诠释富兰克林的这封信，实际是存在争议的。有人批评说，韦伯实际上没有真正读懂这个文本。其实人家富兰克林是带着一种幽默、调侃来写那些“忠告”的，而韦伯却当真了。韦伯有个外甥，曾经在韦伯诞辰百年的时候出了本很有影响的传记，他就是这样挤对韦伯的。他外甥还说，韦伯不知道富兰克林其实是个非常会享受生活的人云云。最近，有个德国历史学者新出了本韦伯传记，又把这个段子拿出来数念了一顿。[①] 我们当故事听听就好。

不管怎样，韦伯认为富兰克林的箴言道出了“资本主义精神”内核性的东西。他指出，这样的一种伦理态度，完全没有幸福主义的成分在里面，更不用说享乐主义的成分了。[②] 今天人们说挣钱的目的是什么？照现代人的理解，目的当然是要追求幸福美好的生活。这是通常意义上我们对经济驱动的理性目的的理解，目的当然是为了过好日子。

---

① 参阅 Joachim Radkau, *Max Weber: A Biography*, pp. 196-197。

② 马克斯·韦伯：《新教伦理与资本主义精神》，第 185 页。

然而，韦伯强调他讲的西方早期现代的“资本主义精神”就很不合情理，可以说是很“变态”，是把获利本身作为生活的最终目的，而不是把获利作为我们过好日子的手段。今天人们有钱了就买大房子、开豪车，满世界旅游，而那时候的人想法不是这样的，没有这些享乐主义的成分在里面，而是一定要多多挣钱，同时又要力避一切享乐的本能。他们认为那些生活享乐是不理性的，而要把赚钱本身作为生活的目的或者职责。韦伯说，这样的一种生活态度，从朴素的幸福主义观点来看，就很不理性，太“变态”了，营利本身成了目的了。

人从属于营利，这不是本末倒置吗？听起来非常的无理性。可是，韦伯说，这样的经济态度“表达了一种与某些宗教观念密切相关的情感类型”。它好像和宗教有着一种若隐若现的联系。富兰克林本人是一个自然神论者，他已经不是通常意义上的那种宗教信徒了。但是我们往前追溯，富兰克林从小接受的是新教文化的熏陶。[①] 他的父亲是很虔诚的新教加尔文派教徒，从小就会给他灌输一些新教伦理价值。富兰克林在自传里提到，他父亲经常给他讲《圣经》中的一条古训：“你看见办事殷勤的人吗？他必站在君王面前。”当然，就这句话而言，中文的《圣经》翻译其实

---

① 富兰克林少时喜欢读清教作家班扬（John Bunyan）、笛福（Daniel Defoe）、马瑟（Cotton Mather，马萨诸塞的著名清教牧师）的作品。他在晚年回忆中提到，特别是马瑟的《论行义》（*Essays to Do Good*，1710）一书影响了他一生（参阅 *Autobiography of Benjamin Franklin*, p. 92）。

没能把最紧要之处清晰呈现出来，也就是韦伯第三章中要着重讨论的“天职”（Beruf）观念，没有在中译中呈现出来，而韦伯引用这句话的目的其实是要把“天职”这个概念带出来。这句箴言应该译作：“你看见忠于天职的人吗？他必站在君王之前。”[①] 这一点对于理解全文很关键，所以给大家特别说明一下。然后，韦伯讲：“在现代经济秩序中挣钱，只要挣得合法，就是忠于并精于某种天职（calling）的结果与表现，而这种美德正是富兰克林伦理观的全部的内容。”[②] 我们把这儿捋通了，第二章、第三章之间的联系就能看出来了。

紧接着，韦伯写了一段紧要的话：

> 要尽到天职的义务，这一独特的观念事实上正是资本主义文化的社会伦理中最具代表性的因素，在某种意义上说，乃是资本主义文化的根本的基础。……它是一种义务，是假定个人对自身职业活动的内容应该感觉到也确实能感觉到的义务。至于这些内容从表面看上去是在利用个人的能力还是仅仅利用自己（作

① 此句箴言的德文原文为“Siehst du einen Mann rüstig in seinem Beruf, so soll er vor Königen stehen”；帕森斯的译文为“Seest thou a man diligent in his business? He shall stand before kings”；卡尔伯格的译文则为“Seest thou a man vigorous in his vocational calling (Beruf)? He shall stand before kings”。卡译显然更为到位。当然，就英文语境而言，business 一词实际是非常贴切的。

② 马克斯·韦伯：《新教伦理与资本主义精神》，第 186 页。

为资本的）物质财产，这都无关宏旨。[①]

这样一种天职义务（Berufspflicht/duty in a calling）观念，在他看来是现代资本主义文化的特点，是其观念性的内核。也就是说，它是企业主（资本）与工人（劳动）共同分享的基本“社会伦理”。用我们的话说，就是“各安其分”“各尽其职”，做好自己的“分内之事”。当然，韦伯并不认为这种观念只有在资本主义条件下才能生成，实际上它是基督教新教伦理哺育出来的文化态度。韦伯在后面会深入考察这个问题。

此外，韦伯也不认为，今天资本主义企业中的个人，无论是企业家还是劳动者，自觉地接受这种观念，乃是现代资本主义得以延续的必要条件。完全不是这么回事。实际情况是如何呢？韦伯写道：

> 对于人来说，至少对于个体的人来说，如今的资本主义经济就是他生活在其中的广袤宇宙，是他必须生活在其中的不可更改的秩序。只要他置身市场关系的制度之中，这个秩序就会迫使他遵守资本主义的行动准则。[②]

---

① 马克斯·韦伯：《新教伦理与资本主义精神》，第 186 页。帕森斯将德文原词 Arbeitskraft 译作 personal power（个体的能力），语意比较含糊。照文意来看，当指“劳动力”，与“资本”相对。

② 同上。

虽然资本主义经济秩序最初是人创造出来的，但它早已摆脱了人的控制。现在，它反过来控制生活其中的人了。无论是资本家还是工人，都得服从市场经济内在的秩序规范，否则就会被无情地淘汰。换句话说，如今是资本主义通过“选择”来创造它的经济主体了，适者生存嘛。不过，韦伯的用意倒不是要套用社会达尔文主义的观点来看问题。相反，他认为把生物学的“选择”概念搬过来解释人类历史是有问题的。韦伯提出：

> 一种如此适应资本主义种种特质的生活态度最终能够被选定，而且能左右其他的生活态度，那么，这种生活态度就不可能是起源于孤立的个人，而只能是整个有关群体所共有的生活方式。真正需要为之做出解释的，就是这种起源。[①]

人类历史不同于自然界，有个“文化”问题。资本主义经济秩序也不例外，它和人的关系不仅仅是一个“自然选择”的过程，这中间还有个“生活态度”的问题，也就是前面讲到的天职义务观念。韦伯认为，这种观念及其相关联的生活方式“适应”了资本主义经济而被“选定”，那么它自身应该有另外的文化渊源。中译文似乎漏了些字句，没有把这个意思清晰地表达出来。韦伯这里的用意是要把

---

① 马克斯·韦伯：《新教伦理与资本主义精神》，第 187 页。

资本主义“精神”（以天职义务观念为内核）和资本主义经济在分析上分离开来。所谓“资本主义精神”，是和资本主义经济相关的文化现象，但它并不是资本主义经济的反映或者产物。实际上，他这个看法是针对桑巴特《现代资本主义》一书而发。桑巴特关于现代资本主义起源的考察主要着眼点在15世纪（所谓*Quattrocento*时代，意大利语，直译为“四百”，即一千四百年）的意大利城市，特别是佛罗伦萨。与此同时，他认为在那里也诞生了与资本主义经济在功能上相适应的资本主义精神，其代表人物是阿尔贝蒂（Leon Battista Alberti，1404—1472）。这是意大利文艺复兴的一位大师级人物，尤其在建筑学领域有杰出成就。佛罗伦萨的著名宫殿鲁切拉宫就是他设计的。我们不详细介绍桑巴特的观点，大略来说，他认为阿尔贝蒂所著《论家政》（*Della famiglia*）一书中贯注着“资本主义精神”，亦即所谓“市民”精神，并且，这种精神又为富兰克林所“传承”。[①] 韦伯对此难以苟同，认为纯属夸大其词。他们两个就这个问题一直争论。所以，韦伯后来修订他的

---

① 参阅桑巴特：《现代资本主义》第二卷第一分册，第31页、第35页。桑巴特曾赞誉阿尔贝蒂是“15世纪意大利市民阶级的完美典型”（„vollendete Typus des ‚Bürgers während des Quattrocento“）（转引自德文《韦伯全集》编者注61，MWG I/18, S.164）。在韦伯之前，美国经济学家凡勃伦（Thorstein Veblen）就曾批评桑巴特关于现代资本主义的欧陆中心视角，并认为真正开创现代资本主义文明的是英语世界（英国、美国），而不是欧陆国家（指意大利、德国，参阅Veblen, "Review of *Der moderne Kapitalismus* by Werner Sombart (1903)," in Charles Camic and Geoffrey Hodgson, eds., *The Essential Writings of Thorstein Veblen*, London and New York: Routledge, 2010, pp. 326-331）。

作品时，特别加写了很长的注释，系统性地驳斥桑巴特的观点。[①] 但是，在最初的版本中，韦伯还是对桑巴特保持着客气。毕竟是朋友嘛，有些话不便指名道姓说。所以，这里他只是比较含糊地批评了“朴素的历史唯物论教条”，即认为资本主义精神是资本主义经济发展的反映。桑巴特大概就是这么看的。对于我们来说，桑巴特的看法比较熟悉，而韦伯的看法则相对比较陌生，不好把握。他不是把资本主义“精神”与资本主义经济视作有机的一体，而是持“心”“物”二分的看法。“精神”是一码事，经济则是另一码事。这个问题在后面还会谈到。

这里韦伯只举了一个例子来具体说明。在富兰克林的出生地马萨诸塞，他所谓“资本主义精神”在资本主义发展前就已经存在了。马萨诸塞属于北美新英格兰殖民地，这种地方和佛罗伦萨那样的欧洲老牌城市可不一样，到 17 世纪上半叶的时候还相当落后。但是，当时先是周围的殖民地，继而是南方各州，纷纷有人抱怨新英格兰那种工于计算的逐利风气。要知道，南方诸州可是由一些大资本家出于商业目的建的，而新英格兰的殖民地则是由一些英国移民来的清教徒（包括传教士、小资产者、工匠、农夫等）出于宗教目的而建的。然而，“资本主义精神”在南方诸州却远没有在新英格兰发达。[②] 可见，这个“精神”自有其另外的来历。

---

① 参阅马克斯·韦伯：《新教伦理与资本主义精神》，第 284—286 页注 12。

② 同上，第 187 页。

古今之辨：传统主义与资本主义精神

那么，所谓“资本主义精神”是从何而来的呢？韦伯说，它必须同所有敌对的力量进行搏斗，并最终取得胜利。这倒是跟马克思关于布尔乔亚资产阶级的刻画有些类似。资产阶级必须“打破旧世界”，才能脱颖而出，并“建立新世界”。韦伯笔下的“资本主义精神”也是如此。他说，在古代和中世纪，富兰克林的箴言所表达的那种态度肯定会被嗤之以鼻。当然，这倒不是因为“获利本能”（Erwerbstrieb/instinct of acquisition）在那些时代还不够发达。所谓“获利本能”是桑巴特的用语，用来表示现代资本主义精神的觉醒。韦伯则认为，单纯在这一点上看不出古今的实质性区别来。疯狂的拜金贪欲，古往今来在世界历史上随处可见。中国的官吏、古罗马的贵族、那不勒斯的船夫等，这些人的贪婪拜金欲（*auri sacra fames*，语出古罗马诗人维吉尔）都要比现代英国人更强烈、更无耻。而这和富兰克林箴言中宣讲的那种伦理根本不搭边。此外，在贪欲驱使下的投机、冒险，在韦伯看来都不是“资本主义精神”的体现。肆无忌惮的逐利往往和最严格的因循传统绑在一起。而另一方面，随着传统的崩溃和自由营利做法的扩张，这一新生事物也没有获得伦理的认可，而只不过是作为一个事实被容忍而已。韦伯指出，这一直是前资本主义时期在普通人的实践活动中表现出来的标准伦理态度。这种态度也是人们在适应有序的资产阶级－资本主义经济[1]时的最大心理障碍。

为了叙述方便，韦伯把“资本主义精神”的这个“前资本主义”时期的观念对手称作“传统主义”。这可以从劳动者与企业主两方面来看。韦伯在前文中就曾提到过，与德国相比，意大利的劳动者缺乏自觉性。实际上，在韦伯眼里，这个差别不仅是天主教国家与新教国家的文化差异，而且是古（传统主义）、今（资本主义精神）差异。“资本主义不可能使用那些信奉散漫不羁、自由放任（*liberum arbitrium*）的人从事劳动，它也不可能使用那些在与他人交往中看上去绝对无耻的生意人，富兰克林的作品就是这样告诉我们的。”[2]首先说“传统主义”的劳动者，这里韦伯举了一个经济学的经验范例，就是农业生产中到底是高工资还是低工资更能促进劳动生产率从而提高利润的问题。一般来说，我们会认为雇主提高劳动工资会激励雇工提升劳动强度，农忙的时候，骡子都得给吃点好的，何况人呢。然而，经验事实却未见得如此，工资提高了，反而可能导致雇工干得少了，因为他挣到足够生活的钱后就不愿再多干了。韦伯说，这里面就有传统主义的劳动伦理在作怪。

---

① 马克斯·韦伯：《新教伦理与资本主义精神》，第 189 页。帕森斯将 bürgerlich-kapitalistischer Wirtschaft 译作 bourgeois-capitalistic economy，中译为“资产阶级 - 资本主义经济”，在字面上多少显得有些同义反复。通过 bürgerlich 这个限定词，韦伯尝试将以“理性地使用资本和按照资本主义方式理性地组织劳动”为基本特征的现代资本主义形式与其他形式的资本主义（如投机型资本主义、掠夺型资本主义等）区别开来。

② 同上，第 188 页。关于 *liberum arbitrium* 之译法的讨论，参阅本书第 78 页注释。

这也说明，人并不是天生就想尽可能多地挣钱。韦伯讲的这些是有经验基础的，他早年曾经在德国东北部做过关于农业雇工的调查研究。那时候，很多波兰农民跑到德国来打工。波兰是天主教国家，而德国是新教国家。韦伯在调查中发现，波兰农民很“落后”，劳动意愿和能力都不及德国农民。实际上，他们还是前资本主义的劳动心态。长期以来，资本主义的经济学理论也一直信奉低工资与高利润存在正相关。但是，韦伯认为这种观点是成问题的。现代资本主义的持续发展，仅靠廉价劳动力是无法支撑的，而需要劳动者具备相应的素质，比如生产过程中高度的责任心。再就是在劳动时间内，把劳动本身当作目的、当作天职。韦伯认为，这种劳动态度绝对不是天然的，也不可能单凭工资（高工资或低工资）激励起来，而只能是长期艰苦教育的结果。换句话说，这里面不仅仅是物质激励问题，还有文化问题、教育问题。

韦伯说，资本主义要持续前进，没有一个强大同盟的支持不行。这个同盟是谁呢？他又举了一个当代德国的例子：女工问题。一般而言，德国的企业主对女工很不满意，觉得她们落后、保守，不愿意学习新方法。然而，那些有虔信派宗教背景的女工则是个例外，她们工作起来专心致志、有责任心，又很有经济头脑，同时还能做到自制和节俭，这极大提高了工作绩效。这类女工简直就是资本主义最需要的那种劳动者。回看历史，似乎也是这样。例如，18 世纪英国的循道宗背景的工人特别遭人讨厌，就是因为他们的那种“劳动意愿”，用今天的流行语说，这些人劳动积极上心，结果把大家搞得都很累、很“卷”。这里提到的虔信派、循道宗等都是基督教新教的一些派别。借着这些经验案例，韦伯追问道：“对资本主义的适应性与资本主义早期发展过程中的宗教因素是怎样结合起来的？”[①] 这实际是重申了第一章中提出的问题。看来，韦伯相信宗教特别是新教的伦理教育在客观上成了资本主义得以持续推进的“同盟”。

说到这里，就联想到我们国家工业化建设与经济发展的进程。过去流行的看法认为新中国成立后的前三十年间的建设成就非常有限，究其原因就是劳动者的物质激励不足，结果“吃大锅饭”、混日子的现象比比皆是。直到实行“改革”以后，农村搞承包制，城市搞包干制，把物质激励提上来了，人们有了劳动积极性，经济才开始快速发展。这种看法有一定道理，也有一定的经验基础，但实在是把问题过于简单化了。有位印度的经济学家，获过诺贝尔经济学奖的，提出过不同的看法。他把印度的情况作为参照来看中国的改革开放经验，觉得中国的经济学家宣扬的那些“经验”在印度早就具备了，但为什么中国的发展势头却远远超过印度呢？这位学者就往前回溯，发现关键点是前三十年的义务教育与公共医疗这两块大大提升了中国劳动者的综合素质，从而为改革开放准备了良好的劳动力资

① 马克斯·韦伯：《新教伦理与资本主义精神》，第 192 页。

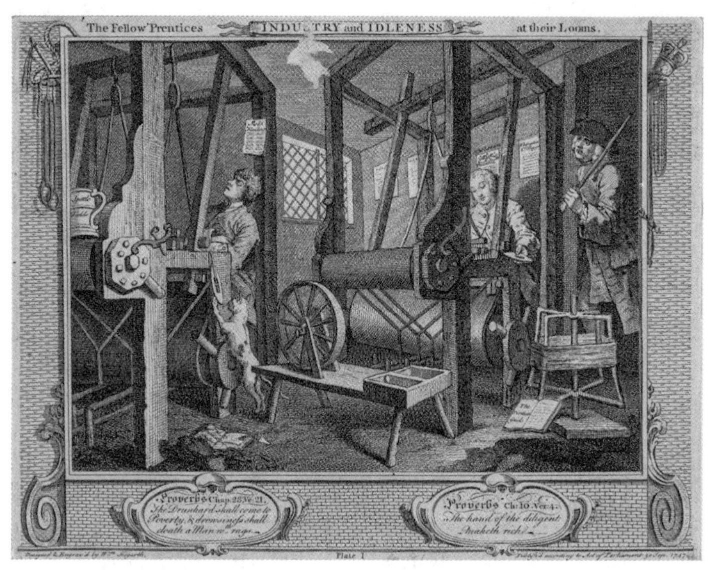

霍加斯的系列雕版画《勤勉与闲堕》之《操作织机的学徒工》

（William Hogarth，*The Fellow 'Prentices at their Looms, Industry and Idleness*，1747）

宣扬英国清教的工作伦理。

源。[①] 公共医疗与卫生的建设很重要，实质性地提高了国人的健康与预期寿命。基础教育也很重要，不仅仅是识字、学文化，而且也学纪律、培养责任心。大家从小学开始，就开始被“规训”，上课时要认真听课，不能乱讲话，讲话要举手，等等。这些对于未来适应现代职业都是很重要的“必修课”。其实，问题恐怕还不仅如此。前三十年的建设过程，同时也是一个持续的“社会主义教育”过程。实际上，在这个“教育”里面也包含了劳动意愿的塑造、劳动纪律的培养等环节。建国初期，大批招工进厂的新工人都是来自农村，不进行劳动教育怎么能适应大工业生产呢。这方面的长期积累对后来的经济发展有很深的影响，但是，人们不太能够清楚地看到。

回到文本。韦伯接下来又讨论了企业家的情况。

针对桑巴特提出的古今判分，即前资本主义经济是需求满足主导的，而资本主义经济则是获利主导的，韦伯指出一个桑巴特理论框架无法涵盖的重要经济史现象：许多企业虽然在组织形式上是资本主义性质的，但同时又带有“传统主义”的性格。也就是说，缺乏所谓的“资本主义精神”，即富兰克林所展示的“那种理性而系统地追求利润的态度”[②]。这也就是说，企业的资本主义形式和资本

① 参阅 Amartya Sen," What China Could Teach India, Then and Now," public speech delivered at the Asia Society (Hong Kong), Feb. 17th, 2005 ; Amartya Sen, "Why India Trails China," *New York Times*, Jun 19th, 2013。

② 马克斯 · 韦伯 :《新教伦理与资本主义精神》，第 193 页。韦伯原文中在“理性而

主义精神之间虽然一般而言是相互“适应”的，但并不必然是相互依存的。历史地看，我们只能说，富兰克林代表的“资本主义精神”在资本主义企业中找到了最适合它的形式，而资本主义企业反过来又在“资本主义精神”那里找到了最适合它的精神动力。但是，这二者是两码事。它们完全可以分头出现。富兰克林浑身浸透着“资本主义精神”，但他经营的印刷厂在形式上还只是手工业水平的工场而已。为此，韦伯强调，在现代之初，“资本主义精神”的主要承载者并不是那些商业贵族型的资本主义企业家，而是那些新兴的下层工商业中产阶级，或者更准确地说应该是中等阶层。[①] 在整个研究中，这是韦伯仅有的一次专门提到了“资本主义精神”的社会基础，或者说是具体承载“资本主义精神”的社会阶层。他还特别加了一个注释说：

> 资本主义企业的技术，以及为资本主义提供了扩张能量的职业劳动精神，乃是植根于同一些社会阶级之中的。宗教信仰的社会关系也同样如此。……新兴

（接上页）系统地”之前还有一个重要的限定词 berufsmäßig（奉为天职般地），帕森斯将之漏译了，从而在一定程度上模糊了文意。

① 马克斯·韦伯：《新教伦理与资本主义精神》，第 193 页。“中等阶层”一词，韦伯最初采用了 Mittelstandes 这个术语，帕森斯译作 middle classes。此前，韦伯在第一章中还使用了 „bürgerlichen" Mittelklassen 和 bürgerliche Klassen 的表述（参阅 MWG I/18, S.130）。可以看出，当时韦伯尚未形成“等级”（身份群体）与“阶级”的清晰概念区分。

的中小资产阶级曾产生了大批的企业家，而他们在很大程度上到处都是资本主义伦理和加尔文主义宗教的典型代表。①

简单说，韦伯心目中“资本主义精神”的企业家代表就是那些新兴的城市中小资产者。在老欧洲，这些靠个人奋斗从底层上来的“新贵”往往是贵族看不入眼的下等人。这些人在英语世界被称作 middle class（或者 middling sort），但不是我们一般意义上而言的“中产阶级”，而是指从欧洲封建社会中走出来的新兴工商阶层。所以，这个“中”字指的是相对上层的贵族、绅士与下层的劳苦大众而言的平民社会等级。②法国把这些平民叫作“第三等级”，也就是所谓“布尔乔亚”（bourgeois，法语 bourgeoisie）。富兰克林则是在新英格兰殖民地从底层成长起来的企业家代表，从小本生意一步步兢兢业业做起来的，可以说，他就是韦伯所谓“资本主义精神”的典型代表。

---

① 马克斯·韦伯：《新教伦理与资本主义精神》，第 287 页注 23。“中小资产阶级”一词，韦伯最初采用的表述是 Mittel und Kleinbürgertum，帕森斯译作 middle and small bourgeoisie。

② 据估计，18 世纪的百年间英国城市中等阶级的人口规模从约 17 万增长到约 47.5 万，约占总人口的 20%（参阅 Margaret R. Hunt, *The Middling Sort: Commerce, Gender and the Family in England, 1680–1780*, Berkeley: University of California Press, 1996, p. 17）。另，关于 17—18 世纪英国社会阶层的命名演变，参阅 P. J. Corfield, "Class by Name and Number in Eighteenth-Century Britain," *History*, vol. 72, no. 234, 1987, pp. 38-61。

“理性化”进程：资本主义“精神”的革命

前文中韦伯提到，“资本主义精神”必须与阻碍它的“传统主义”经济伦理进行持续的斗争才能脱颖而出。接下来，他尝试勾勒这场伦理革命的过程。

在韦伯看来，这场革命的主战场不是大型的银行，也不是大型出口贸易，而是零售商业。在这里，传统主义最终被资本主义精神彻底战胜并取而代之。与之相应的则是旧式的家庭包工制，更确切地说是转包制（putting-out system）的瓦解。下面大概描绘了欧洲大陆纺织工业部门中企业主从旧式的转包制商人到新型零售商的转变过程。旧式商人做的是传统主义的生意，而在生意之外还很会享受生活，经常和意气相投的朋友们在酒馆里开怀畅饮，悠闲而舒适。然后，有一天，这种闲适的生活突然就被打破了。某个出身旧式商人家庭的年轻人开始贯彻新的经营理念，比如提高了对工人的要求，加强对他们的劳动监督，比如改变营销策略，亲自招徕顾客，还想方设法改进产品质量来迎合顾客的需要。引入新的经营理念与方式之后，那些不能迅速跟进的旧式企业很快就在竞争中被无情淘汰了。相应地，从前的那种闲适生活也让位于一种无情的节俭。新型的企业家不想消费而只想赚取，大量的财富积聚起来后，也没用于放贷取息，而是用于新的投资。

韦伯把这个“革命”或者转型过程称作“理性化”

（Rationalisierung）。[1] 大家知道，“理性化”是韦伯学说中非常核心的命题。在这里，还只是初次提出来，而且有其具体所指。要理解何谓“理性化”，先得明白何谓“理性”和“理性主义”。但是，韦伯并没有给出过清晰界定。后面他会谈到，这个问题太复杂了，根本没法简单地给出定义。在这个地方，“理性化”指的就是“资本主义精神”这种全新的伦理态度在资本主义企业经营中得到全面贯彻。那么，“资本主义精神”就是他所谓的“理性”了。这倒是和斯密以来的西方经济学有所呼应。不过，西方经济学把追求利益最大化的“经济理性”视作人的“本性”，而韦伯则认为这种“理性”其实是西方历史文化的产物。而且，“资本主义精神”也不是随着资本主义经济的兴起与扩张就自然而然地变成人们的“本性”，而是要经过与“传统主义”伦理的艰苦斗争才能实现“理性化”。我再多说一句，不要把这里的“理性化”简单地等同于“进步”。韦伯使用“理性化”这个术语时是加了引号的。他的“理性”和启蒙思想家讲的“理性”不一样，不是一个绝对理念，而只是一个相对的概念。如果从资本主义的观点来看，“资本主义精神”相对于“传统主义”来说是一种“进步”。但从别的观点来看，“资本主义精神”可能就不是“理性”而是“无理性”了。因为韦伯所谓“资本主义精神”侧重的是伦理态度，是一种主观的东西。作为一种文化价值，它本身并不

---

① 马克斯·韦伯：《新教伦理与资本主义精神》，第 195 页。

具有客观的绝对真理性。

另外，还要请大家注意下，韦伯对这个历史过程的勾勒所采取的方法是非历史的，或者用他的方法论术语说，是一种“理念型”的虚构。这么宏大的历史进程，竟然被韦伯这么轻描淡写地就给讲完了。这在严肃的历史学者眼里是难以接受的，未免有点太“轻浮”了。不过，韦伯的用意并不在于“浓描”这段历史过程，而只是为了在历史的概念图景层次上凸显“传统主义”与现代“资本主义精神”两种伦理态度的差异。另一方面，所谓“理念型”的虚构并不是异想天开的随意捏造，而是必须建立在经验事实基础之上的。它源于生活，而又“虚”于生活。对此，韦伯在注释里头有一点交代：他描绘的图景是“根据在不同工业部门和不同地区所看到的情况汇集而成的理想类型”。[①] 这话说得非常含糊，让人不明就里。其实，据韦伯夫人玛丽安妮在传记中透露，韦伯最重要的经验基础实际就是他自己的家族：他的祖父和伯父分别就是“传统主义”和“资本主义精神”的经验原型。[②] 韦伯是资产阶级学者，

---

① 马克斯·韦伯：《新教伦理与资本主义精神》，第 288 页注 25。

② 不过，韦伯夫人的记述与韦伯描绘的情况不尽吻合。据玛丽安妮的回忆，她的外祖父（即韦伯的祖父）在比勒费尔德的家族生意（家庭手工业生产的亚麻转包销售）由于机器织布的发明而衰落，被迫转到乡下。韦伯的伯父白手起家，重新做起生意，并采用了现代资本主义的经营方式，大获成功。参阅玛丽安妮·韦伯：《马克斯·韦伯传》，第 135—136 页。韦伯的描绘则重在凸显其伯父代表的“资本主义精神”，而有意抛开了机器织布这一技术革新因素。有研究者指出，韦伯在其著述中整体而言对技术的重要性重视不够（参阅 Gert Mueller, "The Notion of Rationality in the Work of Max Weber," *European Journal of Sociology/Archives*

他父亲虽然走了政途，但家族在当地是做生意的。所以，他讲这些倒是有切实经验。但是，这场革命在德国的发生已经是19世纪后期的事情了。我们通读完《新教伦理与资本主义精神》就知道，韦伯在这项研究中关注的焦点实际是17世纪、18世纪的清教文化圈，特别是工业革命前的英国、北美新英格兰。照这么说的话，这里勾勒的“理念型”图景也是适用于那个时候的。时空穿越，有点“蒙太奇”味道。

我们再回到文本。韦伯指出，尤其重要的是，“这场革命通常并不是由于源源不断向工业投入新资金引起的，而是由于新的精神，即现代资本主义的精神开始发挥作用了”。[①]这是韦伯提出的“本”“末”之辨。显然，在资本与“精神”之间，他是主张“思想领先”的。韦伯接着写道：

> 现代资本主义扩张的动力问题，首先并不是可供资本主义利用的资本额来自什么源头，而是资本主义精神的发展，这一点至关重要。不管在什么地方，只要资本主义精神登台亮相并全力以赴，它就会创造出自己的资本和货币供给来作为达到自身目的的手段，相反的说法则与事实有悖。[②]

（接上页）*Européennes de Sociologie/Europäisches Archiv Für Soziologie*, vol. 20, no. 1, 1979, pp. 160-161）。

① 马克斯·韦伯：《新教伦理与资本主义精神》，第195页。

② 同上，第195—196页。

这里涉及西方经济史中的一些实质争论，我们无法深究。倒是在读到这段话的时候，中国人随即会联想到那个著名命题：精神变物质。20 世纪中国的革命与抗战，是在物质条件严重不足的情况下展开的。帝国主义侵略者来了，在武器不行的前提下，中国人是不是就只能选择俯首为奴？这种情况下，精神的东西就要发挥很重要的作用，甚至能创造出物质条件来。就像《游击队之歌》中唱的："没有吃，没有穿，自有那敌人送上前；没有枪，没有炮，敌人给我们造。"关于早期现代资本主义的发展，韦伯讲的不就是这个道理嘛！在他看来，真正革命性的原动力不是资本，而是资本主义精神，只要这种新的精神能发挥出作用，资本随之就能被创造出来。韦伯的这套看法，我们或许可以称之为"'精神'资本论"。

新型"资本主义企业家"：理念型肖像

我们已经知道，韦伯所谓"资本主义精神"指的是经济活动特别是企业经营中出现的一种新的伦理态度、心性品质。说到底，"精神"的革命还是得落实到人的身上。比如，18 世纪的富兰克林就是这种"精神"的一个具体代表，当然，他还不能算是最早的那批"革命者"。韦伯没有具体地去寻找谁是"第一个吃螃蟹的人"，不可能也没必要，而是再次运用理念型方法勾勒了一个非历史的"资本主义企业家”的典型肖像。

那么，新型企业家是什么样子？韦伯说，跟那些胆大妄为、毫无节操的投机商、冒险家不同：

> 他们是些在艰难困苦的生活环境中成长起来的人，怀着严谨的资产阶级见解和原则，既工于计算又敢想敢为，最重要的是，他们无不稳健节制、诚实可信、机敏聪明，全力以赴地投身于事业之中。[①]

这都是在讲这种企业家优秀的伦理品质。前面还讲到，他们的伦理品质还有洞若观火的远见和出色的行动能力，为其在顾客和工人中间赢得从事经营管理不可缺少的信任。韦伯对这些资本主义企业家、“革命者”的礼赞之情溢于言表。你看，他的资产阶级“尾巴”在这儿就暴露出来！韦伯写下这些文字的时候，脑子里浮现的是他敬爱的伯父，虽说研究要注意避免情感性的东西，但总还是有的。[②] 如果是马克思来评价资本家的“伦理品质”的话，那肯定是另一种说法了。

《共产党宣言》中对资产阶级的特点倒是有非常精彩的刻画。[③] 如果大家读过的话，就会看到马克思和韦伯的刻

---

① 马克斯·韦伯：《新教伦理与资本主义精神》，第 196 页。

② 关于韦伯的家世及其市民阶级（资产阶级）认同，参阅于尔根·考伯：《马克斯·韦伯：跨越时代的人生》，第 11—19 页。

③ 参阅《共产党宣言》第一节“资产者和无产者”中的有关片段（《马克思恩格斯选集》第一卷，北京：人民出版社，2012 年，第 402—404 页）。

画有很大差异，但也有共通之处。马克思刻画的也是资产阶级的“革命者”肖像，就是要冲破一切封建束缚，不停地革新，新的世界刚刚建立起来，还没有稳固，他就又要去打破了。这幅肖像的描绘，实际就是运用韦伯讲的理念型方法。不过，马克思的文采比韦伯可好多了。另一方面，韦伯刻画的资本主义企业家也有锐意进取这个面向，但他更强调伦理品质这个面向，特别是理性控制自己的生活、全身心投入工作等。这是他比较看重的东西，也是他认为具有“革命性”的东西。如果把《共产党宣言》和《新教伦理与资本主义精神》放在一起对读，可以看出有意思的东西来。

韦伯说，今天人们一般不会认为这些人的道德品质跟宗教观念有什么关系。即使那些身上充满了资本主义精神的人也不会这么认为。他们自己也弄不清楚永不停歇地获取财富究竟有什么意义。只能说，这种不间断地工作已经成为生活不可或缺的一部分了。那么，从个人幸福的观点来看，这样的生活就是非常无理性的，人为了他的事业而活，而不是相反。当然，韦伯不否认，财富能换来权力和声望。就像在德国，有些资本主义暴发户家族会把子女送进大学和官场，以掩饰自己的出身。不过，资本主义企业家的理念型则跟那种人完全不同：

> 这种类型的企业家不求铺张排场，力避无益的开销，从不有意享受权力，而且常常为自己获得的社会

> 声誉的那些外在标志感到窘迫不安。换言之，他们的生活方式往往以某种禁欲主义倾向见称于世。我们引用的富兰克林的训诫便足够清楚地表明了这一点。我们必须研究的正是这一重要事实的历史意义。就是说，他们的谦逊实际上比富兰克林精明建议的自制要更加诚实，而且这种情况并不罕见，毋宁说是一种常规。他们的财富给他们带来的，只有那种全力以赴唯工作是瞻的无理性意识，除此以外一无所获。[①]

这段刻画把一些关键点带出来了，如禁欲倾向的生活样式、唯工作是瞻（即“履行天职”）等。[②] 韦伯在后面几章分别会对这些关键点展开深入考察。韦伯说，这种企业家在前资本主义的人们看来完全不可理喻。只能说是“财迷心窍”了吧。这也让我联想起来，20 世纪 80—90 年代改革开放早期的时候，国内也曾经流行过一阵关于企业家伦理的宣传。那个时候，日本的企业文化在全世界正火，中国刚刚开始搞市场经济，也需要企业家精神、企业家伦理。当时学习的榜样就是日本企业家，比如说松下电器的总裁生活如何简朴啊，经常吃盒饭、忘我工作啊之类。那时候，日本人成了资本主义工作伦理的象征。现在倒是不怎么听到这类故事了，大概是因为中国的经济已经崛起了

① 马克斯·韦伯：《新教伦理与资本主义精神》，第 197—198 页。

② 韦伯采用的德文原词为 Berufserfülung（履行天职），帕森斯意译为 having done his job well。

吧，好像不用吃盒饭、没有这样的“道德楷模”也富起来了。我想，这跟中国特殊的现代历史进程有很大关系，市场经济的进程，正好与长期“艰苦奋斗”（共和国的“禁欲主义”时代）后物欲的释放是同步的。今天我们也不乏从底层成长起来的企业家，但如果和韦伯的理念型对照的话，恐怕一条也不符合。

关于“理性主义”问题：桑巴特与韦伯

接下来，韦伯说今天已经不存在必须把获取财富的生活方式和任何单一世界观联系在一起的问题了。事实上，资本主义制度已经无须求助于任何宗教力量的支持，宗教的规范反而就像国家的干预一样碍手碍脚。反过来，现在倒是各种利益包括商业利益和社会、政治利益在决定着人们的世界观。也就是说，不是意识决定存在，而是存在决定意识了。不过，韦伯说这是现代资本主义已经取得了支配地位后的情况，它不再需要以前的“同盟”了。用我们的俗话讲，叫作过河拆桥、卸磨杀驴。但是，韦伯反推：“正如只有当它与日益强大的现代国家力量联合起来才有可能摧毁中世纪对经济生活的旧有调整方式一样，我们暂且还可以说，它与宗教力量的关系大概也是同样的情形。”[1]

---

[1] 马克斯·韦伯：《新教伦理与资本主义精神》，第 198 页。

这实际呼应了第一章末尾提到的孟德斯鸠关于英国的命题。资本主义、现代国家、宗教——这三股力量曾经共同塑造了西方早期现代历史的进程。韦伯在这项研究中特别关注的则是宗教力量对资本主义发展的影响，特别是对那种与现代资本主义相适应的“资本主义精神”（伦理态度、生活样式、行为方式）的哺育。①

韦伯指出，把赚钱作为人的一种义务、一项天职，这种观念与以往的道德观念完全背道而驰。《圣经》中有句话叫“不能得神的喜悦”（*Deo placere vix potest*），指的就是商人的放贷取利活动。中世纪教会的看法一直如此，甚至把这一条写进教会法里的。即使到了 15 世纪，罗马教廷出于现实考虑而对意大利城市的金融资本势力有所妥协，但也只是勉强容忍而已，当时的佛罗伦萨大主教安东尼（Antoninus of Florence）就是这种看法。总的来说，当时占主导地位的看法还是把资本主义的获利行为视为可鄙的行为，至少不会给它伦理上的正面评价。富兰克林的那种态度在当时是完全不可思议的，即使是对当时的资本主义圈内人士来说也是不可思议的。这些人虽然从事放贷活动，但自己内心也会觉得有违基督教传统。所以，不少富人在

---

① 仅就这项研究而言，韦伯在经过斟酌后放弃了关于宗教改革后欧洲的政治领域（包括伦理、行动与组织等）之变迁的专门考察（有关修订情况参阅李猛：《“政治”的再发现——基于〈新教伦理与资本主义精神〉对韦伯思想发展的探讨》，载《政治思想史》2020 年第 2 期，第 12—18 页）。韦伯关于欧洲国家之演进的扼要的历史社会学考察，参阅其著名讲演《政治作为天职》（*Politik als Beruf*，1919）。

临终前将巨额财产捐给教会以偿还良心债。即使不那么虔诚的人也会捐赠，以换取救赎。韦伯之所以讨论起15世纪意大利城市的情况，主要是为了和桑巴特辩论，反驳其关于“资本主义精神”诞生于意大利的论断。在韦伯看来，14世纪、15世纪的佛罗伦萨虽然是当时世界资本主义发展的中心，但在那里的货币与资本市场中获利只是勉强得到容忍而已，换句话说，当时那里的主导性伦理态度仍然是传统主义的。而在18世纪宾夕法尼亚偏远落后的小资产阶级环境中，虽然那里的商业经常由于货币的短缺而退回到以物易物的状态，也没有什么大企业，但是营利却被视为伦理上正当的，乃至“以责任的名义而大行其道”。[①] 通过这个比较，韦伯再次重申了自己的立场与观点，即资本主义经济是一码事，而资本主义精神则是另一码事，后者另有其来历。那么，问题来了，这种把营利视作个人必须履行的“天职”的观念到底从何而来？正是这种观念为新型企业家的生活样式提供了伦理基础。

桑巴特把现代经济生活的基本特征概括为“经济理性主义”，对此，韦伯在相当程度上是认同的。他说，如果这指的是让生产过程服从科学的观点，从而提高劳动生产率，那么毫无疑问是正确的，这是技术与宏观经济层面的理性化。此外，就个体的资本主义私营企业而言，其根本特征

---

① 马克斯·韦伯：《新教伦理与资本主义精神》，第200页。此处帕森斯将原文gebotenen Lebensführung意译为commanded in the name of duty。

之一就是以严谨的计算为基础实现理性化，并以远见和谨慎追求经济成功，这是资本主义经济在微观层面的理性主义。这些是韦伯与桑巴特的共识。①

那么，是不是由此可以说，资本主义精神的发展是"理性主义"整体发展的一个组成部分，它是从解决人生问题的理性主义根本原则中演绎出来的？韦伯认为，事情远不是这么简单。他说，如果我们历史地来看（而不是抽象地来看），就会发现所谓"理性主义"在不同领域里的呈现方式或者说历史轨迹是不一样的，往往不是同向并行的。下面，他举了几个具体的例子来呈现历史的复杂性。比如私法的理性化，古代后期的罗马法已经达到相当的高度，而这种私法的理性化在经济理性化已经达到相当高度的一些国家却仍十分落后，英国的情况尤其明显。大家可能知道，英国法与欧洲的大陆法系渊源不同，它的特点是判例法，主要通过判例的积累来形成法律，更加注重约定俗成的东西，而不像大陆法系那样注重法典的编纂及其概

① 韦伯在第一章中也曾采用过"经济理性主义"这个概念（参阅马克斯·韦伯：《新教伦理与资本主义精神》，第 176 页）。不过，他用这个术语侧重表述的是个体主观层面的伦理态度、精神气质，亦即本章提出的"资本主义精神"。有研究者指出，韦伯混淆了两种不同的理性：一种是实用目的理性（Zweckrationalitaet/purposive rationality），另一种是技术－工具理性或系统理性（Systemrationalitaet）。前者是主体际的，而后者是非人的、客观的。参阅 Gert Mueller, "The Notion of Rationality in the Work of Max Weber," p. 156。不过，尽管韦伯没有在概念上将这二者区分开来，但他的分析理路大致是清晰的。在这项研究中，他的关注点不是遵循系统理性的资本主义经济，而是目的理性的资本主义精神。

念体系的建构。判例法在思维风格上，可以说是经验主义的，而不是理性主义的。这是一个“理性主义”出现错位的范例。又如，18 世纪理性主义启蒙哲学，如伏尔泰的思想，最流行的地方并不是资本主义最高度发展的清教国家，而是罗马天主教国家，特别是得到了天主教国家的中上阶层认同。与此相关的是，“实用理性主义”——亦即那种有意识地根据个人的世俗利益来认识和评判世界的态度——的生活样式，无论过去还是现在都是那些崇尚自由判断[①]的民族所特有，如意大利人和法国人。然而，这样的文化土壤上却培育不出资本主义必需的那种个体与其作为使命而承担的天职的关系。韦伯指出，人们可以从根本不同的观点、完全不同的方向上使生活理性化。这个观点非常重要。在这个意义上，就不存在一个单线的理性主义发展史或“理性化”进程，实际上它是多线路、多向度的。“理性主义是一个涵盖了全部不同事物的历史概念。”[②] 这句话明确表达了韦伯关于“理性主义”问题的历史主义立场。

---

① 拉丁语 *liberum arbitrium*，意为自由判断（free judgment）。它是一个天主教经院神学范畴。例如，圣托马斯认为“自由判断是一种理智能力与意愿能力”（转引自 Eleonore Stump, "Aquinas's Account of Freedom: Intellect and Will," *The Monist*, vol. 80, no. 4, 1997, p. 587）。中译“自由放任”不确，与经济学与经济政策意义上的“自由放任”（法语 laissez-faire）一词相混淆。

② 马克斯·韦伯：《新教伦理与资本主义精神》，第 201 页。需要指出的是，帕森斯的英译 a whole world of different things（德文原文 der eine Welt von Gegensätzen）本身就不够精准，模糊了韦伯的原意。实际上，韦伯采用 Gegensätz（对立）这个词，意在表明一个去历史化的“理性主义”概念的无效性。作为一个历史概念，它指涉“一个包含了各种相互对立的东西的世界”，而不只是包含“全部不同事物”。因此，在韦伯看来，所谓“理性的”只能是相对的、历史的、具体的。

因此，关于“资本主义精神”这一文化现象的历史研究，就不能寄望于从一个总体的理性主义中加以推演，而必须具体地追溯其文化“出身”。“我们的任务就是要找出这一特别具体的理性思维形式到底是谁的精神子嗣，因为天职观念以及为天职而劳动的热诚都是由此生发出来的。”[①]实际上，这里韦伯是给“理性”二字加了引号的。所谓“资本主义精神”，讲的是西方文化历史上一种建立在天职观念基础上的独特的伦理“理性主义”。这种“理性主义”如果从个人的幸福主义角度来看就不对头咯，不让幸福、不让享乐嘛，从这个角度而言，也可以说它是完全无理性的。无论如何，韦伯最后指出：“这里我们特别关心的恰恰就是这个存在于资本主义文化中，也存在于任何天职观念中的无理性因素的起源。”[②]

---

① 马克斯·韦伯：《新教伦理与资本主义精神》，第 201—202 页。帕森斯的英译文中在“思维”后遗漏了“生活”一词，应是“‘理性的’思想与生活”。原文为„rationalen" Denkens und Lebens（MWG I/18, S.208）。

② 马克斯·韦伯：《新教伦理与资本主义精神》，第 202 页。1920 年修订版中，韦伯为回应布伦塔诺（Lujo Brentano，1844—1931）的批评特别加写了一个重要的注释：“一种事物就其本身来说绝不是无理性的，只是从特定的理性观点来看才能说它是无理性的。对于不信宗教的人来说，所有宗教的生活方式都是无理性的；对于享乐主义者来说，所有禁欲主义生活方式都是无理性的，不管就其特有的基本价值观而言，与享乐主义对立的禁欲主义是不是一种理性化。如果说本文毕竟还有所贡献，这贡献可能就在于说明了仅仅表面上看似简单的‘理性的’这一概念的复杂性。”（同上，第 283—284 页注 9）

第三章　路德、宗教改革与新教“天职”观念

韦伯在第三章讨论天职观问题。我们从第二章已经初步了解到，所谓“资本主义精神”和天职观紧密联系在一起。为什么新教这套宗教文化哺育了资本主义精神呢？韦伯说非常关键的是新教伦理滋生出一种很特别的劳作天职观。接下来，他就来深入考察这个重要伦理观念的来历。

研究策略：从“天职”观念切入

这一章开篇，韦伯指出，德语 Beruf 这个词，或者英语中更为清楚表达的 calling 一词，是有宗教内涵和渊源的，它最初指的是神的命令或召唤。对此，人们基本没有疑义，只不过后来逐渐世俗化为“职业”或者“工作”的意思了。这里把它译成“天职”，是凸显其世俗背后隐含的宗教意涵。不过，大家要知道，“天职”这个中译词本身是个很中国式的说法。基督教文化信神，而中国文化则敬天，诸如“天道”“天命”“天理”等，都是常见的说法。晚明

时基督教传进中国来，“神”也就入乡随俗成了“天主”，[①] 这样才合中国人的文化口味嘛。相应地，Beruf 也就被译成了“天职”。[②] 实际上，这个译法是不太准确的。

接下来，韦伯提出了一个语词史的观察，无论是天主教民族还是古典主义的古代民族，都没有任何与我们所知的“天职”具有同样含义的说法，而在所有的新教民族中则一直沿用至今。这是个非常重要的观察。西方不都是基督教文明，或者说犹太－基督教文明吗？但是，古代文明里面没有这个词，中世纪的天主教时代也没有出现这个词，只有到宗教改革以后，出现了所谓的“新教”民族，就是说很多欧洲国家改信新教以后，这些国家的人们都在使用“天职”这个词。那么，韦伯就去考证这个词是怎么来的。他发现，这个词是德国的宗教改革家马丁·路德（1483—1546）创造的。路德最初是在翻译《圣经》里面一个次经

---

① 耶稣会来华传教士罗明坚（Michele Ruggieri，1543—1607）在其用中文编著的教理书《天主圣教实录》（1584）中首先使用了“天主”一词。此后，“天主”这个译法逐渐流传开来。1715 年，罗马教皇颁布通谕（*Ex illa die*），明令不准再用“天”和“上帝”等字眼，而只可称呼天地万物之主为“斗斯”（Deus [God] 的音译）。此举，以及“中国礼仪之争”（Chinese Rites controversy）的问题引致康熙皇帝不满，下令禁传天主教。关于耶稣会士在华的历史，参阅 Liam Matthew Brockey, *Journey to the East: The Jesuit Mission to China, 1579–1724*, Cambridge and London: The Belknap Press of Harvard University Press, 2007；关于中国礼仪之争的情况，参阅 George Minamiki, *The Chinese Rites Controversy: From Its Beginning to Modern Times*, Chicago: Loyola University Press, 1985。

② “天职”一词本为古语。《孟子》记述春秋时晋平公尊贤礼士、与亥唐交友的故事时讲到“弗与共天位也，弗与治天职也”（《万章下》篇）。该术语的近代运用，如王国维《论哲学家与美术家之天职》（载《教育世界》第 99 号，1905 年）。

《便西拉智训》时，创造性地使用了 Beruf 这个译词。[①] 此后，逐渐沿用下来。而且，这个词成为新教民族中具有标志性的一个文化观念。

就像中国古人翻译佛经一样，西方人在翻译《圣经》的时候也会带出来很多新的东西，所谓翻译往往是带有创造性的，而 Beruf 这个译经过程中的创造就成了影响西方历史进程的一个重要的观念因素。

可以说，韦伯的整个故事是从天职观讲起的。韦伯说，路德的这种观念是崭新的，虽然是采用托古的方式，即翻译《圣经》，路德说不是我说的，我只是“转述”神说的，但实际上路德把他自己的一些思想带进去了。韦伯说，这种观念是“宗教改革的产物”。那么，在何种意义上这种观念是崭新的呢？韦伯强调，这种观念“把履行尘世事务中的责任看作个人道德活动所能采取的最高形式”，从而就

① 《便西拉智训》（*Ecclesiasticus*）又称《西拉书》，收录智者西拉的道德教诲。该书成于公元前 2 世纪，原作是用希伯来文写的，后译成希腊文。Beruf 一词的相关段落在该书第十一章的第二十、第二十一句，中译为“坚守岗位，持之以恒，工作到老。不要羡慕罪人的强势，而要坚守自己的工作，忠于主”。路德翻译该段中的 πόνος/*ponos* 与 εργων/*ergōn* 时，用 beruf 取代了之前的德语译词 werk 或 Arbeit。韦伯认为，这是 beruf 一词首次在现代意义上的使用。《便西拉智训》后来成为基督新教次经的一部分。另外，路德还用 beruf 来翻译《哥林多前书》中出现的 κλῆσις/*klēsis* 一词，意为蒙神恩召得永恒救赎。这个词最初与现代意义上世俗的“职业”概念没有任何关系。不过，路德通过翻译一语双关地将两者连接起来。韦伯为考证 beruf 一词的由来下了很大的功夫，参阅他撰写的相关注释（马克斯·韦伯：《新教伦理与资本主义精神》，第 290—295 页注 1 和 注 3）。韦伯夫人玛丽安妮曾经说，这些注释文字实际可算是“一篇关于现代职业概念起源的文字学论文”（参阅玛丽安妮·韦伯：《马克斯·韦伯传》，第 265 页）。

对日常的世俗活动达成了一种宗教意义上的肯定。[①] 这是一个重大的观念革新。过去基督教在很大程度上是弃世的，最经典的表述就是奥古斯丁（Aurelius Augustine，354—430）讲的“上帝之城”（*De civitate Dei*）和“地上之城”的区别。基督徒关心的不是世俗的事情，而是要去追寻“上帝之城”，那才是应该归宿的地方。所以，整个中世纪的宗教态度是一种弃世的态度。耶稣曾经说：“恺撒的归恺撒，上帝的归上帝。”世俗的事情让恺撒们去管好了，基督徒是要去神统治的地方。但是，到了宗教改革以后，就出现一个非常重要的观念转折。突然间尘世中的事情获得了一种宗教性的意义，尘世中的这些活动、劳作，具有宗教意义了。后面韦伯还会进一步深入辨析这些宗教意涵非常微妙的差异，必须懂得这些微妙的差异，才能懂得西方近代历史是怎么演进的。但是，不管怎样，路德创造的“天职”这个观念“引出了所有新教教派的核心教理”。自此以后，为神所喜的唯一生活方式，不再是修道院里的禁欲主义生活，而是“履行个人在尘世的地位所加诸于他的义务”，这就是他的天职。[②]

下面，韦伯比较了路德和中世纪的神学代表圣托马斯（Thomas Aquinas，1225—1274）。中世纪神学，一般要从奥古斯丁讲到托马斯，这两位都是封了圣的大德。托马斯

---

① 马克斯·韦伯：《新教伦理与资本主义精神》，第 204 页。

② 同上。

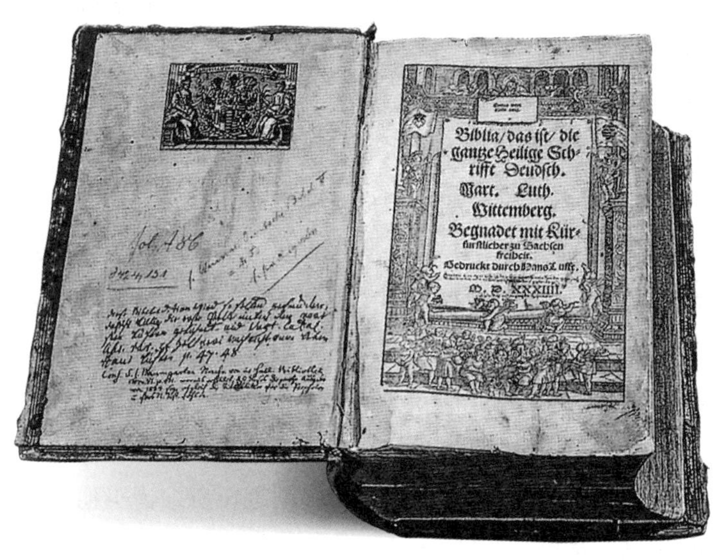

路德翻译的德文《圣经》扉页（*Biblia/das ist/die gantze Heilige Schrifft Deudsch*，1534）

是意大利人，我们也常叫他阿奎那，其实阿奎那是从他的祖籍地阿奎诺（Aquino）来的，就跟我们的古人介绍自己时先说地名一样，比如常山赵子龙。托马斯在基督教的地位大概相当于中国的朱熹（1130—1200）：中国的儒家思想到朱熹那里，达到一个巅峰；西方的中世纪神学到托马斯那里，达到一个巅峰。所以，韦伯以托马斯为中世纪的代表，而路德则开启了全新的宗教传统。韦伯讲到，路德最初认为尘世的劳作尽管是信仰生活不可或缺的基础，但它本身在道德上中性的。不过，随着对“唯独信仰”（*sola fide*）这一观念的确信，路德越来越反对天主教僧侣主义的“福音劝谕”（*consilia evangelica*），而天职的重要性则随之日益增强。这里一下冒出来不少基督教术语，大家读了恐怕不明就里。韦伯也没做说明，因为对西方读者来说都是些很基础的东西，但是对于我们来讲，在对这些基础知识不了解的情况下，就很难明白后面那些细致的讨论。很多基础的东西他认为是不需要讲的，而对我们来讲其实恰恰是非常重要的。

“唯独信仰”：路德的信条

路德为什么重要？其实韦伯的意思不是要讲路德为什么重要，而是要讲路德为什么不重要。按照他的研究理路，路德是相对不重要的，真正重要的是路德之后新教伦理的新发展。但是对于我们没背景的人来讲，必须首先要知道路德在西方宗教史上是非常重要的人物。为了帮助大家理解，我们可以做一个不十分恰当的类比：路德好比是德国的王阳明（1472—1529），在基督教文明中掀起了一场思想革命，而引发了这场革命的核心观念，就是所谓“唯独信仰”，或者叫“因信称义”（justification by faith alone）。基督教神学里有很多重要的观点论说，其中有一个是“称义”（Justification，德语 Rechtfertigung）。简单来讲，一个人为什么会蒙神恩被判为无罪？为什么值得被救？是因为做了善事吗？还是因为虔诚忏悔？还是其他什么别的原因呢？这个就叫作“称义”。在路德以前，罗马天主教信奉的“称义论”就是通过善行来显现信仰（*fides caritate formata*）。与之相应的则是“赦罪论”（*indulgentia*）。人的罪是可以通过善行来补赎、赦免的。怎么赎罪呢？有钱人就去教堂大把捐钱。我们中国也有这样的事情，大款发财了以后，赶紧去寺里、观里烧香，“多谢佛祖保佑，关二爷庇护”，然后大把捐钱。当然，中国人没有基督教意义上“罪”的观念，中国人是“报”的观念——我发财了，说明神、佛保佑了，保佑了就得去还个愿、还个礼。西方是说我发财了，但我做了很多不义的事情，最后的时候花钱去补赎自己的罪过。中世纪晚期的罗马教廷还售卖赎罪券，导致了宗教道德的严重腐败。你可以是一个坏人，干坏事到一定程度后花点钱赎罪就可以了。这样一来，像路德这样的虔诚信徒就无法容忍罗马教廷助长这种东西。中国文化是世俗文化，讲到腐败的时候没有赎罪券这样的事情。中国史书控诉腐败的时候怎么写？叫作卖官鬻爵。政府比较腐败的时候，就是开始卖官的时候，当大量的人花钱去买官的时候，这个政治体制一定是腐败的。西方文化是宗教文化，当教廷开始买卖圣职的时候，当大量的人花钱寻求赦罪的时候，这个宗教体制一定是腐败的。[①] 所以，路德就出来公开地挑战罗马教廷的做法，同时在教义上提出自己的主张：人怎么能得救？不是靠捐钱，也不是靠行善、做两件好事，人得救只有一个可能，就是因信而“称义”。“唯独信仰”——只有凭神所赐的信心，信靠耶稣基督才能得救，这就叫“因信称义”。这条原则不得了，算是为基督教的革新立起了“根本法”。这有点像什么呢？有点像王阳明的心学革命。阳明当年被贬到贵州龙场而“悟道”，核心就是一条——吾心即道，不假外求。这就突破了程朱理学的即物穷理说，得出“心外无理，心外无物”的观点。阳明的根本法在哪里？就在一个“心”字上。而路德讲的是什么？根本法在什么地方？就在一个“信”字上。他主张的“唯独信仰”，突破了圣托马斯代表的中世纪天主教“称义论”。这是他对于西方基督教文明的一个非常重要的思想贡献。

说起来，还有个故事。路德当年曾被教皇派指控在翻

---

① 关于中世纪后期教会的腐败情况，参阅 Preserved Smith, *The Age of Reformation*, New York: H. Holt and Company, 1920, pp. 20-25。

译《罗马书》第三章中圣保罗的话时私自加塞了“唯独”（*sola*，德语 allein）一词，篡改了经意。对此，路德专门做了公开回应。他认为，尽管经文中的确没有“唯独”这个限定词，但完全可以从保罗的话推出这层意思来。而且，这样翻译也更贴合德语的语感。[①] 加了一个限定词，竟引出这么大的风波来，可见，这个翻译在圣经学上是一个多么关键的事件。顺带说一下，中文翻译恰恰是在这一点上出错了，译成了“唯一的信仰”，这就道不出来路德的苦心了。应该是“唯独信仰”，是说除了信靠基督之外没有任何其他手段。也就是说，要内求，不要外求，外求是没有用的。这跟 16 世纪中国心学的主张颇有点类似。

韦伯提到，路德指责天主教的僧侣主义道德观是“受到了魔鬼的支配”。中世纪天主教在修士与俗众之间做了区别，有点类似儒家的君子、小人之分。普通的信众只需遵守戒令（*praccepta*），而那些志在做完全基督徒的修士则要宣誓奉行全德劝谕（*consilia*）。大体说就是守贞、守贫、顺从（神）三条，可谓天主教的“三达德”。路德则认为，

---

① 保罗在《罗马书》第三章中说的那句话（3: 28），拉丁文为 *Arbitramur hominem iustificari ex fide absque operibus legis*（人被称为义，是借着信，与律法上的行为无关）。原文中没有 *sola* 一词。路德则将之译为 daß der Mensch gerecht werde ohne des Gesetzes Werke, allein durch den Glauben（a man is justified without the works of the law, by faith alone），在德语文句中添加了 allein 一词。Martin Luther, "An Open Letter on Translating (1530)" (https://www.bible-researcher.com/luther01.html)；参阅 Derek Wilson, *Out of the Storm: The Life and Legacy of Martin Luther,* London: Hutchinson, 2007, p. 185。

这种修士、俗众之分在《圣经》中根本没有依据。[①] 修道院生活作为称义的手段不仅毫无价值，而且是在逃避尘世的义务，而在尘世中履行天职的劳作才是博爱的外在体现。然后，沿着路德的“称义”观形成了一种新的生活伦理，就是在任何环境下都要履行尘世的责任，这是唯一得神喜悦的生活方式。[②] 韦伯说，这种对世俗活动的道德辩护是宗教改革最重要的成果之一，而路德在其中发挥了特别重要的作用。对于德国人来说，这是老生常谈，但对我们来说需要注意，为什么路德是西方思想史上一道真正的分水岭。

路德宗与加尔文宗

接下来，韦伯要表达的则是，通常认为路德的思想贡献是革命性的，但就韦伯这项研究关注的问题而言，路德的革命性其实没有那么大。尽管他创造了天职这个概念，但是韦伯认为路德的天职观根本上来讲和天主教对待世俗活动的态度是延续的，不构成根本断裂。用一句话来说就是，路德的思想和天主教都是“传统主义”的。例如，从路德对高利贷或任何形式的放利取息行为的批判中就能看

---

① 参阅《韦伯全集》第 I/18 卷编者注 17（MWG I/18, S.229）。

② 马克斯·韦伯：《新教伦理与资本主义精神》，第 205 页。

出他关于资本主义营利活动的看法。韦伯说，从资本主义的立场来看，路德的观念非常落伍了，甚至还不如中世纪晚期天主教的经院思想“进步”。他举了15世纪佛罗伦萨主教安东尼（这个人我们在第二章中就曾经提到过）对金钱无益论的批判作为例证。①

韦伯提醒读者注意，不能一般性地把天职观念这一宗教改革的成果对于现代资本主义文明的重要性拔得过高。实际上，宗教意义上的天职观念对俗世生活产生的影响可以是很多样的，宗教改革本身的影响只是极大提高了宗教对尘世间履行天职的劳作的认可度。至于说天职观念如何进一步发展，则还要具体看后面各新教教派的演进。路德对《圣经》的解读，总体而言是传统主义的。在如何看待世俗职业生活上，他继承了圣保罗的那种末世论（eschatological）冷漠（《新约·哥林多前书》）。到后来，则变得越来越信“神意”（Providence），也就是中国人讲的“命”。这样一来，路德就没能在俗世的天职/职业劳作与宗教原则之间建立起一种新型的基本联系。②他“所谓的天职是指人所必须接受且必须适应的神定之事”。韦伯认

---

① 安东尼主教在其遗著《伦理神学大全》（*Summa theologica moralis*，1477）中指出：虽然钱本身不能生钱，但通过商人们的行商贸易就能变得有利可图。参阅《韦伯全集》第I/18卷编者注57（MWG I/18, S.238）。

② 马克斯·韦伯：《新教伦理与资本主义精神》，第207页。帕森斯将韦伯采用的德文术语Berufsarbeit（天职/职业劳作）译作worldly activity（世俗活动）。另，韦伯在注释中还曾引用过他人关于路德的一句评论：“对于路德来说，基督徒只是在天职中（*in vocatione*）而不是靠天职本身（*per vocationem*）为神效力。”（同上，第299页注22，译文有所更动）

为，路德宗教义的伦理结果是消极的：“世俗的责任不再从属于禁欲主义的责任；人们得到的规劝是服从权威和安于现状。”① 韦伯指出的，实际是他对当时德国文化与政治状况的感受，路德主义就是德国的“传统文化”，韦伯这个现代派对它是持批判态度的，认为路德宗要为德国的威权主义政治文化负相当责任。

我们抛开这个不论。韦伯认为，就新教伦理与资本主义精神的关系这个问题而言，真正的突破并不是在路德那里，而是在路德之后的加尔文宗以及其他新教教派，后者才真正实现了韦伯那个意义上的“现代”突破。所以，在这章的天职观论题里面有一个非常重要的辨析，就是路德宗和加尔文宗之辨，一定要把这个古今之别辨析清楚。这不是当时的主流看法，尤其不是当时德国宗教界的主流看法。路德宗的大本营在哪里？就在德国。所以德国的神学家倾向于把路德抬到很高的位置，而韦伯则偏偏要拐出去推重加尔文宗。②

路德和加尔文是新教史上的二圣，在西方历史上非常重要。加尔文（Jean Calvin，1509—1564）是个法国人，

---

① 马克斯·韦伯：《新教伦理与资本主义精神》，第 207—208 页。

② 例如 19 世纪德国著名神学家里敕尔（Albrecht Ritschl，1822—1889），韦伯对其神学著作《基督教的称义与和解思想》（*Die christliche Lehre von der Rechtfertigung und Versöhnung*，1882）及观点的批评，参阅马克斯·韦伯《新教伦理与资本主义精神》，第 302 页注。此外，路德的思想也成为以历史学家特赖奇克（Heinrich von Treitschke，1834—1896）为代表的德国民族主义者的重要思想源泉。关于韦伯与特赖奇克的关系，参阅 Christopher Adair Toteff, *Max Wabers Proterstantismus-These, Kritik und Antikritik*, S.62-63。

法国人一般都是天主教徒，但是加尔文上大学的时候偷偷读禁书，里面就有路德。加尔文受禁书影响改信了新教，就成了异端。在法国不能待了，他就跑到日内瓦去开辟“革命根据地”，在那里主持新教改革，一番苦心经营，把日内瓦打造成了“新教的罗马”。

加尔文主义最核心的教理是预选论，或者叫得救预定论（Predestination）：“按照上帝的预旨，为了彰显祂的荣耀，上帝预定有些人和天使得永生，而其余的人和天使则受永死。”“除选民以外，无人被基督救赎。”① 这是一种精英主义论断，实际上是延续犹太人的传统，即上帝选民的问题。犹太人把上帝选民族群化，上帝只选了犹太人，没选其他民族。后来基督教就说不能这么讲，不能说上帝只选了犹太人，因为神是博爱的，所以我们说基督教是对犹太教的革命，推翻了犹太人的上帝观。那么，加尔文的这套教理在一定程度上复兴了犹太人的上帝观。或者说，圣经有《旧约》和《新约》，分别代表了两个上帝，加尔文信仰相当程度上是复兴了《旧约》里的那个上帝，这个上帝拥有“绝对主权”，非常霸道，全凭他的意志决定一切的事。谁是选民，神早就定了，没告诉你而已，而且也不需要告诉你，你也不要去猜测，你也根本猜不到，神的意图，凡人能猜到吗？记得我们上学的时候，有一个叫昆德

---

① 引自《威斯敏斯特信纲》（*The Westminster Confession of Faith*，1647）第三章“论上帝的预旨”。

加尔文

拉（Milan Kundera）的捷克作家的小说很流行，他在小说里引用过一句犹太谚语："人类一思考，上帝就发笑。"这句话在90年代很流行。神的裁定，人无法改变，也根本无从揣测，这就是韦伯讲的这种信仰的残酷性。我们不在这个文化里面，很难理解他讲的这些东西，怎么还搞得如此残酷？基督教不是充满爱心的吗？信了神之后，不就该沉浸在爱的海洋当中了吗？其实不是的，上帝是很残酷的，让你心里很焦虑的，你可能早就被选定下地狱了却还不知道，而且谁也救不了你。对于一般的信众而言，"我是不是得救了"这个问题就成了他一生中最关注的事情。加尔文主义的救赎论，在新教世界产生了极其深远的影响，它和路德天职观开辟出来的对尘世活动的宗教意义的肯定相结合，才促成了清教徒一整套的宗教救赎观与禁欲主义生活伦理，这也是韦伯关注的重点，也是他在第四章将要深入考察的内容。

16世纪下半叶的欧洲宗教状况

关于16世纪下半叶的欧洲宗教形势，一个美国历史学者在一百多年前曾绘制过一张地图，虽然比较老旧，但在细节上比很多新图更丰富。[①]

---

① William R. Shepherd, *The Historical Atlas*, New York: H. Holt and Company, 1911, p. 116.

16 世纪上半叶发生了宗教改革运动，到下半叶的时候，新教的思想已经在欧洲得到非常广泛的传播了。这个图里面圆点代表的是路德宗，主要分布在德国。德意志公国里最早支持路德的就是萨克森选帝侯，公然挑战罗马教皇的权威，为路德提供保护，搞得教廷也无计可施。[①] 路德背后其实是有封建诸侯的力量支持和保护，光靠他单枪匹马也是不行的。不然的话，罗马教廷一句话就可以把他当异端处死。路德宗的影响力在德国、中北欧是很大的。

网格线代表的是加尔文宗。加尔文虽然被赶出法国了，但他是个很有心的人，在日内瓦建立根据地以后，就开始有计划地训练传教士，之后秘密遣送这些传教士去法国，慢慢在法国扩大新教根据地。法国本来算是个天主教国家，但是加尔文的渗透非常有效，以至于后来在法国诞生了胡格诺派（Huguenot），实际上就是法国的加尔文宗。胡格诺派的影响很大，后来法国内部发生了宗教战争，甚至连法兰西的国王一度都信了新教。但因为天主教毕竟是老基础，所以法国国王亨利四世为了稳固政权就改宗，还是信天主教，但同时也下令不准迫害胡格诺教徒。[②] 法国就这

---

① 在德国选帝侯制度下，神圣罗马帝国的皇帝由七位世袭选侯公推选举。路德时代的萨克森选帝侯腓特烈三世（Friedrich III，1463—1525）是一位德高望重的封建诸侯，曾一度被公推为神圣罗马皇帝。他一生信奉罗马天主教，但晚年倾向路德主张的信条，并在临终前皈依路德宗。

② 1598 年，法国国王亨利四世颁布《南特敕令》（*Édit de Nantes*），承认胡格诺派信徒的宗教自由，并在法律上享有同等的公民自由。这个敕令是世界近代史上第一份有关宗教宽容的敕令。

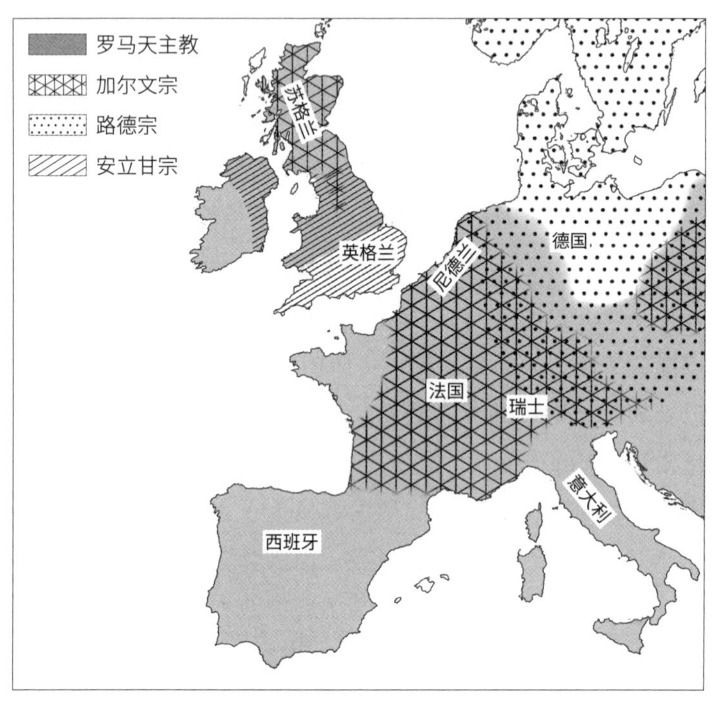

欧洲的宗教分布示意图（约 1560 年）

样开启了宗教宽容，后来不只是在法国，在英国、在新大陆都推广宗教宽容。宗教冲突曾经引起了严重的宗教迫害，新教徒于是争取到了宗教自由与宗教宽容的权利。这又在西方推动了对人权的追求，是一系列的因果关联。英格兰也是这样的，英格兰的宗教正统是圣公会（The Church of England），属于新教传统，反对天主教，但搞得不够彻底。大家看地图，除了圣公会，加尔文宗对英国也有很深的渗透，特别是在苏格兰成了气候。

灰色代表的是罗马天主教。罗马天主教的大本营主要在南欧，西班牙、意大利这些国家。一般我们说的现代西方，实际上主要是指西欧，而整个西欧到 16 世纪下半叶已经“变天”了，罗马天主教在那里基本上已经丧失了阵地，这是西方历史上非常大的一个变化。所以说，宗教改革对于西方历史来说有非常深远的影响。

未曾料到的成果：宗教改革与资本主义精神

我们再来看文本。韦伯提到：“正如路德在茨温利身上发现了一种与他自己身上不同的精神在起作用一样，路德精神的继承人也在加尔文主义那里发现了不同的精神在起作用。”[①] 茨温利（Ulrich Zwingli，1484—1531）是和路

① 马克斯·韦伯：《新教伦理与资本主义精神》，第 208 页。

德同时代的另一位宗教改革家，曾长期在瑞士苏黎世讲经布道，并主持过那里的宗教改革。他和路德在圣餐的意义（特别是耶稣所谓“这是我的身体”）等宗教问题上存在分歧。为此，双方还专门举行过会谈，但没能取得共识。我们这里只需要知道，路德宗认为加尔文宗跟他们不是一路，天主教也认为加尔文宗是其真正的敌人，他们厌恶加尔文宗的共同原因就在于其伦理特质。“仅从表面就可以说明，和天主教或路德教相比，加尔文宗的宗教生活与世俗活动的关系是大不相同的。”韦伯借用两部著名的基督教文学作品来呈现这种差异，一部是意大利诗人但丁的《神曲》（*La Divina Commedia*，[1321] 1555），另一部则是被称作“清教神曲”的史诗《失乐园》（*Paradise Lost*，1667），其作者弥尔顿（John Milton，1608—1674）是17世纪英国著名的清教诗人。弥尔顿在叙述了亚当、夏娃被逐出乐园后写道：“尘世已整个放在他们面前，让他们选择安身之处，且有神意的指引。”这些诗句表达出来的是清教徒的今世关切，即把尘世生活作为一项任务。韦伯指出，这样的东西不可能出自一个中世纪作家的笔下。另外，这样的表达也和路德赞美诗中表达的东西截然不同。因此，我们的任务就是要探究这种差异的内在原因。

但是，韦伯指出，不能简单地把这种差异归结为“国民性”所致。如果认为17世纪的英国人具有统一的“国民性”，那根本是歪曲历史，当时的保王党人和圆颅党人都认为，他们不是两个党派，而是两类根本不同的人。这里所谓“圆颅党人”（Roundheads），指的就是反对英王及其支持者的议会派、清教徒。当时这些清教徒都剃短发，因此得了“圆颅”的诨号。他们和长发飘飘的保王派“骑士党”的分歧，很大程度上是在宗教层面上的。因此，韦伯强调，想要理解这些差异，则必须重视宗教影响的力量。

相应地，具体到早期新教伦理与资本主义精神之发展的关系问题，则要以加尔文宗和其他清教教派为起点，而不是以路德宗为起点。

但是，这并不是说，这些教派的创始人或代表人物把推动“资本主义精神”作为工作目标，他们既不会把追求世俗利益作为目的本身，也不会把社会伦理改革作为关注焦点。“灵魂的救赎，而且仅仅是灵魂的救赎，才是他们生活和工作的核心。他们的道德理想及其教义的实际效果都是建立在这个唯一的基础之上的，而且是纯宗教动机的结果。”[①] 这是韦伯对他的研究理路的进一步澄清，即，宗教改革家们的宗教动机是一回事，而其实际的历史后果则是另一回事。我们既不能从其后果逻辑地倒推其最初的动机，也不能从其动机逻辑地顺推其历史后果。为什么这么说呢？韦伯写道：

> 我们不得不承认，在很大程度上，也许尤其是在我们重点研究的这些方面，宗教改革的文化后果是改

① 马克斯·韦伯：《新教伦理与资本主义精神》，第 210 页。

革家们未曾料到，甚至是不希望出现的劳动成果。它们往往同他们自身所要达到的目的相去甚远，甚至背道而驰。[①]

这段话请大家仔细品味一下，它非常集中地表达了韦伯这项研究中贯穿的历史意识。在第二章中，韦伯就提出要历史地追溯那种理性地追求利润的“资本主义精神”的文化出身，而在这一章中则进一步明确了这项历史考察的起点。但是，他努力钩沉的这段历史，既没有暗含着启蒙理性主义的“进步”观念，也不是要目的论地展现宗教观念的“世俗化”进程。在宗教改革家的动机及其行动的文化后果之间，存在着巨大的反差，可谓是种瓜却得豆了。历史就是这样，充满了意外，有时在结果上甚至非常反讽。所以，大家不要误以为韦伯通过这项研究是要揭示西方现代历史进程的什么“规律”，毋宁说，他关于“资本主义精神”的这项研究所展现的恰恰是历史的“无理性”。

在这样的历史意识下，韦伯才说，下面的研究可能会有助于我们理解“观念”(„Ideen“/ideas)是如何成为历史中的有效力量的。我觉得他这句话里面隐含着对黑格尔式历史唯心主义的检讨与警惕，即在重视“观念”的历史作用的同时，又要避免把历史进程简单地理解为“观念”(如黑格尔所谓“绝对精神”)的逐步实现过程。

---

① 马克斯·韦伯：《新教伦理与资本主义精神》，第 210 页。

在第一部分的末尾，韦伯对其基本问题意识及研究理路做了整体地澄清。首先，韦伯表示他无意对宗教改革的观念做价值评判，无论是就其社会意义还是宗教意义。其次，他关于宗教改革的讨论是带着自己的问题意识来进行的，而这些探讨在宗教界人士看来也许是非常外行、肤浅的。他指出：

> 我们只是试图阐明，在我们这个仍处于发展中的现代世俗文化网络的形成过程中，在无数不同的历史因素错综复杂的相互影响中，宗教力量究竟发挥了什么样的作用，因而我们只想探究，这种文化的某些典型特征在多大程度上可以归因于宗教改革的影响。①

更具体地说：

> 我们只是希望弄清楚宗教力量是否以及在什么程度上推动了资本主义精神的质的形成及其在全世界的量的传播。更进一步说，我们的资本主义文化究竟在

---

① 马克斯·韦伯：《新教伦理与资本主义精神》，第 211 页。"现代世俗文化" 这个译法不够确切，应该是 "现代特具 '此世' 趋向的文化"。韦伯的表述为 modernen spezifisch „diesseitig" gerichteten Kultur，帕森斯将之译为 specifically worldly modern culture。在 1904 年初版中，韦伯最初采用的则是 "现代的物质的文化"（modernen materiellen Kultur）这个表述，而在 1920 年修订版中，他将 "物质的"（materiellen）一词改为 "特具 '此世' 趋向的"（参阅 MWG I/9, 214；MWG I/18, 255）。"此世" 趋向这个特点是相对中世纪天主教文明的 "出世" 趋向而言的，标志了西方基督教文明的古今之变。

哪些具体方面可以到宗教力量那里追根溯源。[①]

可见，韦伯的基本着眼点是现代文化及其历史形成，也就是所谓的“现代性”（modernity）问题，而他侧重考察的则是宗教力量在西方资本主义现代性的生成过程中发挥的作用，或者说其独具特点的某些内容（如“资本主义精神”）在多大程度上可以归因于宗教改革。应该说，这只是一种特定的研究视角，而不是总体的、全景的研究。为了防止读者误解，韦伯特别提示，他绝没有暗示说“资本主义精神的产生仅仅是宗教改革某些影响的结果，甚或资本主义作为一种经济制度乃是宗教改革的产物”。大家不要忘了，韦伯的专长其实是经济史，他非常清楚一些基本的经济史事实，如宗教改革前就已经存在资本主义商业组织的某些重要形式。韦伯的博士论文（1889）就是专门研究中世纪的商业合伙问题。[②] 当然，后来一些批评者还是会拿这些经济史常识来驳斥他的观点，这也是没办法的事情。实际上，韦伯整体的“社会经济学”视野是力求兼顾物质因素、社会与政治组织形式因素与精神因素等多个方面错综复杂的相互影响。不过，他的确反对将宗教观念的变化

---

① 马克斯·韦伯：《新教伦理与资本主义精神》，第 211 页。

② 参阅 Max Weber, *The History of Commercial Partnerships in the Middle Ages*, translated by Lutz Kaelber, Lanham: Rowman and Littlefield, 2003。这项围绕商业合伙问题展开的法律史研究，主要的经验基础是中世纪后期的意大利城市，如比萨、佛罗伦萨等。韦伯利用了这些城市颁行的商贸法令以及阿尔贝蒂、佩鲁齐等大型商业金融家族（同属佛罗伦萨的行会组织 *Arte di Calimala*）的账册。

（宗教改革）视作经济变革（资本主义兴起）的消极反映。为此，韦伯力图通过这项研究揭示宗教改革运动如何影响了物质文化发展的方式与总的方向。

第四章　禁欲主义新教的天职伦理及其教义基础

接下来我们读《新教伦理与资本主义精神》的第二部分，这部分内容是韦伯从美国考察回来后写成的，篇幅上比第一部分要长。单从第二部分的标题《禁欲主义新教诸分支的实用伦理观》，我们似乎不太能直观地感受到与第一部分的内在联系。实际上，德文原文采用的是“天职（职业）伦理”（Berufsethik），而不是“实用伦理”，如此看来，它和前面的联系是显而易见的。当然，帕森斯采用“实用伦理”（practical ethics）这个译法也有他的道理，因为17世纪英国的“实用神学”（practical theology）是韦伯关于禁欲主义新教的天职（职业）伦理的考察重点。

韦伯在第一部分提出了问题并澄清了研究起点，接下来就要具体地完成他的研究任务。首先，需要对“禁欲主义新教”各教派的教理做一些深入的考察，这是第四章的内容。

概念与方法：“禁欲主义新教”及“清教”

韦伯指出，历史上曾经存在过四种主要的禁欲主义新教的形式。“形式”（form）是帕森斯英译本的译法，卡尔伯格的新译本则译成“载体”或“承载者”（carriers，德文 Träger）。就是说，一种宗教伦理必须有社会承载者，禁欲主义新教伦理的历史载体就是加尔文宗、虔信派、循道宗以及和再洗礼运动（浸礼运动）联系在一起的一些派别。如果要把这些教派都梳理一遍的话，将是非常繁复的。韦伯这里也采取了“理念型”的方法，算是一种简洁化的建构吧。这四种载体，每一种都有它自己的来历。路德宗的影响主要在德国、中北欧等说德语的地方，而加尔文宗在早期新教中是影响最大的，在它之后的新教派别，其影响远远超出了单独的语界。加尔文本人是法国人，但是这位大教宗在法语文化圈、英语文化圈、德语文化圈都有很多追随者。因为他的教理“殊胜”，影响遍及西欧，比如荷兰、英国——这些地方是当时主要的资本主义发达国家——以及后来的北美新英格兰，它们都成了加尔文宗的主要地盘。虔信派最开始是从英国的加尔文宗分化出来的派别。但是后来德国出了大德以后就逐渐形成了德国本土的虔信派，最后又融入德国路德宗正统中了，它的变化还是比较大。循道宗（Methodism）则是 18 世纪中叶才从英国国教内部逐渐发展出来的，后来逐渐壮大，特别是在北美获得大发展后，才自立了门户。最后，就是在再洗礼运动中产生的一些派别，后来成了很大气候，如 Baptists，中国人叫浸礼宗，以及在英格兰与北美新英格兰影响比较大的贵格会（Quakers）、在德国与荷兰影响比较大的门诺派（Mennonites）等。总之，这些新教派别不仅各有来历，而且彼此间的教理差异也很大，有时甚至是对立的。

对于这些不同的新教派别，韦伯采用了一个概念加以统摄：禁欲主义新教。《新教伦理与资本主义精神》这项研究着重围绕两个核心概念展开，一个是“资本主义精神”，另一个就是“禁欲主义新教”。后面这个概念是韦伯创造的，之前没人这么提过。[①] 他说，大概在 16 世纪到 18 世纪之间，在基督教西方曾经有一场持续的禁欲主义运动，就其最广泛的意义而言，它被笼统地冠以“清教”（Puritanism）之名。所谓“禁欲主义新教”这个概念在相当程度上对应的就是历史上的清教改革运动。[②] 和“禁欲

---

① 关于“禁欲主义新教”（asketischen Protestantismus/Ascetic Protestantism）这一概念的原创性，韦伯的学术同仁、基督教史权威专家特洛尔奇在其巨著《基督教教会与群体的社会教义》（*Die Soziallehren der christlichen Kirchen und Gruppen*，1912）一书中曾有过评论：“韦伯的研究致力于揭示现代资本主义的构成…… 他将其中一种构成因素表述为禁欲主义新教。韦伯分析了它的特点，并着重于理解它的经济史或者更确切地说文明史的意义。…… 如果没有韦伯的话，确切地说，我就无法达成比施奈肯伯格和里敕尔已经有所准备的关于禁欲主义新教的更为清晰的概念。事实上，我们只要研读这两位杰出、敏锐而极为博学的专家的著作，就会达成这一概念。”（Ernst Troeltsch, *The Social Teaching of the Christian Churches*, vol.II, translated by Olive Wyon, London: George Allen & Unwin Ltd, 1931, pp. 986-987）

② 关于“清教”概念的历史，韦伯在写作时主要参考了英国历史学家桑福德（John Langton Sanford）的研究（参阅 Sanford, "Puritanism: Religious and Social," in his *Studies and illustrations of the Great Rebellion*, London: John W. Parker, 1858, pp. 65-102）。

主义新教”不一样，“清教”这个说法可不是韦伯创造的。16 世纪、17 世纪的时候，人们就已经在使用“清教徒”的称谓了。[①] 所以，“清教徒”算是一种贴近历史经验的表达，而“禁欲主义新教”则是一个远离历史经验的学术概念，并不是当时人们的说法。[②]

那么，怎么把这些统一起来呢？韦伯就是在纷繁复杂中抓住了“禁欲主义”这条主线，可谓“执一驭万”。[③] 韦

---

① 1604 年初，英国清教派在汉普顿御前会议（Hampton Court Conference）上提出要进一步“涤清”（purify）英国国教会中的罗马天主教“教皇制”残余，以完成深化改革的诉求。据卡莱尔所说，在此次会议上，改革派领袖得到了“清教徒”这个诨号（Thomas Carlyle, "Introduction," to *Oliver Cromwell's Letters and Speeches*, p. 31）。不过，据其他后世学者的考证，“清教徒”这个诨号早在 16 世纪 60 年代就已经出现了。起初，那些被贴上“清教徒”标签的信徒并不接受这个叫法，因为他们知道那是对手对他们的毁谤，他们更喜欢自称为“神的孩子”（God's Children）。不过，渐渐地“清教徒”这个称呼获得了褒义，变成对“神的孩子”们的赞扬性称呼。（参阅 John Spurr, *English Puritanism, 1603–1689*, London: Macmillan, 1998, pp. 18-20）

② 关于“清教”这一历史表述的内涵及其与“禁欲主义新教”这一理论概念之间的关联与区别，参阅 Peter Ghosh, "Max Weber's Idea of 'Puritanism': A Case Study in the Empirical Construction of The Protestant Ethic," *A Historian Reads Max Weber: Essays on The Protestant Ethic*, Wiesbaden: Harrassowitz Verlag, 2008, pp. 5-49。关于“贴近经验的”（experience-near）概念与“远离经验的”（experience-distant）概念的区分及其在社会科学研究中的运用，参阅 Clifford Geertz, "'From the Native's Point of View': On the Nature of Anthropological Understanding," *Bulletin of the American Academy of Arts and Sciences*, vol. 28, no. 1, 1974, pp. 26-45。

③ 韦伯在《新教伦理与资本主义精神》第二部分中关注的是“禁欲主义的理性性质及其对现代生活的重大意义”（马克斯·韦伯：《新教伦理与资本主义精神》，第 301 页注 4）。关于“禁欲主义”（Askese/asceticism）一词的来历，参阅 Peter Ghosh, "Max Weber's Idea of 'Puritanism': A Case Study in the Empirical Construction of The Protestant Ethic," pp. 41-42；Peter Ghosh, *Max Weber and The Protestant Ethic: Twin Histories*, p. 135。国内学界亦有人倾向将 Askese 一词译作“苦行”，参阅郁喆隽：《财富、救赎与资本主义——马克斯·韦伯的新教伦理研究》，北京：生活·读书·新知三联书店，2021 年，第 101—102 页。就基督教

伯指出："至关重要的是，我们所关心的各种道德行为类型[①]，在极其多样化的教派的信徒中都可以看到类似的表现形式。"也就是说，从道德实践的层面来看，可以把握到各教派之间共性的东西。不同的教理基础，却可以导出相似的伦理准则，就是"禁欲主义"的伦理，或者说就是清教的那个"清"字。

概念化是社会科学研究一个基本的环节。研究一个社会问题，能不能把它说清楚，关键就看提炼概念（conceptualize）的能力有多强。提出一个好的概念，就是为科学认识提供了一种有效方案。我们看到，韦伯在讨论新教伦理的时候，并不是泛泛地谈新教伦理，新教里面有不同派别，比如在新教的发源地德国还有路德主义，但是，韦伯不认为路德主义属于他所谓的"禁欲主义"新教伦理。[②]虽然这项研究的主标题叫"新教伦理和资本主义精神"，但实际上着重探究的是新教中的一种特殊伦理——韦伯将之进一步命名为"入世禁欲主义"（innerweltlichen

（接上页）Askese 的早期实践而言，它确有"苦行"意味。然而，宗教实践中的"苦行"亦包括了自残（如断臂、自焚）、绝食等极端行为。另一方面，清教徒的敬虔行为（*praxis pietatis*）——比如，拒斥各种巫术乃至忏悔仪式，则显然不属于"苦行"。因此，就韦伯强调 Askese 的"理性性质"这一点而言，"苦行"之译法偏离了韦伯本意。

① 马克斯·韦伯：《新教伦理与资本主义精神》，第 216 页。韦伯采用的原词为 der sittlichen Lebensführung，帕森斯译为 moral conduct，卡尔伯格则译为 moral organization of life。

② 韦伯在后期发展的比较宗教社会学类型学分析中，把路德宗归入了"神秘主义"（Mystik/Mysticism）的宗教伦理类型。1920 年《新教伦理与资本主义精神》修订版中增补了这一类型学观点。

Askese）[①]，也就是这章标题中所采用的概念。所谓“入世”禁欲主义，显然是相对于中世纪僧侣的“出世”禁欲伦理而言。禁欲实践（或苦行）其实是基督教的老传统了，但入世的或者说俗世间的群众性禁欲实践则是宗教改革后才出现的新事物。韦伯认为，这种禁欲主义伦理的教理基础主要是（但不完全是）由加尔文主义奠定的。“清教徒”则是这种入世禁欲主义伦理的历史奉行者。因此，有人说这部作品的标题如果改为《清教伦理与资本主义精神》的话就更加清晰了。

那么，在这场禁欲主义运动中，清教和安立甘宗（Anglicanism）的教理差异是在斗争的进程中才逐步明朗化的。所谓安立甘宗就是英国的国教，又叫圣公会，它也是新教的一支，属于宗教改革的产物。但是，如果套用革命修辞来说的话，就是英国国教的“封建尾巴”割得还不够彻底，里面还保留了很多天主教的传统因素（如主教制度）。清教运动实际上就是清教徒对安立甘宗的不彻底性有诸多的不满，于是双方展开了“文化斗争”。在斗争当中，彼此的分歧越来越清晰，在教理的差异上，关于后面要讨论的得救预定论，是分歧中很重要的一点。

韦伯进一步阐述他的研究理路与方法：我们是不是可

① 韦伯采用的 innerweltlichen Askese 一词，英语直译为 innerworldly asceticism，帕森斯按英语习惯将之意译为 worldly asceticism，卡尔伯格则译为 this-worldly asceticism。这个概念体现了一种悖论式结合，即一方面是禁欲主义的，排斥俗世的享乐欢愉；另一方面又是入世的，力图改造世界。

以完全忽略教理基础，而只专注于道德实践呢？这也是一种理路。但是，韦伯不赞成这样。他说，虽然禁欲主义道德的不同教理基础在经过了惊涛骇浪的斗争之后已经消失了，但是在后来非教理的（undogmatic）伦理观中仍保留了与这些教理（dogmas）的原始联系的重要痕迹。从文化科学或者文化史的视野出发，我们要研究后来形成的非教理的伦理观，比如富兰克林的箴言“时间就是金钱”“信用就是金钱”，但仍然还要去追寻已不显示在表面的潜在的教理线索。做文化科学的研究，就像侦探或者猎人一样，要细心地循着蛛丝马迹去追踪。而且，与今天不同，我们不要忘了那个时代的人们对抽象的宗教教理的热忱，尤其是对死后灵魂去处这个问题的关注。这些宗教观念曾经深刻地影响了人们的实际生活，这是一种历史的态度。历史研究是需要一点历史想象力的，也就是人们常说的“回到历史现场”的能力。

所以他说一定要对那时候的宗教教理“稍做考察”，这谈何容易啊，“稍做考察”的背后其实是大量的文献工作要去做。韦伯的家庭背景倒是提供了这样的条件，他的姨父就是新教研究的专家，而他姨父的儿子则是一位新教神学家，韦伯和他们的沟通都蛮多的。通过他们，韦伯也认识了很多德国当时的神学家，这使得他能够熟悉并领悟新教比较深层次的教理。这是一般不专门从事宗教研究的学者很难达到的。但是，研究教理也得讲究个方法，不是说一头扎进各个教派的教义中去就可以的，怎么在浩如烟海的宗教文献里把最为重要的线索辨识并呈现出来，需要一定的研究理路。韦伯是带着自己的问题意识来进行考察的，他看重的是——“宗教信仰和宗教实践在指导实际行为并制约个人时的影响。这些约束力很大程度上则是源自它们背后的各种宗教观念的特质。”[①] 因此，韦伯跟神学家关心的问题不太一样，他关心的是那些和前面讲的“资本主义精神”有隐性关联的新教教理。

至于具体的教理分析，韦伯在此再一次提到了“理念型”的方法策略，即构建关于新教核心教理（如预定论）的逻辑形式。“通过研究这些观念最一以贯之的逻辑方式，去理解它们独特的重要性。”下面，我们就具体来看他对加尔文宗核心教理的考察。

预定论：加尔文宗核心教理

加尔文宗，中国人也译作归正宗，是“禁欲主义新教”的历史载体中最为重要的一个。韦伯指出，16 世纪、17 世纪时在尼德兰、英格兰、法兰西等资本主义最高度发达的地区，占据支配地位的就是加尔文主义。为什么要首先研究它？就是因为它在历史上发挥了重大的作用，它在那些

① 马克斯·韦伯：《新教伦理与资本主义精神》，第 217 页。“（心理）约束力”一词，韦伯采用的德语原词为 psychologischen Antriebe，帕森斯译为 psychological sanctions，卡尔伯格则译为 psychological motivations。

资本主义最发达的国家引发了重大的政治斗争和文化斗争。这一点在第一章中就提到过，恰恰是在尼德兰、英格兰这些资本主义最早发展的国家、地区，冒出捍卫宗教专制的斗士，主要就是加尔文主义的信徒。

韦伯认为，得救预定论是加尔文主义最有特色的教理。当然，最有特色的教理是不是就能等同于根本教理，这是个仁者见仁、智者见智的问题。《新教伦理与资本主义精神》发表以后，也有人不同意韦伯对加尔文主义的解读。但是，韦伯之所以强调得救预定论，主要是基于他的文化科学方法论考量。即这不是在神学意义上的判断，不是就信仰谈信仰，判断得救预定论是不是最根本的教理，而是对一个现象的历史重要性进行归因判断。[①] 目的是具体地弄清所谓“资本主义精神”这种伦理的文化源头。这里，韦伯实际是贯彻了他在《社会科学的与社会政策的知识之“客观性”》那篇文章中的主张，即把科学研究与价值评判区分开来，[②] 也就是说，不是从自己的价值观立场出发，而是从教理的文化和历史结果来研判该教理的历史意义。

如果从得救预定论的历史效果来看，这一教理真是不得了。为什么？ 17 世纪初英王詹姆士一世时期，使得英

---

① 关于文化科学研究的历史归因判断（historische Zurechnungsurteile），参阅韦伯在《社会科学的与社会政策的知识之“客观性”》一文中的有关论述（第 195 页、第 203—204 页）。

② 参阅《社会科学的与社会政策的知识之“客观性”》一文的第一部分（第 171—186 页）。

国教会分裂的教理分歧就是围绕着预定论这个教理，而它还一再被看作加尔文主义真正威胁到政治的因素而屡遭当权者的抨击。越是受到抨击，就越是能表明它的重要性，说明它在英国历史上产生了很深的政治影响。然后，韦伯也提到欧洲历史上一些别的情况，比如 17 世纪重大的宗教会议，尤其是在多德雷赫特（Dordrecht）和威斯敏斯特（Westminster）举行的会议，核心都是要把得救预定论抬升到教会法的权威地位。而到了 18 世纪，得救预定论又导致了教会的分裂，并且成为历次大觉醒呼喊的口号。18 世纪、19 世纪，北美新英格兰发生了大觉醒（Great Awakening）运动，得救预定论在这次运动中成为影响力巨大的教理。所以对于这样一个重要的教理，研究历史时就不可能无视它。当然，韦伯说，今天的人们已经对它不太熟悉了，在 20 世纪初的西方，预定论这套信仰已经是一个过去式了，但在 17 世纪的时候它可是一条真正“触及灵魂深处”的清教教理。

这个教理的基本内容是什么呢？韦伯借用了 17 世纪 40 年代时形成的《威斯敏斯特信纲》里的一些条规来具体呈现得救预定论的内容。这个信纲是在当时反对英王查理一世的英国议会召集的威斯敏斯特会议上通过的。此次会议是新教历史上一次影响深远的大集结，邀请了上百名清教派神学家，他们经过长时间的讨论后形成了这份影响极其深远的宗教纲领，它集中表达了加尔文主义的神学观点。韦伯征引了其中与预定论教理相关的条规，例如，第三章

《论上帝的永恒旨意》。

> 第三条：按照上帝的旨意，为了体现上帝的荣耀，一部分人与天使被预定为永生，另一部分则预定为永灭。
>
> 第五条：人类中那被预定永生的，上帝在创世之前就已根据他亘古不变的目的、他隐秘的意图和仁厚的恩惠而选中了耶稣，并赋予耶稣永恒的荣耀，这端赖上帝慷慨的恩宠与仁慈，并没有预见人或耶稣的信仰、善举或坚韧，也没有预见造物的任何其他条件或理由，一切都应感谢上帝的灿烂恩宠。[①]

诸如"恩宠"（Gnade/Grace）的观念、"预定"的观念，通过这些教条就体现出来了。

显然，这些条规中神的形象是非常严酷的。我们在前面曾读到，韦伯把弥尔顿创作的史诗《失乐园》作为17世纪清教文化的文学代表。连弥尔顿都抱怨说："哪怕因此会把我放逐地狱，这样一个上帝我也无法敬重。"[②] 可想而知，《信纲》中的神不近人情到什么程度了。这些教规鲜明地体现了基督教文明的神本主义色彩。我们一想到"现代"，马上想到的是人本主义的觉醒，而韦伯勾勒的历史关联却很诡异："资本主义精神"最初并不是来自人本主义的觉醒，

---

① 转引自马克斯·韦伯：《新教伦理与资本主义精神》，第218—219页。

② 同上，第219页。

The Humble

ADVICE

Of the

ASSEMBLY

OF

DIVINES,

Now by Authority of *Parliament* sitting at WESTMINSTER,

Concerning

A Confeßion of Faith:

With the QUOTATIONS and TEXTS of SCRIPTURE annexed.

Presented by them lately to both Houses of Parliament.

Printed at LONDON;

AND

Re-printed at EDINBURGH by *Evan Tyler*, Printer to the Kings most Excellent Majestie. 1647.

《威斯敏斯特信纲》

恰恰相反，它是一种强烈反人本的宗教信念（比如“上帝的永恒旨意”）的意外后果。

接下来，韦伯尝试考察这个教理是怎么来的，又是怎么进入到加尔文神学体系当中的。他指出，自奥古斯丁以降，基督教逐渐形成了一种观念传统，即把救赎视作客观力量作用的结果，而不是个体自身价值的结果。这个观念和中国的传统文化观念非常不同，我们的古人追求成仁成圣、成仙成佛，都含有一种“成”的努力在里面，能不能“成”，很大程度上取决于你的修为努力。基督教则不是这样，其总体的倾向是隆重神的力量，而轻贬人的力量。因此，神的“恩宠”就成了一个非常重要的宗教意识，它极大化解了信徒由原罪感所造成的紧张。例如，路德在创作其名篇《论基督徒的自由》（*Von der Freiheit eines Christenmenschen*，1520）时就是这么写的，认为神的秘旨是他能处在蒙宠状态的唯一的终极源泉。但是，韦伯认为，这个观念在路德那里并不占据核心地位。实际上，从路德宗尊奉的《奥格斯堡信纲》（*Confessio Augustana*，1530）可以看到，路德派宗师们认为恩宠是可以改变的，它可以被撤销，也可以重新获得。怎么获得？就是通过诚心忏悔，真诚信赖上帝的谕旨，通过这些方式来重新赢得神的恩宠。这就显得“人道”多了，给了信徒悔改的机会，在这点上，路德宗还没有和天主教传统彻底决裂。

但是，加尔文宗就不同了。加尔文本人反其道而行之，把预定论看得越来越重。而在他之后，这个信条在威斯敏斯特宗教大集结中终于取得了主导地位。韦伯指出，加尔文和路德在神学风格上很不一样，上帝的“可怕裁定”对路德来说是宗教体验，而对加尔文来说则是其思想的必要逻辑。加尔文在其名著《基督教要义》（*Institutio Christianae Religionis*，1536）中论证了神的“绝对主权”，这就意味着，没有人的自由意志什么事儿了，人哪里有什么自由，只有神才是自由的。人的存在本身毫无意义，只有在与神这个“本”联系起来时才获得其意义。得救预定论是跟这个绝对的神本观念联系在一起的："只有一小部分人能被选中而得享永恒的恩宠，他们的全部意义就在于体现了上帝的荣耀和威严。"[①] 我们了解了加尔文主义的教理，就能明白为什么加尔文宗信徒会厌恶天主教或者路德宗了。照后者的看法，如果人可以通过悔改或者其他方式来改变命运的话，那也就意味着人可以改变神的意旨了；而神的意旨是永恒确定了的，神规定了每个个体、每个罪人的命运，神的旨意既不可改变，也不是人可以揣测的，这是无法洞悉的奥秘。中国人常说要做功德，照加尔文主义的教理，这些就是无用功，不能靠这些来改变神的意旨。

---

① 马克斯·韦伯：《新教伦理与资本主义精神》，第 220 页。

孤独的朝圣者：加尔文宗信徒

韦伯下面写道："这种教义因其极端的非人性，必定会给笃信其非凡一贯性的一代人的生活带来一个重要后果，即每个个体都会产生一种空前的内心孤独感。"[①] 你的命运早就被神裁定了，然后也没有办法改变这个命运，而且谁也没办法帮你。中国古话说："在家靠父母，出门靠朋友。"我们习惯于生活在一个人伦关系的网络中，然而，宗教改革时期的清教徒就完全不一样了。对于那个时期的人来说，生活中最核心、至关重大的一个问题就是自己是不是能得救。在这个重大问题上，个体处于绝对的孤独状态中，亲朋帮不上你，组织也帮不了你，在基督教语境下，就是神父、教会都帮不了你，圣事也帮不了你，说得更残酷一点，甚至连耶稣基督也帮不了你。

这样一种决绝的教义，就使得"通过教会和圣事获得拯救的任何可能性被完全排除"，而"这一点构成了与天主教的区别，一个绝对关键的区别"，[②] 这是韦伯后来修订时加写的话。其实，如果我们以一种现代人的态度来看的话，会觉得天主教是比较温情的，而新教则是特别残酷的。"人非圣贤，孰能无过？"天主教给了人很多改过的机会，犯了错误，就去神父那儿忏悔，再给教会捐点银子，用佛家

① 马克斯·韦伯：《新教伦理与资本主义精神》，第 221 页。

② 同上，第 222 页。

的话说就是布施，都有助于改变你的命运。路德当年认为，天主教会通过赎罪券敛财真是腐败透顶，那些东西怎么能帮助人得救？得救的唯一正道是因信称义，就是要虔诚地信靠耶稣。但即使是路德教，也没像后来的加尔文宗那么决绝，把一切都排除掉了，忏悔仪式都被抛弃了。这跟中国文化的差异真太大了，相对而言，天主教跟中国文化就要亲和得多。中国人传统上尚鬼神，但也相信人可以通过努力改变鬼神的决定，最典型的例子就是《西游记》。《西游记》开头讲唐太宗到了阴间，他碰上以前的老臣，人家就问他你下来以后带钱没有，带钱的话赶紧贿赂贿赂阎王爷，没准儿还有回去的机会。这虽然是小说的虚构，但反映出中国人的文化观念，人是可以改变鬼神的决定的。

回到正文，韦伯又加写了一段重要的话：

> 宗教发展中的这一伟大历史进程——尘世的除魅，在这里达到了它的逻辑结局。这个进程开始于古代希伯来的先知，尔后与希腊人的科学思想相融合，摈弃了一切用于拯救的巫术手段，将其视为迷信和罪恶。[①]

韦伯在著名演讲《科学作为天职》(*Wissenschaft als Beruf*, 1917）中，重点阐发了“世界的除魔”(Entzauberung

① 马克斯·韦伯：《新教伦理与资本主义精神》，第 222 页。

der Welt）[1] 这个命题，这里则译作“尘世的除魅”[2]。应该说，这是韦伯在后期开展比较宗教社会学研究的过程中才形成的认识，是一个非常宏大的“普遍历史”命题。到了1919年修改《新教伦理与资本主义精神》的时候，韦伯实在忍不住就加写进来了。有研究者认为，这恐怕是《新教伦理与资本主义精神》正文中最实质、最重要的一处修订。[3] 韦伯认为，在宗教领域里，“尘世的除魅”进程在新教加尔文主义这里达到了它的历史顶点，这个进程“摒弃了一切用于拯救的巫术手段”。真正的清教徒，甚至在墓地也拒绝举行任何宗教仪式，就连为挚爱至亲者举行葬礼，也要免去挽歌和其他仪式，以防“迷信”乘虚而入，以免在不知不觉中相信了巫术的力量和圣事力量的拯救作用。

---

① 参阅马克斯·韦伯：《科学作为天职》，李康译，载马克斯·韦伯等著，李猛编：《科学作为天职：韦伯与我们时代的命运》，北京：生活·读书·新知三联书店，2018年，第19—20页。李康将韦伯的术语 Entzauberung der Welt 译作“世界的除魔”。

② 帕森斯将 Entzauberung der Welt 译作 elimination of magic from the world。此后，更为流行的英文译法则是 disenchantment of the world。德语 zauber 一词应译作 magic 还是 enchantment，学界尚存争议。有关讨论如参阅 Stephen Kalberg, "Max Weber's Types of Rationality: Cornerstones for the Analysis of Rationalization Processes in History," *American Journal of Sociology*, vol. 85, no. 5, 1980, p. 1146, n. 2；Peter Ghosh, *Max Weber and The Protestant Ethic: Twin Histories*, p. 249；Arpad Szakolczai, "Max Weber: Sociologist for the Twenty-First Century," *Max Weber Studies*, vol. 20, no. 2, 2020, pp. 266-267。至于汉译词，则又与英译词的情况有所不同：无论“魔”还是“魅”，在词形上都显示出与“鬼”这一中国传统文化观念联系在一起，而与犹太教－基督教文化语境有相当距离。这是在运用时需注意到的。

③ 参阅 Peter Ghosh, *Max Weber and The Protestant Ethic: Twin Histories*, p. 215；Arpad Szakolczai, "Disenchantment or Irrationalisation: On Weber's Struggle to Comprehend the Dynamics of Modernity," *International Political Anthropology*, vol. 8, no.1, 2015, p. 16。

这可谓是“狠斗‘巫’字一闪念”的做派。[1]

如此，我们才能共情地理解新教徒个人的内在孤独感。进而，韦伯由这里推出西方个人主义的一个来源。人们常常谈到中国和西方的文化差异，西方是个人主义的，而我们中国是集体主义的。这个说法貌似有几分道理，比如中国人就连饭后健身、娱乐也喜欢扎个堆儿，集体跳跳广场舞。不过，这可能是一个非常晚近的现象，是革命历史的遗产，其实中国文化本来也没什么“集体主义”。梁漱溟说中国是一个伦理本位的社会，后来费孝通又把它进一步概括为“差序格局”。就是说，人不是一个一个的孤立个体，而是处在一重一重的伦理关系里，伦是指人伦，中国人就是靠“伦”联系在一起的，被人骂“不伦”是很严重的事情。实际上，传统的中国人并不是生活在“集体”里，梁漱溟、费孝通这些学者认为中国人缺乏的就是“集体”或“团体”精神。如果要讲“集体主义”，反倒是西方文化有这个传统。基督教传统就有很强的集体主义因素，比如耶稣与十二门徒共进晚餐就是早期基督教“集体主义”生活的经典意象。这个历史记忆通过圣餐仪式传承下来，因为修道院本来就是一种集体生活。这可能也是为什么从基督教里面会衍生出来基督教社会主义的思潮，比如拉美的很多革命者本来是天主教徒，接触社会主义思想后很容易就

---

① 关于韦伯所谓 Entzauberung der Welt（尘世的除魅）之内涵的深入辨析，可参阅 Wolfgang Schluchter, "Dialectics of Disenchantment: A Weberian Look at Western Modernity," *Max Weber Studies*, vol. 17, no. 1, 2017, pp. 24-47。

能和自己的文化传统连接起来。反而是在美国这样的新教国家，社会主义思想不容易生根。进入近代以后，西方文化生成了很强的个人主义观念，韦伯认为，“个人主义”一个非常重要的根源就是清教信奉的得救预定论。当然今天讲的个人主义已经是完全世俗的个人主义了，个人的欲望应该得到满足，权利应该得到伸张，利益应该得到保护这样的观念。但是，韦伯说如果我们绕过启蒙运动往前追溯的话，个人主义的一个重要文化根源其实是清教这种极端非人性的教义造就的个体内在的孤独感。为了说明这一点，他举了一些例子，在17世纪英国的清教文献中，那些宗教大德们总是频繁地告诫人们切莫相信他人的友善帮助，甚至连宅心仁厚的巴克斯特——英国清教史上一位伟大的布道师，下一章要专门讨论他——也奉劝人们“哪怕对最亲密的人也要多加怀疑”。另一位清教大德贝利（Lewis Bayly）则直接告诫人们切勿相信任何人，“唯有上帝才是你的知己”。这里“知己”的翻译有点发挥过度了，神是主，不是知己，而是你的信靠。诸如此类乍听起来有点令人匪夷所思的教诲，离开其宗教的背景就很难理解了，它根本上是要确立起一个观念，即神是唯一的信靠。

我们再从方法上来看，韦伯的方法主要是通过辨析差异来把禁欲主义新教最独特的东西讲出来。所以，他在讲到新教和天主教的时候，主要是在辨析它们的区别，讲到加尔文和路德的时候，也是在辨析区别。但这不是说新教和天主教是两个完全不同的东西，新教本来就是从天主教的母体中成长起来的，当然对天主教有所传承。韦伯后来在一个注释里面专门谈到这个问题。他的文章发表以后，就有人提出质疑说你讲新教的禁欲主义，可天主教老早就有禁欲主义传统，所谓新教禁欲主义不过就是来自天主教的隐修禁欲主义而已。韦伯说他完全承认入世禁欲主义和隐修禁欲主义之间的关联，只是在研究中更加强调差异性的东西，而没有强调连续性的东西，后者构成前者的前提。[①] 这是研究方法上的问题。

前面讲到，预定论这种非人性的教义给信徒们日常生活中的伦理行为带来严重后果，那怎么去观照这种后果呢？韦伯说，最好去读一下班扬的《天路历程》(*The Pilgrim's Progress*，1678)。这是17世纪下半叶的一部清教文学作品，有点儿像咱们的《西游记》，雅俗共赏，老少皆宜。富兰克林在给儿子的信中曾回忆，小时候最爱读的书就是《天路历程》。[②]

《天路历程》和《西游记》讲的都是朝圣故事，不过表达的文化精神则不同。《天路历程》描述的是一个在毁灭之城生活的基督徒受神召去天国朝圣的心路历程。这部文学作品在清教的文献中流传最广，因为文学作品比较容易

---

① 参阅马克斯·韦伯：《新教伦理与资本主义精神》，第313页注79。对韦伯提出质疑的前辈学者布伦塔诺是一位天主教家庭背景的意大利裔德国经济学家。关于韦伯与布伦塔诺的学术关系，参阅 Peter Ghosh, "From the 'Spirit of Capital' to the 'Spirit' of Capitalism: The Transition in German Economic Thought between Lujo Brentano and Max Weber," *History of European Ideas*, vol. 35 ,2009, pp. 62-92。

② 参阅 *Autobiography of Benjamin Franklin*, p. 92。

流传，[1] 所以它也比较有代表性，能折射出当时社会的心理与态度。而从《西游记》里面能看出中国文化的精神，唐僧师徒四人，四种不同的性格，分别代表了取经人的不同德行，孙猴子就是勇敢加智慧，唐僧则是执着，沙僧代表忠诚、任劳任怨。可是，除了这些以外，我们中国人觉得还应该有个“二师兄”才有意思，光是那三位的话，《西游记》就少了很多看头。应该说《西游记》真正的亮点是在八戒那里，猪八戒融入了中国人对佛教文化和人性独到的领会。人性的弱点（同时也正是其可爱之处）最集中地在二师兄那儿体现出来，也使得取经之路充满了烟火气。清教文化的代表作《天路历程》与《西游记》不同，这部作品刻画了一个孤独的朝圣者，他只思考自己的得救和永生，抛弃家室独自踏上去往天国的朝圣之旅，这是清教徒虔诚的宗教心灵。[2]

韦伯特别指出，《天路历程》展现的宗教精神非常不同

---

① 富兰克林曾记述，年轻时偶遇一个荷兰人赠送他了一本装帧精美的荷文版《天路历程》，让他意识到这部作品“可能是除《圣经》之外最被人们广为阅读的书籍”（参阅 *Autobiography of Benjamin Franklin*, p. 108）。富兰克林还认为，班扬开创了叙事与对话相结合的写作方法，从而有效地把读者带入故事语境当中。后来，笛福在《鲁滨逊漂流记》（*Robinson Crusoe*，1719）中效仿了这种写作方法并大获成功。

② 韦伯主要参考了爱尔兰文学评论家道登（Edward Dowden）关于《天路历程》的解读。韦伯没有提及道登还阐发了清教徒的个体灵魂与“共同灵魂”（common soul）之间的关系。道登认为，清教“共同体”（community）不是建立在有形的教会，而是建立在孤独心灵的深处（参阅 Dowden, *Puritan and Anglican: Studies in Literature*, London: Kegan Paul, Trench, Trubner and Co., Ltd, 1900, p. 234）。对此，韦伯恐难完全认同，他亦非常重视清教徒们自愿组织的教派（sect）这种有形的社会组织发挥的作用。

于马基雅维利（Niccolò Machiavelli，1469—1527）在《佛罗伦萨史》（*Istorie fiorentine*，1532）里讲述的佛罗伦萨市民高傲的现世精神，他们在反对教皇的斗争中提出："对故土的爱高于对自己灵魂不得救的恐惧。"[①] 这是两种不同的精神，实际上也是关于西方现代性两条不同的文化史线索。现代性的叙事可以从意大利讲起，从文艺复兴讲起，从马基雅维利这样的现实主义政治家所描写的那种政治精神，即反抗罗马宗教权威、捍卫市民精神讲起，也就是从世俗和神圣的对立乃至决裂讲起。从中世纪走向现代，世俗的精神冲破宗教的束缚并战胜它，这是非常合乎逻辑的历史叙事。也正是在这个意义上，马基雅维利常常被视为一个西方现代性诞生的重要思想标志。但是，与此同时，现代性叙事也可以从基督教及其改革如何意外地产生世俗结果这个角度来讲。这是两条不同的文化史线索，也需要非常不同的历史眼光。前者是比较显性的，也是比较合乎逻辑的；后者则是隐性的，也是相当反直觉的。"现代"早期的欧洲，恰恰是宗教情怀极其真挚而深切的时代，甚至比中世纪有过之而无不及。

---

① 马克斯·韦伯：《新教伦理与资本主义精神》，第 223 页。

THE
Pilgrim's Progreſs
FROM
THIS WORLD,
TO
That which is to come
Delivered under the Similitude of a
DREAM
Wherein is Diſcovered,
The Manner of his ſetting out,
His Dangerous JOURNEY,
AND
Safe Arrival at the Deſired Countrey.

By *JOHN BUNYAN.*

The Third Edition, with Additions.

I have uſed Similitudes, *Hoſea*, 12. 10.

Licenſed and Entred according to Order.

LONDON,
Printed for *Nath. Ponder*, at the *Peacock*
in the *Poultrey* near *Cornhil*, 1679.

班扬《天路历程》扉页（1679 年版）

社会工作："为了上帝的荣耀"

接下来韦伯试图解开一个谜团：加尔文主义的教理具有切断个体与尘世的密切联系这样的倾向，可为什么加尔文宗信徒在社会组织方面又展示出了无可置疑的优越性呢？韦伯认为，尽管听上去是个悖论，但加尔文宗信徒的组织能力其实是"源于基督徒的博爱在加尔文主义信仰所导致的个人内心孤独的压力下所采取的一种独特形式"。这话读起来挺拧巴，或许把"博爱"换成"慈善"会更好理解一些。按照新教教理来说，做慈善来改变神意根本是徒劳之举。那么，清教徒积极参与社会公益事业、致力于社会改良的心理动力从何而来呢？韦伯说，这首先还是教理带来的结果：

> 尘世的存在就是为了服务于上帝的荣耀，而且仅仅是为了这一目的。蒙召的基督徒在尘世中的惟一任务就是竭尽全力执行上帝的诫命以增加上帝的荣耀。但是，上帝也要求基督徒取得社会成就，因为，遵从上帝的诫命、为了那个目的而组织社会生活，正是上帝的意志。基督徒在尘世中的社会活动完全就是为了"增加上帝的荣耀"（*in majorem gloriam Dei*）。服务于共同体世俗生活的、履行天职的劳动也具有这一性质。[①]

① 马克斯·韦伯：《新教伦理与资本主义精神》，第 224 页。

基督徒要在俗世取得成就，但它本身不是目的，而只是为了上帝的荣耀这个宗教目的。做公益慈善，根本上不是为了彰显人性的爱，也不是为了个人“积德”，而是为了上帝的荣耀。这就形成了一种禁欲主义新教式的慈善伦理。看起来是做同样的事情，但清教徒和中世纪的天主教信徒的想法是很不一样的，其心理逻辑是有很大差异的。天主教徒多少是有点通过做些功德减少罪过的意味。可对加尔文教徒来讲，不存在赎罪的问题，因为是否得救早已被预定了，他在尘世中的社会活动完全就是为了荣耀神。尘世中的社会活动，既包括公益活动，也指履行天职的劳动，也就是按照神的旨意，在俗世间做好自己的分内之事。为什么要兢兢业业地工作呢？从教理上讲，是为了荣耀神。“由于践行博爱只能是为了上帝的荣耀，而不是为肉体服务”——这个翻译不确切，如果把“上帝”换成“造物主”，“肉体”换成“造物”，即“只能是为了造物主的荣耀，而不是为造物服务”，句子的意思就比较通了。“那么博爱首先就要表现为完成自然法所规定的日常工作”，而在这个过程中，“完成这些工作便具有一种独特而客观的非人格性质”，也就是说，所做的这些都是“服务于把我们的社会环境加以理性组织这一目的”。对社会“加以理性组织”并不是为了表现人的能力，而是为了彰显神的意志。

对于非基督教文化背景的人来说，理解这段话的一大障碍就是人本思维。我们更容易理解、接受的是文艺复兴、启蒙运动那套人本主义的价值逻辑，而对这套宗教教理逻辑就会觉得很陌生。简单来说，它是一套神本主义的逻辑。例如“博爱”，指的不是人道，而是神道。回到新教徒的精神世界，神才是本，是一切的起点。韦伯在书里面也几次提醒现代西方人，要放下现代的那些观念才能理解书中描写的这些人的内在世界。一句话，它不是以人为本的，信徒只是神的工具，而不是意义本身。

人生有无意义？可以说有意义，也可以说没有。不可能从人生本身来发现意义，意义全部是从神来的。基督教西方是一个以神为本体的文明，只是到了近代，启蒙观念逐渐占据主导地位以后，西方的世界观才发生改变，人本身的意义就被张扬起来。19 世纪后期，尼采宣布“上帝死了”，人就要直面自己的存在了。过去存在的意义是上帝赋予的，现在上帝死了，那存在的意义问题就成了 20 世纪西方哲学面对的问题，于是就有了存在主义哲学。有的哲学家苦苦探寻一番后，发现存在本身没有意义，所谓的“意义”都是人附加到存在上的，而存在本身就是赤条条的存在而已。这也在相当程度上解释了西方世界为什么在经历了长期的“世俗化”后又出现宗教复兴——所谓“再神圣化”的势头。[①] 世俗化以后，人们发现整个世界没有意义了，人生没有意义了，于是不少人又重新回到宗教里去寻找意

① 参阅 Peter L. Berger, ed., *The Desecularization of the World: Resurgent Religion and World Politics*, Washington: Ethics and Public Policy Center, 1999；Grace Davie, "Resacralization," in Bryan S.Turner, ed., *The New Blackwell Companion to the Sociology of Religion*, Malden Wiley-Blackwell, 2010, pp. 160-177。

义，寻找神圣性，这是今天的问题。相对而言，中国人似乎还好些，没有这么严重的意义焦虑。

回到文本，总之，荣耀神是最根本的意义准则。韦伯阐述了加尔文主义的两面，一面是造成个体心灵的内在孤独，另一面则是促成改造社会的积极能动性。后来，他在修订《新教伦理与资本主义精神》的时候意犹未尽，在注释中又加写了一段重要的话：

> 加尔文教徒所醉心的观念是，上帝在创造尘世——包括社会的秩序——时一定曾想要所有的事物都具有客观意义，作为增加上帝之荣耀的手段；不是为凡人而创造凡人，而是按照他的意志组织凡人之事。因此，由得救预定论教义释放出来的上帝选民的能动性力量，就这样被投入了让世界理性化的斗争之中。[1]

这体现了韦伯试图将其前期关于禁欲主义新教伦理的实质研究与后期关于“世界的理性化”（Rationalisierung der Welt）这一“普遍历史”进程的理论思考联系起来的努力。

---

① 马克斯·韦伯：《新教伦理与资本主义精神》，第 306 页。

“有效的信仰”：尘世劳作与救赎确证

然后，韦伯又回过头来考察得救预定论，这种教理的核心问题就是：我是不是上帝的选民？是不是蒙了神的恩宠？是不是能得救？在当时的历史情境下，这就是最现实的宗教利益，最迫切的人生问题。是选民还是弃民——这个问题迟早会出现在每一个信徒面前，并且使所有其他关切都退而居其次。怎么才能确认上帝的恩宠？这是一个根本问题。

这并不是加尔文的问题，而且也不是加尔文教义中要信徒去思考的问题，这个问题根本不是人要思考的问题，它完全是神的意旨，而神的意旨不是人可以揣测的。加尔文会认为，试图从自己或者他人的行为中窥探自己是上帝的选民还是弃民，实际上是一种不正当的企图，因为这是妄想窥探上帝的奥秘。所以，这里就涉及一个研究方法问题，同样是研究教理，宗教学的做法和韦伯的做法就不太一样。如果是做宗教思想研究的话，首先就要去看这些教宗式的大人物（如加尔文）是怎么想的，其教义的逻辑是什么。但韦伯不是这样，他说你要看加尔文的逻辑，同时还要看加尔文的追随者们的逻辑。加尔文的追随者，最早如他的亲随弟子贝扎（Theodore Beza），就更不用提广大的普通信众了，是不可能采取加尔文这种态度的。加尔文从来就没有怀疑过他是被神选中的，但普通信众就不那么确信了。所以，对于普通民众来讲，“*certitudo salutis*（确证得救），即恩宠状态的可确认性，必定会具有绝对支配性的重要意义”。[①] 这是非常现实的问题。对于普通民众来讲，需要找到一种方式、一个准绳，可以来衡量谁是上帝的选民。韦伯说，这个问题影响很大，实际不只是加尔文主义的信徒这样，对于虔信派的发展也具有核心的影响力。在整个 17 世纪，确定个人有没有处在恩宠状态中，对信徒的精神世界和行为产生了很大的影响。韦伯采用的研究方法，在探讨教理的同时也就有了自觉的社会学关怀。

宗教包括两方面，就像革命一样，不只是领袖，还要“从群众中来、到群众中去”，革命的方向不只由领袖决定，还要有群众的力量和诉求。那么，追随者的宗教诉求相当程度上就会影响到韦伯下面讲的教牧工作。宗教运动中的教牧人员，就像我们讲的各级政工干部一样，才是直接面对群众的，对群众的呼声是要有所回应的。那么，普通信众的精神诉求必然会影响到教牧工作，所以就出现了两种相互联系的教牧劝诫类型。一种教人如何建立自信，一定要相信自己是选民，缺乏自信本身就是一种信仰不健全的表现。如果整天对自己的选民身份持怀疑态度，实际上你对神就是持怀疑态度的，要把所有内心世界的疑虑通通视为魔鬼的诱惑，信仰的过程就是和这类疑虑、诱惑进行斗争的过程。这种教牧劝诫类型，可以找到其对应的社会形象，在资本主义早期，也就是所谓“英雄主义时代”，在那

---

① 马克斯·韦伯：《新教伦理与资本主义精神》，第 226 页。

些刚毅的清教徒商人当中就可以发现“充满自信的圣徒”的身影。他们一方面在尘世中的事功非常厉害，另一方面也坚信自己是上帝的选民。另一种教牧类型则是劝告人们在尘世间一定要勤恳地工作，这种紧张的俗世劳作有助于人们驱散内心的宗教疑虑，给人带来恩宠的确定性。[①] 通过俗世的成功，可以间接地看到被神选定的印记，这是一种非常实用的牧引，针对普通信众的实际需求，但这并不是加尔文的本意，加尔文认为这是不对的。

韦伯指出，加尔文宗这种对世俗的工作、劳动高度的肯定，以及把它和预选思想紧密连接起来的逻辑，和路德宗非常不同，这是在新教的内部讲差异。接下来，他做了一点关于路德宗和加尔文宗的类型比较，这个比较借鉴了前人的研究，主要是19世纪德国神学家施奈肯伯格（Matthias Schneckenburger）的研究。韦伯讲到，路德宗信仰所追求的最高境界是和神的“神秘合一”（*Unio mystica*），这种合一是一种沉浸在神性中的体验，一种上帝进入信仰者灵魂的感觉。后来，韦伯把它称为“神秘主义”的宗教信仰类型。这种与神合一的状态，对于归正宗也就是加尔文宗来说，则是非常生疏的，他们不接受这种东西。路德宗的教义还把神秘合一和负罪所产生的深刻卑贱感结合在一起，这种感觉会促使虔诚的路德宗信徒坚持每日忏悔（*poenitentia quotidiana*），“吾日三省吾身”，所

---

① 马克斯·韦伯：《新教伦理与资本主义精神》，第226—227页。

以忏悔对于路德宗信徒来讲是很重要的仪式性实践。典型的归正宗或加尔文宗的教义，以及在其教理影响下的宗教实践则非常不同，他们从一开始就摒弃了这种纯粹内向的情感性虔诚。加尔文宗认为，神性真正渗透人的灵魂是不可能的。加尔文和路德的风格很不一样，他注重宗教教义的逻辑推理，什么叫神性渗透人的灵魂啊，人的灵魂只是一个有限，而神性则是一个无限，有限怎么可能包含无限？这在逻辑上是讲不通的。他们遵循的是另一种信仰逻辑，宗教信徒可以通过感觉到自己是圣灵的容器或者神的工具而确信自己处于恩宠状态。路德宗倾向于神秘主义情感，加尔文宗则倾向于禁欲主义行动，[①] 这是一种类型比较。

当然，加尔文教徒也接受路德提出的根本信条，即因信而得救。但是，由于加尔文用怀疑的眼光看待那些过分情感性的东西，认为它们是不理性的，所以信仰一定要有客观的效果来证实，也就是说它必须是“有效的信仰”（*fides efficax*）。加尔文教徒凭借什么样的成果来辨认真正的信仰？答案是：凭借有助于增加上帝荣耀的基督徒活法[②]。这又是在讲加尔文信徒的尘世积极性、社会组织的优越性。为什么这些人在社会中能干，在公益活动中积极，韦伯说这就是有助于增加神的荣耀的真正基督徒的生活样

---

① 马克斯·韦伯：《新教伦理与资本主义精神》，第 228 页。这段话是 1920 年修订版中新加写的。

② 帕森斯把德文词 Lebensführung（活法）译作 conduct（阎译作“行为”），有些丢失原意。

式。只有上帝的选民才真正拥有“有效的信仰”，就是要求信徒“正心诚意”，像一个选民那样发自内心地为了神的荣耀而去组织自己的生活。正是在这个过程中，信徒们获得了得救的确证感。

接下来，韦伯专门讨论了“善举”问题。“善举”对应的英文是 good works（德语 gute Werke），但它指的不一定是我们通常所谓的“善举”，比“善举”的含义要宽泛。虽然善举不是用来换取救赎的手段，但是它作为一个选民的标志，至少对于加尔文教徒来讲还是必不可少的。就此而言，得救（*possessio salutis*）又是取决于善举的。这实际上意味着“自助者神助”，不是“天助”，“天助”这个译法有点太中国了。前面讲的是善举，这里又讲自助者神助，感觉读起来不是很顺畅。“善举”这个译法有问题，这里是说基督徒在社会中做的各种工作，译作“善功”要妥当些。不管怎样，当时有人就说加尔文教徒是自己创造了自己的救赎，或者说是创造了得救的信念。他们正是通过尘世中的活动证明自己得救，以强化自己是选民的意识。那么，这种“创造”并不是天主教教义所说的善功的逐渐累积，而是存在于一种系统性的自制之中。这种自我控制时刻都在面临着无情的选择：被选定还是被遗弃。[1]

当然，这套逻辑是被路德宗教徒批评的，我们一开始讲路德宗时就说到，新教和天主教的差异，然后新教里面

① 马克斯·韦伯：《新教伦理与资本主义精神》，第 229 页。

路德宗和加尔文宗的差异，非常复杂。路德宗对加尔文宗有很大的意见，认为搞善功得救这套，就是退回到天主教的做法，希望通过自己的行为来改变神的决定，这就背离了路德讲的唯独信仰原则。韦伯对此的解说，则又涉及研究理路，他的很多理解都有方法考量在里面。他说，加尔文教徒当然反对将其教理立场等同为天主教教理，但是，不管这种抗议多么言之成理，如果路德宗教徒指控加尔文宗给普通基督徒的日常生活带来了实际后果的话，那就是有道理的。这是在分析角度上区别开了纯粹的教理立场（dogmatic position）和教理在生活中的实际结果（practical consequences），尽管天主教和加尔文宗的教理是不同的，但是从行为结果上看，从日常生活实践上看，则都是行善的。在这个意义上，路德宗教徒对加尔文宗的批评就不无道理。

“自然状态”与“恩宠状态”

但是，韦伯进而提出，要想认识这种因善举而得救的实践意义，则必须理解他们特有的伦理行为类型，及其有别于中世纪普通基督徒日常生活的特殊性质。这里，韦伯又要做比较了，怎么把加尔文教徒和普通天主教徒区分开来？或者说，怎么做今古之辨？ 17 世纪的加尔文信徒和中世纪的天主教信徒有何不同？韦伯在注释里说，这里他再次使用了理念型的方法，因为如果要真正呈现历史经验中的中世纪天主教信徒，那就太复杂了，所以他的策略是勾勒一个剪影式的肖像出来。韦伯说，普通的天主教信徒会非常虔诚地履行那些传统的责任，行善、爱邻人，这些都是一个好教徒的生活准则。但是“他的善举未必会形成一个连贯的生活体系，至少不会形成一个理性化的体系”，而只是一系列单独的行为，每一项善举都是为了满足某一个需求，比如抵偿某些特定的罪过、改善得救的机会等。意大利那些黑手党尤其如此，今天又干掉了几个人，心里有点儿不安，就去给教会捐点儿钱，行行善举，将来在生命结束的时候还能获得一笔保险金，诸如此类。天主教的这套伦理，在韦伯的分析视角下就显得不够“理性”。

后面关于天主教的这一段是在 1920 年版中新加的，体现了韦伯对天主教更深入的认识，读起来还蛮难的。“天主教的伦理当然是一种目的伦理。但是，单独一项行为的具体目的即可决定该行为的价值”云云。不过，最关键的还是下面这句话 :“使世界理性化[①]、祛除巫术救赎手段，天主教徒在这方面的作为远远不及清教徒。”“理性化”，是韦伯分析理路中一个非常关键的研判标准，即是不是彻底祛除掉了那些巫术性的救赎手段，像天主教式的善举是被包含在巫术性救赎手段中的。如果你做这些是要去交换什么，

---

① 马克斯 · 韦伯 :《新教伦理与资本主义精神》，第 230 页。“世界理性化”的德文原文是 „Entzauberung" der Welt (MWG I/18, S.320) ; 帕森斯将 Entzauberung 意译为 rationalization。

比如教会的赦罪，这就是不理性的，是妄想以人的意志去改变神的意志。另一方面，天主教的教士则像魔法师、巫师，掌握着信徒通往永生的钥匙。人们向他求助，而他则通过分配赎罪机会、恩宠的希望，把人们从可怕的紧张状态中解脱出来。

而那种神意确定的无情命运让加尔文教徒承受了中世纪天主教徒无法想象的内心紧张感，因为一个普通的天主教徒总会犯点儿错误，但也总会有赎罪的机会。加尔文宗的上帝不是要求他的信徒做出个别的善举，而是一辈子的善举，并要结成一个完整的体系，这里没有富于人性的天主教式罪恶、忏悔、赎罪、解脱——韦伯的用词很有意思。中世纪的天主教和现代的新教相比，按照启蒙叙事来说中世纪是黑暗的，而韦伯说那时才是比较富于人性的，忏悔、赎罪、解脱，这些给了信徒很多机会，而这些在新教加尔文宗里是完全没有的。你不可能通过临时的善举、教会的恩宠手段去改变你的命运，所以信仰是一辈子的事情，一辈子都要对自己严格要求。读到这里，我不禁想起来一句伟人名言，“一个人做点好事并不难，难的是一辈子做好事”。因此，加尔文信徒的道德行为必须服从一种“一以贯之的方法”。韦伯提到，这也正是 18 世纪最后一次清教大复兴的参与者们被冠以 Methodist 名号的缘由。中国人把这个清教派别叫作循道宗，如果直译的话，就是“方法主义者”。实际上是说，这些信徒坚持自己的生活要严格遵循一种一以贯之的“方法”（Method）。注意，这个 Method

不是科学术语，而是宗教词汇，它指的是指导信徒生活的宗教准则，因此，宗教界用“道”来翻译它。18世纪的Methodist就是那些循道主义者，而他们在17世纪的精神先驱则被称为Precisians，即恪守教规者。

总而言之，“只有在每一时刻、每一行为中都对生活的全部意义进行根本的改造，才能够证明恩宠的结果：把一个人从自然状态（*status naturæ*）转变到恩宠状态（*status gratiæ*）”。[1] 信徒一辈子如果只做了那么三两件好事，那么做完以后就又掉回“自然状态”了。那么，怎样保持自己的“恩宠状态”？要证明自己持续地处在恩宠中，就必须一辈子严格要求自己。正是在这个意义上，圣徒的生活就“在现世被彻底理性化了”，即他的生活完全受到增加上帝在尘世的荣耀这样一个超验目的的支配。“一切为了神的荣耀”——只有这样的生活才能达到对“自然状态”的克服。

这里的“自然状态”是一个基督教范畴，和现代启蒙政治哲学中的“自然状态”不是一回事。我们可以和卢梭的论述对照一下，卢梭认为现实的人类社会是一种德行败坏的状态，而理想的状态则是一种原初的还没有诸如私有制、国家、法律、等级等社会枷锁的“自然状态”，这是他假想的“人之初”的状态。当然，事实上人“无往不在枷锁之中”，卢梭的“自然”（或“人之初”）是美好的，是相对“社会”（或者“文明”）而言。可是在基督教思想里面，

① 马克斯·韦伯：《新教伦理与资本主义精神》，第231页。

“自然状态”（包括俗世文明）才是应该克服的败坏状态，这里的“自然”是可鄙的（“原罪”意识），是相对“神恩”而言。中国人讲文明和野蛮之区分，跟这有点类似，俗话讲“圣人不到的地方”，就是化外之地，“圣人不到”就是文明没有传播到那儿，就是野蛮的，而圣人到了的地方，就是处于文明的状态。我们的文明观是跟圣人教化联系在一起的。基督教所谓的“恩宠状态”，是说得到神的恩宠，grace of God，蒙了神恩的罪人才能得救。处于非宗教语境的人理解起来确实有一定困难，但是大概可以理解为得到神的恩宠就不再是一个自然人（所谓“罪人”），而是一个文明人（所谓“义人”）了。基督教的文明观是和神恩联系在一起的。所以，基督徒看非基督教文明，会认为那是一种野蛮状态，或“自然状态”，就是神没有恩宠的地方。这是我的理解，不一定确切，但有一点则是肯定的，就是“自然状态”是一个需要克服的状态。比如，古罗马在被基督教化之前不就是处在“自然状态”吗？在基督徒看来，罗马为什么灭亡？因为古罗马人的生活是败坏的，因为他们没有进入到“恩宠状态”。如果我们不是以宗教的视角看，历史图景就完全不同了，我们可以合理地认为古罗马文明非常发达。但是，在基督徒看来，罗马人处在“自然状态”，因为他们没有得到神的恩宠。这是从基督教救赎立场出发的看法。

理性的禁欲主义：从隐修到入世

接下来，韦伯做了一个很有意思的评论，他说笛卡尔的“我思故我在”被同时代的清教徒们从伦理的角度重新做出了解释。我们讲到西方现代性时，很重要的一条线索就是笛卡尔的“我思故我在”，它标志着一种智识的理性主义的诞生。韦伯在这里则借花献佛提出了另一条重要线索，即一种伦理的理性主义，清教徒在俗世的生活通过持续的伦理反思而被彻底“理性化”了。“正是这种理性化赋予了归正宗（加尔文宗）的信仰以独特的禁欲主义倾向，并且成为它与天主教的关系及冲突的基础。”[①] 这是韦伯在这项研究中一个很重要的观点。我们看到，韦伯在这里把“禁欲主义”和“理性主义”紧密地联系起来了，因此，当他讲“禁欲”的时候，几乎就是“理性”的同义词。韦伯运用的“理性”“理性主义”“理性化”一系列术语是有特殊含义的，是从宗教伦理的角度讲的，如果我们换个语境，比如换到启蒙语境，那么禁欲主义就可能成了最不理性的东西。换到中国的语境里，也是如此。20 世纪我们接受了现代性启蒙以后，对儒家传统文化的一个主要批评就是指斥“存天理、灭人欲”这套封建伦理不合人性。但是，对于宋明理学家来讲，“去人欲”而“明天理”才是理性主义的态度。对比这个，就比较容易理解韦伯的逻辑了。

---

① 马克斯·韦伯：《新教伦理与资本主义精神》，第 231 页。

下面一段讲的则是基督教或者说中世纪的禁欲主义和新教加尔文宗的禁欲主义之间的连续性问题，并不是到新教加尔文宗，基督教才开始有了禁欲主义。韦伯指出，早在中世纪的最高信仰形式当中，甚至在古代的某些信仰形式当中，禁欲主义便有了一种明确的“理性”性质。和东方的隐修生活相比，西方隐修生活的巨大历史意义正是以这种理性性质为基础的，虽然并非所有的情形都是如此。隐修本身也不是什么独特的事情，在别的文化里也有，中国文化就有隐修的传统，僧侣、道士过的就是一种隐修生活。跑到深山老林里，建个寺观，就是为了和世俗生活有所隔离。印度就更多了，印度教很注重隐修实践。但是，韦伯认为，这种隐修实践和西方的修道或者隐修生活是不太一样的。他说，西方的隐修生活“已从无计划的来世性和无理性的自我折磨中解放了出来”。隐修实践有很多是以自我折磨的方式，在基督教、印度教里面都有自虐的方式。基督教修士经常用藤条抽打自己，通过身体的痛来感受自己所负的罪，强化“罪人”意识。但是，韦伯说在西方的隐修生活中也出现了很多他所谓“理性”的东西，比较典型的如圣本尼迪克（St. Benedict，480—574）制定的隐修规章以及克吕尼修道院（Abbaye de Cluny）和西多会（Ordre cistercien）的修士们的隐修实践，而最为突出的则是16世纪中叶以来耶稣会士（Jesuits）的修道实践。中国人对天主教的历史整体而言比较陌生，唯独对耶稣会士还比较熟悉，因为明、清西方来华的传教士最初就是耶稣会士，如明末来的利玛窦（Matteo Ricci）。韦伯说，耶稣会士发展出了一套理性行为的系统方法，目的就是克服“自然状态”，使人摆脱无理性冲动的影响，摆脱对尘世和自然的依赖，服从至高无上的意志，即神的意志，从而使他的行为处于恒常的自我控制之下，让他慎重考虑自己行为的伦理后果。那么，在这个意义上，就把僧侣训练成了为天国效劳的工人，从而也确保了他的灵魂得救。这种能动的自我控制，就构成了圣依纳爵（St. Ignatius of Loyola，1491—1556）“苦修”的目的。这位依纳爵就是耶稣会的创始人，著有一部基督徒修行宝典《灵修》（*Exercitia spiritualia*）。他所开创的修行之道，不是无理性地自我折磨，而是一种理性的有步骤的精神修炼。这多少有点类似佛家的所谓“观想”实践。例如，《心经》中观世音菩萨“行深般若波罗密多时，照见五蕴皆空”。

韦伯进一步指出，这种能动的自我控制也是清教至为重要的实用生活理想。他以早期的清教殉道者为例。清教徒最开始被视为宗教异端，不少人遭到审判，从而留下了很多审判记录，从这些审判记录中可以看到，清教徒们在面对强烈的轻蔑时总是报以沉着的缄默，和那些尊贵的高级教士和官员毫无教养的狂暴表现形成鲜明对照。韦伯情不自禁地赞叹到，那种缄默体现的就是清教徒沉静的自我控制，令人肃然起敬。再讲到20世纪初，他说这一点至今仍是最典型的英美绅士的特征。这里不经意间流露出韦伯的价值观，他非常推崇英美清教文化产生出来的这一类型的人格。后来，他这个研究也受到一些质疑，有人说这个研究在政治上非常亲英美。当然，这也解释了为什么在德国“二战”战败以后，一个德国人写的东西却能在英美世界得到这样的推重，以至成为西方社会科学的经典。其中很重要的一个原因恐怕就是，英美世界的人读着很舒服，因为里面都是他们的好话。

从以上的论述中我们可以看到，首先，韦伯是把清教禁欲主义放置在整个西方基督教史的长线脉络中来看的，这是一种纵向的文化（文明）史的视野。其次，他在审视隐修实践时，也初步考虑了西方、东方的差异，这体现了一种横向的文化（文明）比较的视野。[①] 当然，1905 年的时候，韦伯对东方宗教的了解相当有限，只是含糊地泛泛而论。比如，他说西方的隐修生活很早就“已从无计划的来世性和无理性的自我折磨中解放了出来”，言下之意似乎东方的隐修生活一直深陷其中，然而，事实恐怕并非如此。如果当时他对汉传大乘佛教史有一定了解的话，就不会持如此浅陋的看法了。到了 20 世纪 10 年代初，韦伯才投入大量精力深入研究东方宗教（文明），包括伊斯兰教、印度

---

① 格奥西据此认为，后期韦伯开展的“诸世界宗教的经济伦理”（Wirtschaftsethik der Weltreligionen）研究系列与《新教伦理与资本主义精神》之间存在深层的连续性，前者构成后者的延伸、补充。这一看法与研究韦伯的权威专家、德国学者施路赫特的看法针锋相对。施路赫特认为，后期韦伯关于“诸世界宗教的经济伦理”的研究标志着一个重要的“突破”，即“西方理性主义”这一论题的提出与论证。格奥西则认为，这一论题在《新教伦理与资本主义精神》中已经提出，而且围绕这一论题开展比较研究的理路也已初见端倪。参阅 Peter Ghosh, *Max Weber and The Protestant Ethic: Twin Histories*, pp. 223-246。

和中国的宗教等，并为后世留下了一系列珍贵的比较宗教社会学篇章。[①] 这是后话了。

再回到清教上来。韦伯说，像所有理性类型的禁欲主义一样，清教也要求一个人能够按照“一贯动机”去行事，而反对感情用事。这里他讨论到Puritanism（清教）这个词，就其心理学含义而言，就是力求使人具有一种“人格”。这种人格是高度自我控制的，摒弃自发的冲动性享乐，要做到这一点，教徒就要服从一以贯之的“method”（道）去生活。用中国人的说法，如此才算是“得体”的。当然，韦伯承认，中世纪天主教的隐修生活规则，也像加尔文教徒的行为准则一样有力地强调了这些要点。但如果只是这样的话，那就没有区别了，还怎么去论证加尔文宗的独特性呢?

因此，下面就要着重去讲加尔文宗的禁欲主义和中世纪禁欲主义之间的差异了。这种差异表现在什么地方? 就是“福音劝谕”的消失，以及随之而来的禁欲主义转向尘世活动。“福音劝谕”在第三章中就曾经出现过，指的是在罗马天主教传统中，信徒遵照耶稣的教诲对自己提出更高

---

① 韦伯后期在关于佛教的研究中认为“大乘佛教是将一种密教的、本质上是婆罗门式的、知识分子的神秘思想，和粗野的巫术、偶像崇拜和圣徒崇拜或俗人公式性的祈祷礼拜相结合起来”，从而无法产生出一种理性的、俗人的生活方法论（马克斯·韦伯：《印度的宗教：印度教与佛教》，康乐、简惠美译，桂林：广西师范大学出版社，2010 年，第 355—356 页）。至于中国的佛教寺院，则在他看来“部分而言是非理性的禁欲苦行、部分是非理性的冥思观想之所在，但总非理性教育的培育所”（同上，第 374 页）。韦伯认为，一般而言亚洲宗教的救世论具有救赎贵族主义与神秘主义的性格（同上，第 458 页、第 471 页）。

的道德要求，主要是保持贞洁、清贫与顺从三条。这就比“十诫”的要求高了。好比大家做学生，一般学生满足课程的基本要求就够了，而有些优秀学生可能会主动对自己提出更高的要求，完成更高难度、更高标准的论文。在美国大学里，这种学生叫 honors student（荣誉学生）。中世纪的基督徒，要达成这种高标准的伦理要求，往往会选择到修道院里过隐修生活。这倒不是说，天主教一直把“循道”的理性生活限制在修道院的密室里，事实上，它也试图让禁欲主义渗透到日常生活中去。韦伯举了 13 世纪圣方济各（St. Francis of Assisi）创立的第三会（Tertius Ordo，亦称“在俗会”）、15 世纪的灵修经典《效法基督》（*Nachfolge Christi*）的例子。然而，天主教从未能真正导向系统的入世禁欲主义，它的重心取向，基本还是朝向远离日常生活的方向。因此，韦伯强调，最重要的是这一事实：过着宗教意义上的理性生活的那些最出类拔萃之辈，一直都是僧侣。“禁欲主义越是能够牢牢攫住一个人，就越是能驱使他远离日常生活，因为超越世俗道德绝对成了他最神圣的任务。”①

而从路德开始，才在相当程度上逆转了这一方向。但是，他还没有对此形成非常清晰的自觉，后面的加尔文主义则进一步传承了路德的态度。韦伯在修订版中补入了一位路德同时代的宗教改革先驱弗兰克（Sebastian Franck）

① 马克斯·韦伯：《新教伦理与资本主义精神》，第 233 页。

说的话：过去是僧侣才能过那种宗教意义上的理性生活，而“现在每一个基督徒都不得不成为终生的僧侣”。[①] 韦伯认为，这句话揭示出了宗教改革的意义。为什么路德他们要发起宗教改革，就是认为天主教世界的伦理已经非常败坏。即使有那么一些出类拔萃的僧侣大德，但整个世俗世界则基本处在一种“自然状态”，这个是他们要努力改变的，要把每一个基督徒都变成“终生的僧侣”。改革家们筑起一道堤坝，“挡住了禁欲主义脱离日常世俗生活的趋势”，而“那些放在过去有可能成为最崇高类型的僧侣的激昂脱俗之辈，如今只好在世俗的职业中追寻自己的禁欲主义理想”。[②] 这是一个古今之变。

加尔文主义则又为这一趋势增加了一个很重要的富有建设性的因素，也就是这样一个观念：必须在世俗的职业生活中证明一个人的信仰。这就给了具有宗教倾向的广大信众一个明确的刺激，推动他们走向入世的禁欲主义。这种伦理观又和得救预定论结合起来，就更厉害了。如此，“加尔文主义用上帝的选民取代了僧侣，前者是注定要待在尘世中的精神贵族，而后者则是出世与超世的精神贵族”。[③] 这些“尘世中的精神贵族”和那些处在“自然状态”的人之间的隔阂，一定程度上还要更深，这种鸿沟因其看不见摸不着而变

---

① 马克斯·韦伯：《新教伦理与资本主义精神》，第 233 页。

② 同上。

③ 同上，第 234 页。

得更加可怕了。实际上，加尔文宗在相当程度上恢复了古犹太教的那种信仰，它是上帝选民意识的现代复兴。在神的选民和那些被神遗弃的人之间，有一道不可逾越的鸿沟，不是“人民内部矛盾”，而是“敌我矛盾”了。

然后韦伯讨论到，为什么清教形成了“教派”？“教派”是韦伯宗教社会学中很重要的一个概念，就是英文“sect”一词，他用这个词来与“church”（教会）相对。在清教徒眼里，天主教教会已经是腐败的了，不能代表神的意志，所以他们会自发地组织很多“教派”，而这些教派的诉求就是要建立更加纯洁的教会。这个纯洁的教会是“一个由业以证明处于恩宠状态的人组成的共同体”，所以就要排斥掉那些没有被拣选的进入不到恩宠状态的人。对于这个问题，韦伯在另一篇文章《新教教派与资本主义精神》中有更深入的讨论，我们这里暂不多谈。

我们再讨论一下赎罪券的问题。韦伯说赎罪券“抵消了系统的入世禁欲主义趋势”，因为赎罪券是天主教教会搞出来的，如果人们可以花钱赎罪，这势必会消解宗教庄严的神圣性，客观上也就消解了世俗生活的禁欲主义趋势。就像今天人们说的，能用钱解决的问题都不是问题，如此还怎么要求基督徒过一种禁欲主义的理性生活呢。我们在讨论第三章时提到过，路德发起宗教改革，最初就是由赎罪券引发的，他就是要反抗天主教的这套做法。路德发布《九十五条论纲》，质疑教会推行赎罪券的意义，等于公开贴了罗马教宗的“大字报”。[①] 所谓赎罪券就是教会开具的赦罪证明，其实是一种敛钱的方式。那时候，教会盖圣殿需要资金，就大量发行赎罪券“融资”。那些为富不仁的人，一辈子干无数坏事儿，现在向教会捐点儿钱，买点儿赎罪券，教会就说神会宽恕他的罪过，这样还怎么可能教育普通信众去做一个好基督徒呢。一旦开了赎罪券的口子，人怎么还会主动地往系统的禁欲主义生活那个方向去呢。与清教徒相比会发现，两种不同的宗教伦理对人的生活样式、行为方式产生了不同的影响。韦伯通过比较发现，17世纪的清教徒，也就是资本主义革命的先驱，非常看重宗教德行，这其实是针对桑巴特讲的。桑巴特讲现代资本主义的时候，强调无限的获利冲动，认为这是资本主义发展最强有力的心理驱动，而韦伯说17世纪的清教徒完全不是那样，不是世俗的获利冲动而是宗教理性驱动着他们去做很多事情，包括理性的经济获利。

论说加尔文宗的这一节可以说是全文最难的一部分，我们缺乏文化背景的人读起来感觉很难，用手机比喻的话，它就是芯片，也是最内核的那一块。其实第一章到第三章，以及后面的第五章，我觉得理解起来难度都没有这块大，甚至很多西方学者读起来也有很大的困难。一个主要的困难是历史感，带着一种启蒙后的现代思维读，就很难，怎

---

① 1517年，路德在维滕贝格（Wittenberg）教堂门前公开张贴的《九十五条论纲》，又名《关于赎罪券的意义及效果的论辩》（*Disputatio pro declaratione virtutis indulgentiarum*）。不过，最初张贴的布告中没有标题。

么“回到”17世纪去理解人们当时的宗教心态，这是一个挑战。再一个就是需要相应的宗教知识背景，很多西方人今天也不具备了。

“上帝的指印”：加尔文宗的恩宠证据观

接下来这一段讲的是清教和希伯来传统的关系，这个联系就在于，禁欲主义的生活样式所遵循的规范能够在《圣经》中找到依据，而清教徒在道德戒律上最看重的是《旧约》。《圣经》里面有《旧约》和《新约》，很多人看重《新约》，但清教徒非常重视《旧约》中的道德戒律。这里韦伯提到，《箴言》和《诗篇》是清教徒最熟稔的篇章。前面第二章中举到富兰克林的例子时提到，富兰克林父亲从小给他的教诲就是从《箴言》中来的。所罗门王讲办事殷勤的人“必站在君王面前”，诸如此类的话是清教徒耳熟能详的，多少有点像中国人熟悉的《三字经》。韦伯说，希伯来人既畏惧上帝，又拥有冷静的智慧，就体现在这些《旧约》篇章里面。从清教徒对待生活的态度中可以感受到这种智慧的影响，“特别是它对宗教神秘主义因素——事实上也就是宗教的全部情感因素——的理性压制，正是《旧约》影响的结果”。[①] 这一点，韦伯说已经有别人指出来过了。

---

① 马克斯·韦伯：《新教伦理与资本主义精神》，第235页。

与此同时，韦伯指出，《旧约》的这种理性主义属于“小资产阶级传统主义”型，还是掺杂着一些情感性的因素，正是这些因素在中世纪促成了一种情感性宗教趋向的发展。因此，加尔文主义对《旧约》的传承是选择性的，吸收了其与自身适合的成分，可谓是取其“精华”（理性主义的因素）而去其“糟粕”（神秘主义的因素）。

接着韦伯进一步比较了天主教和加尔文宗。前面讲到二者差别的时候，韦伯讨论了善举/善功，这里则比较了宗教簿记对于天主教徒与加尔文宗信徒的不同含义。天主教徒和清教徒都靠簿记来记录自己的日常情况。比如今天灵魂深处出现了一个闪念，经不住什么样的诱惑，有了什么邪恶的念头，把它们写下来，算是一种自省，今天思想上有了什么进阶，也把它记下来。有点儿像中国过去在民间流行的功过格，记录每日的善恶行径，用以自查自检。韦伯这里要强调的是，簿记在天主教那里和在加尔文宗那里的意义是不一样的。天主教徒把这些东西记下来是为了最后的全面忏悔，别到时候犯下的罪过都不记得。而对于加尔文宗来讲，则不是这样，因为加尔文宗不存在忏悔的问题，早就被预定了，忏悔也没用。那为什么还要做簿记呢？是为了“感知自身的意向”。这说得挺模糊，英文是用“pulse”（脉搏）这个词（德文 Puls），我想大概是个比喻的说法，就是自己时常给自己号脉诊断，看是不是在正路子上。不管怎么样，簿记是普通信众日常生活中很重要的一种实践。韦伯提到，班扬甚至还把罪人与神的关系类

Form of the pages.

TEMPERANCE.							
EAT NOT TO DULNESS; DRINK NOT TO ELEVATION.							
	S.	M.	T.	W.	T.	F.	S.
T.							
S.	*	*		*		*	
O.	* *	*	*		*	*	*
R.			*			*	
F.		*			*		
I.			*				
S.							
J.							
M.							
C.							
T.							
C.							
H.							

富兰克林的每日自省“簿记”（1733）

行字母分别代表十三种德性，列字母分别代表七天。

比为顾客与店主的关系，这是把簿记观念推到了一种极端状态。

通过簿记，就可以记录、观察自己的行为，但对清教徒来说，其实还不仅仅如此。他们也在这些生活细节的记录中观察“上帝的指印”——Finger of God，这是来自《圣经》的说法。据说，“十诫”最初就是“神的指头”书写在石头上的，因此“神的指头”象征了神的意志。这让我们联想到《西游记》里如来佛祖的“五指山”，象征了佛法的力量。普通清教徒试图通过对生活细节的记录把握上帝的意志，但是他们这种想法是和加尔文的严格教义相悖的。所以，韦伯研究理路的社会学味道在这儿就再次体现出来了，不是只看宗教大德怎么讲的，还要去看广大普通信众的心理逻辑，他们的想法往往是和教主的教诲正相反。信众觉得自己有办法知道上帝采取了什么样的处置，而正是信众的这种“方法论”推动了他们追求生活的全面基督教化。所谓“全面基督教化”，也就是生活中每时每刻都要遵循理性的自我控制。加尔文宗之所以不同于路德教，就在于它迫使人们遵守条理性，或者说“循道”。韦伯强调说：“我们必须始终牢记这种合理性对实际生活的决定性影响，才能正确理解加尔文主义的影响。”[①] 这又是一个研究理路与方法的提示，韦伯所谓的教理研究，重点是看普通信众的心理逻辑，从这个角度来理解加尔文主义的实际影响。

---

① 马克斯·韦伯：《新教伦理与资本主义精神》，第235—236页。

这就呼应了他在这一节开始时提出的“历史归因判断”。到这儿，关于得救预定论的教理考查就告一段落了。

前面只是讨论了加尔文宗，并把得救预定论设定为清教道德观的教理基础。但是，这个教理的影响范围可不仅仅局限于长老会（Presbyterian church），长老会是加尔文宗一个很重要的派系和宗教群体，第五章将讨论到的巴克斯特就是长老会的。预定论的影响不限于长老会，还扩展到其他的教派，像浸礼会、循道宗都受到这个教义的影响。所以，韦伯指出：

> 正是这种保持了高度一贯性的教义，在17世纪那个命运攸关的年代，坚定了那些勇敢捍卫神圣生活的斗士们的信仰，使他们确信自己是上帝手中的武器，是上帝旨意的执行者。而且，它还避免了过早地沦为一种今世善举的纯粹功利主义教义，而这样的教义是绝不可能激发人们为那些非理性的理想目标做出巨大牺牲的。①

怎么理解17世纪的英国革命？在韦伯看来，实际上很大程度上是通过加尔文宗的极度非理性（按照我们今天的眼光）的教理——得救预定论赋予了那些“捍卫神圣生活”的斗士们坚定的信仰。“砍头不要紧，只要主义真”，他们

---

① 马克斯·韦伯：《新教伦理与资本主义精神》，第236页。

受到宗教审判、被驱逐、杀害，当时好多人被驱逐出英国，只好移民到别的地方。如果换作 18 世纪以后的功利主义理性伦理，就不可能推动清教徒们做出那么巨大的牺牲。在那样的情况下，清教徒仍然保持了坚定的信念，离开了支撑他们信念的特殊教理，这一切就变得难以理解了。这是韦伯的一个总结性的看法。

另外，由此也可以看到，韦伯对“清教革命”评价甚高。他没有价值判断或倾向吗？还是有的。他对 17 世纪英国的清教徒斗士们充满了崇高敬意。但是，这种价值倾向不能替代其冷静的历史考察与科学的归因分析。《新教伦理与资本主义精神》这项研究的立意也并不是要写一部歌颂清教革命的英雄史诗，而是要考察清教徒的“伦理的理性主义”如何转出来世俗的“资本主义精神”这一与现代资本主义相关的经济伦理。

韦伯指出，加尔文宗教义将信仰绝对有效的规范、绝对宿命论，以及上帝的绝对超验性结合到一起，“是一个不同凡响的伟大创造”。其中，至关重要的是与预定论联系在一起的恩宠证据观，“由于它作为一个心理基础对于理性道德观所具有的实践意义”。注意这里不是抽象的教义讨论，韦伯主要还是侧重看这样一种教理是怎样实际地影响到人们的生活与行为的。很多教理虽然讲得天花乱坠，但不一定真正影响到人们的实际行为，说的是一回事，做的是另一回事，说的归说的，做的归做的。那样的话，教义就没有实际意义了，没有真正落实成为人们的心理基础。韦伯重视的则是那些具有实质心理意义的教义，这是他的基本研究取向。“由于它作为一个心理基础对于理性道德观所具有的实践意义可以纯粹根据得救预定论教义进行研究，那么最好就从这个教义最一一以贯之的形式开始。”[①] 这是重申他在这一章开篇交代的“理念型”方法。通过预定论之理念型的勾勒，就在新教运动内部呈现出了加尔文主义与路德教教义之间的强烈反差。本来都是基督新教，是“一家人”，但是，韦伯的方法着意于凸显二者的差异，乃至将加尔文主义设定为路德主义的反题。

路德宗恩宠观与德国“国民性”批判

路德宗教义中“可以撤销的恩宠”（*gratia amissibilis*）这一条，意味着恩宠可以通过真诚忏悔而重新获得，从而也就意味着“它本身并没有认可禁欲主义新教的一个重要结果，一个对我们来说是最重要的结果：系统而理性地安排整个道德生活”。[②] 的确，路德宗的根本教理是“唯独信仰”，而并不执着于信徒生活的禁欲主义理性化。用韦伯的话说，“这种单纯、敏感而又特别情绪化的虔诚形式……不存在加尔文宗的沉闷教义所赋予的坚韧自制和深思熟虑调

---

① 马克斯·韦伯：《新教伦理与资本主义精神》，第 237 页。
② 同上。

节自身生活的动机”。当然，像路德这样的宗教天才，可以毫无困难地生活在这样一种开放而自由的环境里，也不用担心重新掉回到“自然状态”的危险。但是，普通的信徒就完全是另一回事了，一不小心就掉回去了。这就像禅宗六祖惠能讲的“前念迷即是凡夫，后念悟即是佛”，这是需要悟性的，普通信徒没六祖这个悟性，随时就会陷在“迷”中。路德宗中不乏悟性极高的大德，然而，韦伯指出，历史上路德宗名士也常常因为酗酒和粗俗行径而声名扫地。

这样的比较，有点儿像中国革命史研究中关于共产党人和国民党人的比较。表面上听起来，两党都是现代革命党，但是为什么道德标准的差异会那么大？抗战的时候，一些美国的观察家，著名的如谢伟思（John Service），先去重庆看了看，后来又去延安看了看，看了以后觉得重庆的国民党没有希望，而延安的共产党要夺得天下。结果，到了20世纪50年代初“麦卡锡时代”，这些美国情报机构的人，就被解雇了，因为“亲共”，几十年找不到正式工作。其实，他们所说的都是非常切实的观察，而且有这种看法的也不限于这些人，后来成为美国中国学泰斗的费正清（John Fairbank）当时也是这么看的。费正清在重庆待了好几年，对国民党人的道德状况非常失望，所以后来他写了《伟大的中国革命》，在里面比较了国共两党，就像韦伯比较路德宗和加尔文宗一样。国共两党的差别，不仅仅是在“教理”，还有组织纪律上的差别。不过，这有点离题太远了。

回到韦伯，他进而又将比较延伸为德国与英美“国民性”的对照：

> 典型的德国品格常被称作温厚（Gemütlichkeit）或纯真，这与英美环境中彻底消除了自然状态的自发性所带来的结果形成了强烈对照，甚至在人们的面部表情也能反映出来，而德国人却习惯于反过来评价那些英美特征，认为那是狭隘、拘谨和精神压抑。但是，这种十分引人注目的行为差异，明显地是由于路德教的禁欲主义对生活的渗透程度不如加尔文宗。每个率性由真的自然宠儿对一切禁欲主义的反感都表现在那些情绪中了。事实上，正是因其恩宠教义，路德教才未能从心理上认可系统化行为以强行对生活加以条理性的理性化。①

这里就看出韦伯的研究的政治内涵了。他的文化比较对于德国的读者来讲是很有针对性的，因为德国是路德教国家。对于我们来讲，无论路德宗还是加尔文宗都是“洋教”，对此没什么感觉。但对于德国人来讲，韦伯的论述构成了一种文化批判——德国的新教文化是什么样子，再看看人家英美在资本主义早期的新教文化是什么样子。韦伯的亲英美倾向在当时德国是非主流的，当时很多德国人对英美文化是相当鄙视的。比如尼采，经常会在作品里挖苦、

---

① 马克斯·韦伯：《新教伦理与资本主义精神》，第 238 页。

谩骂英国人，在他眼里，英国人就是精神压抑的人格形象。尼采常说，你能跟英国人谈艺术吗？英国人能懂艺术吗？那个民族懂不了艺术的，因为他们那些人精神极度压抑。他们懂音乐吗？德国出了很多大音乐家，但是清教文化里面出过哪个大音乐家？总之，尼采对英国人有很多攻击。韦伯则相反，非常推崇英美文化。在他看来，德国所谓的“国民性”在很大程度上是被路德教的文化所塑造的。他会觉得，我们德国人就是少了英美清教文化熏陶出来的那种自我控制的理性精神。①

当然，我读这些觉得挺别扭的，跟今天我们对德国人的印象非常不同，我们一般提到德国人的时候，想到的是尼采讲英国人的那种印象，精神压抑，很严肃，不像英美文化的人那么有幽默感。我不太清楚，是不是“二战”战败以后德国人的性格发生改变了还是怎么样？至少韦伯这个人，感觉就是个精神压抑的人。韦伯夫人在传记里面就曾写道，《新教伦理与资本主义精神》可不是一部寻常的作品，它其实是韦伯给自己画的一个肖像画，实际上他是在英美清教文化里面找到自己了。原来我就没有读出这个东西来，后来看到她这么讲，觉得还真是有点儿道理。当然，

---

① 早在 1895 年的弗莱堡大学就职演说中，韦伯就曾呼吁“民族的政治教育”已刻不容缓，并主张国民经济学（及社会科学）应以此为最高目的（参阅 MWG I/4.2, S.572；马克斯·韦伯：《民族国家与经济政策》，第 106—107 页）。就此而言，《新教伦理与资本主义精神》既是一项文化科学研究，又是一个政治教育文本。透过英美禁欲主义新教塑造的理性精神，韦伯试图达成对德国文化的批判反思与对德国民众的政治教育。

这也只是韦伯人格的一个面向。他精神压抑需要缓解的时候，常常是往意大利跑，而不是英国，这说明，他的人格中也隐藏着向往自由判断的面向吧。

韦伯的议论里透出了一种对德国文化的批判态度，但他作为一个科学认同很强的人，不会像尼采那样肆无忌惮。尼采是毫无拘束地骂人，表达自己的价值立场。韦伯则是一个有社会科学承诺的人，他的作品不太会明确地张扬自己的价值立场，只是细读他的文字还是能看到里面的价值偏好，比如讲到英美绅士的时候总是流露一种难以抑制的敬意。这里倒没有说什么对德国特别不好的话，但是韦伯私下里则有很多更加激烈的批评与议论。① 当时韦伯对德国现状也有诸多不满，但这种不满与马克思相比就差远了。马克思当年被普鲁士驱逐出境，搞得他一生很凄惨，到哪个国家都待不了一阵儿就被驱逐，最后只得沦为无国籍人士了。先是普鲁士不承认他，然后去了法国，又去了英国，这些国家都不给他国籍，就干脆成为国际主义者了。韦伯

---

① 1906 年初，韦伯私下曾激烈抨击过路德主义与德国文化："路德比所有的人都高大，但是我们不能否认，作为一个历史有机体的路德主义却带来了最骇人听闻的恐怖。即使在能使你对未来抱有希望的理想形式下，就其对我们德国人的影响而言，我担心它也缺乏足够的改革能力去塑造生活。令人难堪的悲剧在于，我们连一个教派成员，一个贵格会信徒，一个浸礼会教徒都没有。人人都应承认简办慈善事业的教会在非伦理、非宗教（例如文化）方面的优越性。教派的时代明显已经结束。但是我们这个民族从未经历过无论什么形式的严格的禁欲主义熏陶。这一事实就是使我对这个民族的一切（包括对我自己）深恶痛绝的根源。真是无可奈何，在宗教问题上，即使普通的美国教派成员也比我们乐善好施的基督徒强得多，正如路德的宗教人格比加尔文、福克斯等人强得多一样。"（韦伯致哈纳克的信，1906 年 2 月 5 日）

的不满则还是德国精英阶层、士大夫的不满，是一种“哀其不幸、怒其不争”的心境。这是题外话了。

接下来，韦伯简要考察了另外几个禁欲主义新教的派别，如欧洲大陆的虔信派、盎格鲁-撒克逊民族的循道宗，都是些派生性的运动，从整个研究的文理上来讲，它们不是特别重要，我们就不在这里专门导读了。最关键的还是加尔文宗这一节，所以多硬的骨头我们也要把它啃下来。

“信徒的教会”：浸礼运动诸派

韦伯还考察了加尔文主义之外的另一个新教禁欲主义的独立来源，即浸礼（Baptist）运动。中国人把 Baptists 称作浸礼宗，实际上，准确地说应该是重浸派或再洗礼派运动。① 基督教过去重视给婴儿洗礼的仪式，但是，宗教改革运动时期，有人主张拒绝承认婴儿洗礼，而只承认信徒成年后的洗礼，这派主张就被称作“再洗礼派”（Anabaptism）。当然，他们并不这么称呼自己，而是自称为“真正的基督徒”。16 世纪、17 世纪时，这一运动催生了很多非常有影响的新教教派，如浸礼会、门诺派以及贵格会。特别是在北美的新英格兰，浸礼会、贵格会的影响

① 再洗礼派，韦伯采用的原词是 Täufertum（Anabaptism）（MWG I/18, S.388）。

巨大。当然，韦伯在研究中暂时避开了北美的情况，而集中考察英国、荷兰等老牌资本主义国家的情况。这些浸礼派宗教团体的伦理基础与加尔文主义学说有着原则性差异。

重浸运动的内部非常复杂多样，不过，究其要义，最内核的特征就是所谓“信徒的教会”观念。即认为教会应该“由那些相信再生的信徒个人，并且只是由这些个人组成的共同体”，[①] 这体现了信徒试图净化教会的诉求。他们高度强调圣灵对信徒个体的持续启示，而摒弃一切造物崇拜。由此，发展出后来被贵格会抱持的著名信条：根据理智与良知在内心见证圣灵具有决定性意义。也就是说，它把得救之途从有形的教会组织转向信徒个体心灵的“内在之光”。这个信条对“教会之外无救赎”（*extra ecclesiam nulla salus*）这一千余年来的古老教条做出了革命性的全新阐释。这一古老教条现在只适用于受圣灵启示的信徒们的“无形教会”，这就极大消解了教会对信徒的外在权威，“最终发展到彻底消除了通过教会而得救这一教义的一切残余”。贵格会甚至连洗礼和圣餐礼这样重要的仪式也都摒弃掉了。因此，韦伯在1920修订版中特别加写了一句评论：浸礼运动诸教派“和得救预定论者一起，尤其是和严格的加尔文教徒一道，彻底贬损了被用作得救手段的一切圣事，从而以最极端的形式完成了对尘世的宗教理性化”。[②] 尽管

---

① 马克斯·韦伯：《新教伦理与资本主义精神》，第249—250页。

② 同上，第251页。韦伯采用的原词是Entzauberung（祛魅）。

教理截然不同，但其历史结果则是殊途同归，共同完成了世界的“祛魅”。

浸礼运动诸教派非常看重良心或良知（Gewissen/conscience）。韦伯这里讲道：“真诚地摒弃尘世及其利益，通过良知向上帝表白无条件服从，是真正的再生唯一无可争议的标志。”[①] 相比于加尔文主义，这一派的教理对我们来说比较容易理解些，它和阳明心学比较类似。王阳明提出“心外无物，心外无理”，而浸礼教派实际则是讲“心外无教会，心外无救赎”。王阳明讲究“致良知”，而浸礼教派的宗教实践则讲究“期待圣灵降临”。这要求信徒克服一切冲动的东西，克服自然人的激情，在内心沉静的状态中倾听神的启示。那么，在韦伯看来，这样的宗教实践在生活中塑造出的行为特征往往是入世禁欲的。

另外韦伯也提到，浸礼教派重视良知作用的救赎伦理“使他们履行世俗天职的行为产生了一种对于资本主义精神的发展具有最重要意义的性质”。[②] 例如，资本主义伦理中最重要的原则“诚实就是上策”，实际上早在17世纪时再洗礼派特别是贵格会采取的那种入世禁欲主义的特殊形式中就可以发现“这一基本原则的实际运用”。

接下来，韦伯对其研究理路做了一些补充说明，他把研究的出发点放在主观接受禁欲主义信仰对个人的生活样

---

① 马克斯·韦伯：《新教伦理与资本主义精神》，第252页。

② 同上，第254页。

式所产生的影响，而刻意不考虑教会的客观社会制度（特别是教会纪律）及其伦理影响。这很大程度上是由于他的社会经济学旨趣，即侧重考察宗教伦理如何释放出个人的获利能量，而教会对信徒个人生活的控制在这个面向上往往是对个人能量的阻碍和限制。韦伯在下面做了一个类比：国家的重商主义政策固然可以使工业得到发展，却不能催生出“资本主义精神”，如果这种政策具有威权主义的专制性质，则会在很大程度上阻碍这种精神的发展。同理，教会的禁欲组织如果过于专制，也会产生类似的结果，它会导致某种外在的服从，但可能会摧毁寻求理性的生活样式的主观动力。韦伯这么讲有其经验根据，特别是在 1904 年秋冬赴北美考察之后，越发强化了这一看法。这里，韦伯非常简略地提出一个对比：一种是英国国教的威权主义道德戒律带来的结果，另一种是建立在自愿归顺基础上的各教派戒律带来的结果。他指出：

> 大体上说，各地的浸礼宗运动所建立起来的都是教派组织，而不是教会，这无疑有利于强化他们的禁欲主义。那些加尔文宗、循道宗和虔信派共同体的情况也大同小异，他们都是在环境因素驱使下而形成的自愿性群体。[1]

① 马克斯·韦伯：《新教伦理与资本主义精神》，第 255 页。

这里，韦伯再次运用了“教派”与“教会”这对理念型概念。与威权主义的“教会”不同，“教派”（译为“教团”或许更妥当些）是一种“自愿性群体”。不过，这并不是他在这项研究中的关注重点，[①] 我们研读韦伯的另一篇作品《新教教派与资本主义精神》时，再重点讨论这个问题。

考察完“禁欲主义新教”的几种主要载体后，韦伯在这一章最后指出，下一个任务是要探究清教天职观在商业社会[②] 中产生的结果，这是第五章要去解决的问题了，而这一章讲的是清教天职观的宗教教理基础，通过天职观把“禁欲主义新教”伦理和资本主义精神连接起来。尽管禁欲主义运动的内部非常复杂，但也有诸多共通之处。其中，至为关键的一点是宗教的“恩宠状态”观念，它是一切教派所共有的观念，标志着处于这种状态的人已经摆脱了肉体的堕落，亦即摆脱了“自然状态”。另一方面，尽管在不同的教义中获得恩宠的手段不同，但是它绝不能凭借任何的巫术圣事，凭借忏悔的慰藉，凭借个人的善举来获得。“禁欲主义新教”就是这么决绝！它要求信徒对自己生活、

---

① 格奥西据《新教伦理与资本主义精神》的文理推断，韦伯原本还打算要写第三部分，专门考察“教派”问题，但后来放弃了（Peter Ghosh, *Max Weber and The Protestant Ethic: Twin Histories*, p. 152）。

② 韦伯的原文表述是“营利生活”（Erwerbsleben）（MWG I/18, S.409），帕森斯将至意译为 business world（阎译“商业社会”）。格奥西认为，*Erwerb* 一词的意思包含 profits 和 wages 两方面的内容（Peter Ghosh, "Some Problems with Talcott Parsons," *European Journal of Sociology/Archives Européennes de Sociologie/Europäisches Archiv Für Soziologie*, vol. 35, no. 1, 1994, p. 113）。卡尔伯格将 Erwerbsleben 一词意译为“how people acquire goods and earn a living”（Max Weber, *The Protestant Ethic and the "Spirit" of Capitalism*, 2012, p. 100）。

行为的理性控制，这意味着“要按照上帝的意志对自己的整个一生进行理性规划”。也就是说，理性的禁欲主义要真正贯穿到生活中的每个细节当中，而且它不被视为“不堪重负的义务”，而是每个确信自己得救的人都可以做到的。“圣徒们的宗教生活，再也不是远离尘世的隐修主义共同体的生活，而是在尘世及其各种制度中的生活——这一点至关重要。这种置身今世之中，但又是为了来世而完成的行为理性化，正是禁欲主义新教天职观带来的结果。”[①] 这是一个总结性的论断，也把前后几章彼此连接起来了。

最后，韦伯以极富文采的措辞总结了第四章的核心。他写道：“最初逃离尘世而寂然独立的基督教禁欲主义，已经统治了这个一直被它挡在修道院和教会之外的世界，但总的说来，它还是让尘世日常生活的天然自发性质保持了原状。”就是说，中世纪的时候，基督教禁欲主义的实际影响是很有限的，从社会学的角度来讲则需要分层：对专业的修士、教会僧侣这个阶层来讲，禁欲主义影响到他们的日常生活了，但对于普通信众来讲，影响则是有限的，否则的话，就没法儿理解文艺复兴是如何开始的。意大利能有《十日谈》这样的文学作品以及《维纳斯的诞生》这样张扬人体美的绘画，就表明天主教禁欲主义的影响还是有限度的，才有了文艺复兴的机会。在宗教改革后则不同了，禁欲主义新教就不同了，“现在，它砰然关上了身后修道院

---

① 马克斯·韦伯：《新教伦理与资本主义精神》，第 255 页。

的大门，大踏步地闯入了生活的闹市，开始把自己的条理性渗透进生活的常轨，由此而造就一种尘世中的生活”。[①] 这里，翻译漏掉了一词，应该是说造就一种“尘世中的理性生活”（einem rationalen Leben in der Welt），而不再是修道院中的理性生活了。过去人们觉得世俗生活是堕落的，只有到修道院里做个虔诚的修士才能过一种真正朝向上帝的理性生活。现在不是了，现在要把这种禁欲主义的条理性（Methodik/methodicalness）——和 method 这个词联系在一起——渗透进生活的常轨，由此造就一种尘世中的理性生活。但是，这种理性生活既不属于尘世，也不是为了尘世，英文翻译更好理解：a rational life in the world but neither of nor for this world，用了三个介词 in、of、for，把意思讲清了。[②]

可以说，这里讲的是基督教伦理的古今之变。如果只是把“资本主义精神”回溯到中世纪甚至原始基督教的禁欲主义也没什么意思，而一定要锁定一个古今变化的“点”在哪里，这是韦伯这项研究的 *telos*（目的）。他认为是清教教理上发生了根本性的变化，而教理是有实际心理影响的，它导致了信众在生活样式上有了根本性的变化。

---

① 马克斯·韦伯：《新教伦理与资本主义精神》，第 256 页。

② 帕森斯英译本的文采得到认可，这句（德文原文为 einem rationalen Leben in der Welt und doch nicht von dieser Welt oder für diese Welt）的翻译堪称范例（参阅 Lutz Kaelber, "Max Weber's 'Protestant Ethic' in the 21st Century," *International Journal of Politics, Culture, and Society*, vol. 16, no. 1, 2002, p. 135）。

第五章　清教入世禁欲主义与资本主义精神

《新教伦理与资本主义精神》第二部分（即第四、五章）研究的核心问题是禁欲主义新教（即清教）的天职观念（Berufsidee）。第四章中，韦伯考察了清教天职伦理的教义基础，第五章转而考察清教天职观念对日常经济生活（特别是营利活动）产生的伦理影响。

研究策略：从17世纪教牧著述着手

第五章的开始，韦伯首先对他的研究思路或者说策略做了交代，他不是直接去考察从事工商业活动的人如何受到清教伦理的影响，这一章没有出现一个具体的商人或企业家，而是去考察清教教牧实践中产生的一些经典教牧文献。为此，韦伯提示读者注意，17世纪、18世纪是资本主义的英雄主义时代，也是来世意味着一切的时代，而不是我们现在这种此世意味着一切的时代。对于那样的时代，不用说我们21世纪的中国人，对20世纪初的西方人来说也已经非常陌生了。当时，一个基督徒的社会地位还取决于能否获准参加圣餐。圣餐是基督教一个很重要的礼仪，来自于耶稣基督“最后的晚餐”，这个神圣的故事后来就演变为一个很重要的公共仪式。虽然说是宗教徒的公共活动，但不是任何人都可以参与，特别是清教徒，只有那些圣徒即真正被拣选的人才能参加圣餐礼，而那些不洁的人或者说没有被神拣选的人是没资格参加的。那么能否获准参加活动就变成了衡量一个教徒社会地位的标准。这对没有基督教文化背景的人来说不大好理解，我们可以做一个不一定合适的类比，在共和国早期，能不能定期参加组织生活是政治地位的一个重要的标志，对于早期资本主义时代的清教徒们来说，能不能获准参加圣餐礼就是一件性命攸关的事情。

因此，那个时代的教牧人员，通过他们的布道工作及其牧引著述所发挥的宗教影响是今天的现代人无法想象的。我们读第四章的时候就曾谈到这些教牧人员的重要性，这些牧师实际上是直接和普通新教信众打交道的神职人员，用我们熟悉的话讲，好比是在一线摸爬滚打的基层干部。当然，像加尔文这样的大宗师，他的教义是很重要。但是，普通信众的心理状态和这样的大宗师其实是有很大的差别，特别是普通信众对于得救确定性的注重：怎么才能确认我得了神的恩宠呢？那么，这些教牧人员在基层的布道实践也必然在相当程度上响应人民群众的需求，所以，他们讲的东西就不完全是自上而下的教理宣传，也在呼应信众的实际需求。“从群众中来”，然后还要“到群众中去”，从而，这些人的布道就更接地气、更有针对性，对普通信众的实际影响是非常大的。所以韦伯就去考察相关的教牧著述，然后从这里面来看禁欲主义新教观念和人们日常生活中的行为，特别是经济行为所依据的那些准则之间的关系。这是他的基本研究理路。

就本章要达到的目的而言，韦伯说不妨把“禁欲主义新教”看作一个单一的整体。我们可以回忆下，第四章中不是梳理了很多新教教派吗？那些梳理都已经是相当简化了。实际上，所谓“禁欲主义新教”是一个非常复杂的现象，人们的宗教实践、宗教理解有非常多的差异，这里只是为了研究的方便，把它看作一个整体。然后，韦伯提出，由于发端于加尔文主义的英国清教禁欲主义为天职观提供了最一以贯之的宗教依据，那么不妨就仿效前面的方法，选一个代表人物来进行讨论。

巴克斯特：财富的危险与劳作的必要

韦伯选择的代表人物就是巴克斯特（1615—1691），英国17世纪一位伟大的清教布道师。在清教教牧著述里，他的著述是影响最大的。如果选择17世纪清教文学作品的话，代表作就是班扬的《天路历程》；如果选择17世纪清教教牧著述的话，则是巴克斯特的《基督徒指南》（*Christian Directory*，1673）。这部大作厚厚几大本，被视

A

Christian Directory.

THE

FIRST PART,

CHRISTIAN ETHICKS:

OR,

DIRECTIONS

FOR THE

Ordering of the Private Actions of our Hearts and Lives in the work of Holy Self-Government unto and under GOD.

By *RICHARD BAXTER.*

LONDON,

Printed by *Robert White*, for *Nevill Simmons*, at the Three Crowns near *Holborn*-Conduit. 1672.

《基督徒指南》第一部的封面

理查德 · 巴克斯特

为最完备的清教伦理纲领。巴克斯特在1660年奉召进入伦敦前，曾在英国中西部小镇基德明斯特（Kidderminster）布道近二十年，积累了丰富的基层工作经验。《基督徒指南》就是基于其长期的教牧实践经验写成的，里面非常有针对性地就普通信众在实际生活中遇到的各种宗教问题做出牧引、解答。当然，韦伯也会讨论到一些其他的同时代作品，比如德国虔信派斯彭内尔（Philipp Jakob Spener，1635—1705）、苏格兰贵格会巴克利（Robert Barclay，1648—1690）等大德的著述。不过，主要讨论的还是巴克斯特的大作。巴克斯特是长老会的教友，曾经参加过威斯敏斯特宗教会议。长老会是加尔文宗下面最主要的一个教派，民国时候这个教派在中国很有势力。北京大学现在的校园原来是燕京大学的，燕大就是美国长老会联合其他新教教派创办的，校长司徒雷登是长老会传教士世家出身。在南方，现在浙江大学之江校区的前身之江大学也是美国长老会创办的，比燕京大学的历史还要长，司徒雷登的弟弟在那儿当过校长。韦伯特别提到，就像那个时代最杰出的人物一样，巴克斯特后来逐渐摆脱了纯加尔文主义的教理。这些牧师如果完全追随加尔文宗的早期教义，那就成教条主义者了，应该与时俱进，理论联系实际，总是要和普通信众去打交道的，要关心他们关心的问题。而且，巴克斯特也不属于激进的革命派，实际上，他就是一个希望通过布道活动振兴宗教道德生活的牧师。所以，在政治上，他曾经先后服务于国会、克伦威尔以及王政复辟时期。政治风云变幻，国会统治时期是反王权的，然后出了克伦威尔，而在克伦威尔以后英国王权又复辟，用我们熟悉的讲法就叫“城头变幻大王旗”，但是巴克斯特一直在不同政权下做教牧工作。

韦伯首先提到，我们读巴克斯特为代表的17世纪清教著述时马上就会发现，这些牧师讨论到财富及其获取的问题，其实都是持非常警惕乃至批判的态度。他们觉得财富本身是非常危险的，诱惑无休无止，追逐财富在道德上是非常可疑的。这种17世纪的禁欲主义伦理，甚至比加尔文时代还要更激烈地反对谋取世俗利益。16世纪中叶加尔文治理日内瓦的时候，对于积累财富倒并不是持特别敌视的态度。但是，如果大家有机会翻一翻巴克斯特的《圣徒永恒的安息》（*Saints' Everlasting Rest*，1650）这部作品的话，这个书有中译本，就会看到里面很不一样的态度。巴克斯特年轻的时候，由于生病而一度处于濒死状态，这部作品就是在这种非常状态下关于他的所思所想的记录。在这部非凡的作品里面，他把追逐世俗的财富和追求天国的喜乐完全对立起来。所以，他认为追逐财富是非常成问题的，你越是追逐世间的财富、快乐，就离天国越远。[①] 韦伯说，在清教徒的著述中，对于追逐金钱财富的谴责、非难可谓比比皆是。和中世纪的那些宗教文献相比，中世纪

---

① 参阅理查德·巴克斯特：《圣徒永恒的安息》，许一新译，北京：生活·读书·新知三联书店，2013年。

反而更开明，这与我们的印象正好相反。

韦伯进一步深入分析这种对追逐财富的谴责，清教徒为什么觉得财富不好。从这些文献中可以看到，清教徒觉得占有财富的最大问题是会导致人的懈怠、骄奢，这有点像中国古人讲的“饱暖思淫欲”。原来过苦日子的时候大家勤勤恳恳，等日子好过了，各种不地道的东西就来了。那些清教牧师也觉得，财富会引致游手好闲、放任情欲，最终使人放弃对圣洁生活的追求，所以这是他们觉得要警惕的东西。另一方面，清教牧师又高度肯定尘世的积极劳作，劳作而不是享乐才能令神喜悦，才可以增加上帝的荣耀。① 因此，巴克斯特认为，虚掷时光是万恶之首。无论是吃喝玩乐，还是闲谈默祷，都是在消耗为荣耀神而劳作的宝贵时间。② 大家看，这种督促人们珍惜时间的禁欲主

---

① 这里，韦伯依据的是巴克斯特在《基督徒指南》第一部《基督徒伦理》第十章“治身”中关于劳作与天职（Labour and Calling）的牧引（参阅马克斯·韦伯：《新教伦理与资本主义精神》，第 331 页注 9）。巴克斯特所谓“劳作”，不仅限于体力劳动，也包括“劳心”（如官员、律师等）。另外，巴克斯特在书中讨论“劳作”问题时，也使用 action 这个词（行动，韦伯对译为 Handeln）。例如，他在解答“为何能劳作者必须劳作”这个问题时指出：“唯有行动（劳作）才是侍奉神的最好方式，最能荣耀神：倒不是因为我们能做得多好，而是因为我们的劳作本身。”（It is action that God is most served and honoured by: not so much by our being able to do good, but by our doing it）（Richard Baxter, *The Christian Directory: Or, a Body of Practical Divinity, and Cases of Conscience*, vol.2, London: Printed for Richard Edwards, 1825, p. 580）

② 韦伯在注释中征引了巴克斯特的原话：“要始终珍惜时间，每日皆须留心，切勿虚掷光阴，珍惜它甚于你的金银珠宝。消遣娱乐，修饰打扮，宴饮饕餮，闲聊漫谈，无益交往，睡眠过度，其中任何一种诱惑都会偷走你的时光，你必得倍加提防。”（马克斯·韦伯：《新教伦理与资本主义精神》，第 331 页注 14）参阅 Richard Baxter, *The Christian Directory*, in five volumes, vol.3, p. 236。

义伦理观，和第一部分第二章中富兰克林——他是18世纪的人——在《财富之路》里面宣讲的“时间就是金钱”这种功利主义价值观可谓遥相呼应，或者说有某种潜在的传承在里面。富兰克林本人虽然是新教家庭出来的，但他是一个自然神论者，不信基督。但是我们知道，他自小接受的家庭教育是清教式的，他父亲是一个非常虔诚的加尔文主义信徒。这是韦伯试图勾勒的文化史线索。

在巴克斯特的著述中，他总是在劝告人们要持之以恒地努力工作，要践行艰苦的体力或脑力劳动，而劳动能够有效地帮助人们抵制各种诱惑，抵制不洁的生活。这种不洁，可以体现在方方面面，包括性生活在内。除了粗茶淡饭、冷水浴，巴克斯特为抵制道德堕落开出的处方就是“为履行天职而辛勤劳动”。韦伯强调，特别重要的是把劳动本身作为人生目的这样一种态度。尽管从基督教早期起就已经有圣保罗“不劳动者不得食”的教诲，但是韦伯在巴克斯特那里看到了一种与中世纪观点的明显差异。他比较了托马斯·阿奎那和巴克斯特对圣保罗这句话的解读，对于阿奎那来说，劳动仅仅是维持个人和共同体存在的必要的自然理性，一旦达到目的，保罗的告诫就不再有任何意义。劳动并不是人生的目的，也不是基督徒最高的生活状态。在阿奎那看起来，最高尚的生活还是修道院隐士的那种生活，祈祷才是天国活动中最高的精神形式。而巴克斯特这些清教牧师的态度截然不同，他们把在尘世间的劳作看作是人最高的天职，然后要去响应神向人发出的召唤，为荣耀神而劳动。这种宗教态度上的微妙差异，却带来了影响深远的心理后果，它会进一步影响信众在俗世社会中的行为方式。

“上帝让他生意兴隆”：分工与致富

韦伯还比较了阿奎那、路德和巴克斯特几位不同时期的宗教大德对于劳动分工的看法，他们对于劳动分工的看法也有很大的不同。韦伯觉得，无论是阿奎那的观点还是路德的观点相对来讲都是比较消极的，他们认为劳动分化、职业分工都是神意的结果，从这里引不出来韦伯看重的那种积极入世的“改造世界”的伦理态度。而清教徒的观点就有所不同了，他们倾向于进行实用主义的解释，即只有根据结果才能够洞悉神意，洞悉分工的目的，也就是我们前面说过的，从“有效的”结果倒推。接着韦伯做了一个非常有趣的评价：巴克斯特在谈及这个问题时的种种说法，令人联想到斯密对劳动分工的礼赞，[①] 17 世纪神职人员的论述和 18 世纪的古典经济学家的论述之间好像有一种关联性或者说传承在里面。职业的专门化推动了技能的发展，带来生产的进步，从而也会促进公共利益、促进最大多数人

---

① 马克斯·韦伯：《新教伦理与资本主义精神》，第 261 页。

的利益。[①] 韦伯说，这和当时流行的世俗功利主义观点差不多。不过，如果看细品巴克斯特的论述，里面则是非常清晰的清教禁欲主义天职理念。人人最好都能有一个天职或者说固定职业，如果没有的话，那么人们的生活就会缺乏系统性和条理性，在尘世间的生活得不到有条理的安排。韦伯指出，我们已经看到世间禁欲主义要求的正是这种系统性和条理性。[②] 有类似观点的不仅是巴克斯特，下面讲到贵格会的重要人物福克斯（George Fox，1624—1691）也是这么认为的。上帝要求的并不是劳动本身，而是履行一项天职的理性劳动。清教的天职观强调的重点始终在于禁欲主义职业劳动的这种条理化性质，而不是像路德那样被动消极地接受，把劳动当作上帝指定给人不可更改的命运。这是辨析他们之间差别的关键。

当然，一项职业（天职）是否有益，是否能令神喜悦，主要根据道德尺度来衡量，也就是说，要根据为社会提供的公共财富来衡量。但是，与此同时，对清教徒来说另一条标准也是至关重要的，这就是私人的“有利可图”。如果

---

① 不过，近来的研究多认为斯密的立场实际是反功利主义的，参阅 Samuel Fleischacker, "Adam Smith's Moral and Political Philosophy," *The Stanford Encyclopedia of Philosophy,* Winter 2020 Edition, Edward N. Zalta, ed., https://plato.stanford.edu/archives/win2020/entries/smith-moral-political/。有研究者还提出，斯密自认为是新加尔文主义者（Neo-Calvinist），参阅 Christian Etzrodt, "Weber's Protestant-Ethic Thesis, the Critics, and Adam Smith," *Max Weber Studies*, vol. 8, no. 1, 2008, pp. 49-78。这主要是基于对斯密早期著作《道德情操论》（*The Theory of Moral Sentiments*，1759）的解读。

② 马克斯·韦伯：《新教伦理与资本主义精神》，第 262 页。

上帝赐予某个选民获利的机会，那么作为虔诚的基督徒理应遵从上帝的召唤，努力把握机会。在这个意义上，逐利在道德上就是正当的，因为不是为财富而追逐财富，而是为了履行神的旨意去获取财富的。只要你是为荣耀神致富，不是为了自身的肉体欲望。[①] 按照清教伦理来讲，如果是为了履行天职，那么追逐财富不仅是被许可的，而且是必须的。韦伯在这句话的后面写了一个很长的注释，他强调这一点非常重要，直接关涉整个研究的总论题：

> 我们这里主要关心的自然并不是神学道德家在他们的伦理学说中发展起来的那些概念，而是在宗教信仰者的生活中发挥实际作用的道德观，就是说，经济

---

① 韦伯征引了巴克斯特在《基督徒指南》中的一段牧引："若上帝为你指明了一条路，循此可以正当获取更多的利益（而又无损于你自己或其他任何人的灵魂），如果你拒绝它并选择不那么容易获利的途径，你就会背离你的天职所要达到的目的之一，你是在拒绝成为上帝的仆人，拒绝接受他的恩赐并遵照他的要求利用它们，而上帝的要求是：你须为上帝劳动致富，但不可为肉体和罪孽。"（马克斯·韦伯：《新教伦理与资本主义精神》，第 262 页）这里特别值得做下补充的是，巴克斯特对《圣经》中的著名箴言"不要劳碌求富"（Labour not to be rich）做出了新的阐释，乃至反转了其原意。他说，这句箴言的意思是："你不可将富贵作为主要目的，为我们肉体目的的富贵终归不可欲不可为。但是，为了更高存在的求富则可为。即，你可以通过辛勤劳动来尽可能地获得成功以及合法收益。但你的目的必须是如此：你可能是侍奉神的更好人选，可以凭己所能把事情做得更好。"（The meaning is, that you make not Riches your chief end: Riches for our fleshly ends must not ultimately be intended or sought. But in subordination to higher things they may: That is, you may labour in that manner as tendeth most to your success and lawful gain: You are bound to improve all your Masters Talents: But then your end must be, that you may be the better provided to do God service, and may do the more good with what you have. 参阅 Richard Baxter, *The Christian Directory*, vol.2, p. 585）

伦理的宗教背景是如何影响着实践的。[①]

这是对其研究理路的再度重申。尽管看上去韦伯一直在讨论宗教伦理，但他的关注点实际并不是神学的，而是社会经济学的。他主要还是侧重看宗教伦理特别是清教的禁欲主义职业伦理如何对宗教信仰者的生活产生实际影响。他说，“新教的天职观实际上把最严肃地忠于禁欲主义生活的人们推上了为资本主义获利活动效劳的地位”，而在天主教则不存在这样的东西。[②] 这又是重申基督教文明的古今之变。

韦伯指出：这种固定天职的禁欲主义为现代的专业化劳动分工提供了道德依据，以这种天职观来解释营利行为也给那些资本主义实业家的活动提供了正当理由。资本主义早期的时候，人们从事这些经济活动都是需要一个正当性论证的。中世纪的传统主义对追逐财富相当排斥，在进入到早期资本主义阶段以后，这种追逐财富的活动如何获得宗教认可就是非常重要的事情了。如果按照清教伦理来管理自己在俗世社会中的生活，布尔乔亚式的节制有度、自我奋斗的生活之道，就得到了很高的道德评价。如果是这样的一个人致富了，人们会讲是“上帝让他生意兴隆”

---

① 马克斯·韦伯：《新教伦理与资本主义精神》，第335页注42。韦伯原文中的表述为“职业伦理的宗教趋向”（die religiöse Orientierung der Berufsethik），而帕森斯将之译为“经济伦理的宗教背景”（religious background of economic ethics）。

② 同上，亦参 MWG I/18, S.435。

（God blesseth His trade），就是得到神的眷顾与恩宠。《旧约》中的上帝会在今世奖赏其子民的虔敬，清教徒们受此影响很大。“他们会把自己的恩宠状态与《圣经》中的英雄相类比，会把《圣经》的经文解释成法典的条文。”①

“英国的希伯来主义”:《旧约》律法的影响

不过，清教徒对《旧约》的遵奉实际是有选择性的，有些东西被接受下来，有些东西则被摒弃。例如，他们对《约伯记》② 非常看重。上帝在今世会赐福于人，包括物质上的赐福，这一条就是来自于《约伯记》。又如，清教徒在接受《诗篇》《箴言》的同时，却把诗句中的东方寂静主义拒之门外了。

但是，清教徒格外看重《旧约》中赞美“靠善举得救”——这里应该是个误译，韦伯原文中是说清教徒格外看重那些赞美“形式合法律性”③ 的章句，将之视为神所喜悦的行为标志。这里韦伯似乎是化用了一个法学专业术语，我看应该理解为恪守神的律法，即《旧约》中的律法书，或摩西律法（犹太教称为 Torah）。摩西律法本来是神通过

---

① 马克斯·韦伯:《新教伦理与资本主义精神》，第 263 页。

② 《约伯记》是《旧约》“诗歌智慧书”的第一部，也是《圣经》全书中最为古老的篇章。它尤以探讨神义论（theodicy）而著称。

③ 德文原文为 formale Rechtlichkeit，帕森斯译为 formal legality。

摩西传达给犹太人的，但是后来基督徒也在相当程度上把它传承下来。除了因《新约》而不再适用的部分外，其余则仍被视为“自然法的体现”而得到遵奉。在韦伯看来，这个《旧约》传统极大地助力了清教入世禁欲主义所特有的那种充满自信而又冷静的合法律性精神的发展。① 正因为如此，当时的人们把清教称作“英国的希伯来主义”，这个说法清楚地点出了清教与古犹太教的关联。韦伯对此也是认可的。不过，他做了一点限定：这里讲的不是《圣经》成书时候的犹太教，而是指“经过许多世纪的形式主义、律法主义以及《塔木德》教育的影响变化而来的犹太教”。《塔木德》（*Talmud*）是犹太教的律法经典，对犹太人的生活规范影响很大。它和摩西律法不一样，是口传的律法（oral Torah）的书面化。犹太教的知识分子叫作拉比（Rabbi），他们就是包括《塔木德》在内的犹太律法的主要诠释者和传授者。有点像藏传佛教的喇嘛。

后面一段是1919年韦伯修改文章的时候加写的，讲清教徒和犹太人的精神气质是不一样的。这是因为，韦伯和他的朋友桑巴特之间关于资本主义的辩论一直在进行，桑巴特出版了一本书叫《犹太人与现代资本主义》，讲犹太教和清教在本质上是一回事。② 如果这个观点成立的话，那

---

① 这里韦伯触及清教禁欲主义伦理与形式合法律性之间的关系问题，但只是点到为止。

② 参阅 Werner Sombart, *The Jews and Modern Capitalism*, translated by M. Epstein, Kitchener: Batoche Books, 2001, p. 174。

么韦伯的观点就变得无足轻重了。韦伯特意插进来这段话，为的就是反驳桑巴特的观点。这两个人斗个没完。韦伯说，犹太人是具有投机倾向的资本主义冒险家，是“贱民资本主义”的精神气质；而清教徒的精神气质是不同的，是对资本和劳动进行理性组织。这是一个高度凝练的概括。实际上，韦伯后来也做了好多犹太教的研究，还专门写了一本关于古犹太教的书，就是为了辨析犹太人的资本主义和清教资本主义之间的差异。所以，他这里没有展开讨论。

“至关重要的是，清教徒普遍抱有的一种内心态度，即犹太人是上帝的特选子民这一信念如今在清教徒当中得到了伟大的复兴。”[①] 17 世纪清教徒的蒙恩意识、拣选意识是非常强的，甚至连巴克斯特也常常会因自己有幸生在英格兰从而能够进入真正的教会而对上帝感恩不已。我们是蒙神恩宠、被神拣选的人，当年英国清教徒的这种意识是非常强的。后来，到了 19 世纪、20 世纪，随着美国的崛起，“二战”后更是取代英国的霸主地位，美国人的这种意识就更强了。美国人把美利坚视作上帝的“山巅之城”（City upon a Hill），觉得自己很幸运、很特别，所以 God bless America（上帝保佑美利坚）。韦伯这里说：“我因上帝的恩宠而完善，这种感恩戴德之情已经渗透进中产阶级清教徒对待生活的态度之中，它对资本主义英雄时代的人们特有

---

① 马克斯·韦伯：《新教伦理与资本主义精神》，第 264 页。

的严谨、刻苦、端正的性格之发展起了相当大的作用。”[①] 这种拣选，不是说因为被拣选你就可以为所欲为，而是因为神拣选了你而更要严格地要求自己，是这样一种意识。

清教禁欲主义对市民中等阶级生活态度的影响

接下来，韦伯转入讨论清教的天职观及禁欲主义的生活要求对资本主义生活方式发展的影响。资本主义的生活方式是什么样的生活方式呢？韦伯说，禁欲主义伦理竭尽全力反对的就是不受限制的生活享乐，这跟今天人们通常理解的资本主义生活方式完全是反过来的。资本主义早期的时候，清教伦理恰恰是激烈反对世间欢乐的自然享用。

韦伯举了一个特别典型的例子，很能体现清教禁欲主义伦理观对日常生活的干预与影响。17 世纪时，英国清教徒和官方之间曾围绕《关于体育运动的报告》（*Book of Sports*，1633）展开过激烈的斗争。这个所谓“报告”实际是英王查理一世颁发的一个诏书，就像清初康熙颁发《圣谕》教化民众一样。这里译得不是很到位，“报告”应该改为“诏谕”才贴切。这个诏书讲周末的时候民众除了在教堂礼拜以外还可以搞点竞技娱乐活动（sports），比如

---

① 马克斯·韦伯：《新教伦理与资本主义精神》。

跳跳莫里斯舞啊，男人们射射箭啊之类，作为一种放松。[①]詹姆士一世、查理一世两代英王先后极力推行这个文化政策，今天我们听起来会觉得非常开明、非常人性。然而，此举在当时却遭到清教徒的激烈抵制，他们反对国王利用法律手段支持人们进行娱乐活动。不仅因为它扰乱了安息日（Sabbath）的宁静，更重要的是，这些大众娱乐活动会导致人们有意背离一个圣徒应该遵行的有序生活。17 世纪英国有很多不从国教者反对王权，很大程度上是源于宗教价值观的分歧，尤其在文娱活动这件事情上冲突非常尖锐，一直闹到后来爆发了革命，查理一世遭处决都和这个事情有很大关系。当然，韦伯写道，从英王方面来说，他努力去保护这些娱乐活动，严厉惩处任何对这些娱乐活动合法性的抨击，就是要阻止清教的反政治权威的禁欲主义倾向，因为它对国家来说实在太危险了。我们今天就会觉得这太匪夷所思了，因为体育娱乐早已成为现代生活中很正常的一部分了。但是在早期资本主义时期并不是这样的，因为它要带来一定的伦理后果，从宗教的角度讲，这是一个很严肃的问题。所以，清教徒们坚持了他们的立场，即禁欲主义的生活准则。当然，他们对于体育活动也不是一概反对，而是说体育活动一定要服务于某种理性的目的，一定要对世俗的生活有一个理性的管理和规范，而不是为了释

① 参阅 *The King's Majesty's Declaration to his Subjects Concerning Lawful Sports to be Used* (1633)。莫里斯舞（Morris dances）是一种传统的英格兰民俗舞蹈。

放无拘束的冲动，使它变成一种纯粹的享乐手段。我们今天踢球、健身，都是一种释放，但17世纪的清教徒们会觉得，这成了唤醒人的粗野本能的一种手段，那么就必须遭到严厉谴责。更不用说什么英超、欧冠、世界杯，这些有大规模资金注入的商业式运作，那就更是这些清教徒们难以接受的。这里韦伯写道："寻求刺激的生活享乐，无论是那种贵族的体育活动，还是平民百姓在酒吧里的狂欢，都会使人脱离理性天职的劳动并背离宗教，这是理性禁欲主义的大敌。"① 所以，清教徒对于文化中任何不具备直接宗教价值的方面都怀有严重的疑虑，也往往是怀有敌意的。

除了体育运动以外，当然还有别的例子，如文艺作品，特别是戏剧，这些作品往往具有浓厚的人文主义色彩，更不用说里面还有性爱之类的内容。清教徒普遍厌恶戏剧。像莎士比亚（1564—1616）的戏剧，今天被视作英国文学的最高成就，而在当时则受到清教徒的敌视。当然，莎士比亚在他的作品里对清教徒也是极尽嘲讽与批判。有研究认为，《威尼斯商人》中刻画的那个冷血的犹太商人夏洛克也是影射现实中的英国清教徒。② 第四章中我们读到，清教在当时被认为是"英国希伯来主义"。另外，清教徒在个人衣着方面也是这样的，追求的是一种朴素的整齐划一。这些和今天我们感受的资本主义文化完全不同。如今的消

---

① 马克斯·韦伯：《新教伦理与资本主义精神》，第265页。

② 参阅 Michael Ferber, "The Ideology of 'The Merchant of Venice,'" *English Literary Renaissance*, vol. 20, no. 3, 1990, pp. 431-464, esp. 444-446。

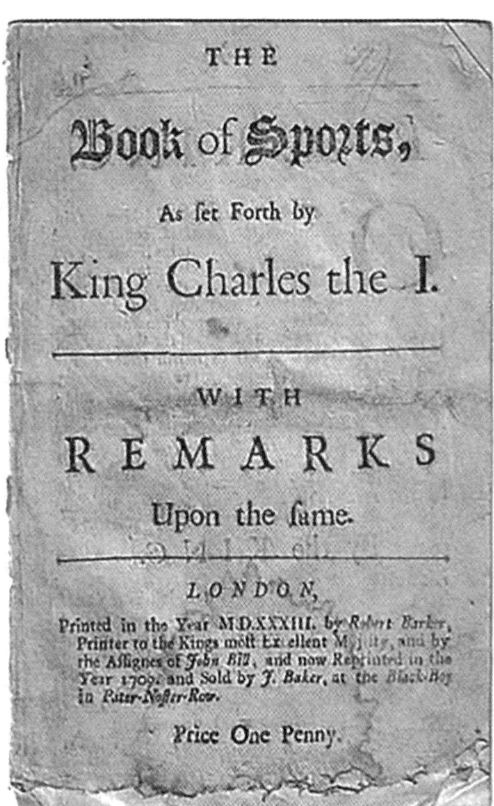

THE

Book of Sports,

As ſet Forth by

King Charles the I.

WITH

REMARKS

Upon the ſame.

LONDON,

Printed in the Year MDXXXIII. by *Robert Barker*, Printer to the Kings moſt Excellent Majeſty, and by the Aſſignes of *John Bill*, and now Reprinted in the Year 1709. and Sold by *J. Baker*, at the *Black-Boy* in *Pater-Noſter-Row*.

Price One Penny.

英王查理一世 1633 年颁布的诏书

The moſt excellent
Hiſtorie of the *Merchant*
of Venice.

VVith the extreame crueltie of *Shylocke* the Iewe
towards the ſayd Merchant, in cutting a iuſt pound
of his fleſh: and the obtayning of *Portia*
by the choyſe of three
cheſts.

As it hath beene diuers times acted by the Lord
Chamberlaine his Seruants.

Written by William Shakeſpeare.

AT LONDON,
Printed by *I. R.* for Thomas Heyes,
and are to be ſold in Paules Church-yard, at the
ſigne of the Greene Dragon.
1600.

莎士比亚戏剧《威尼斯商人》封面

费文化是鼓励肉身崇拜，你要穿的有“个性”，自我感觉才好。韦伯还提到，这种划一生活的强大倾向其实也极大地提高了资本主义对生产标准化的兴趣。生产标准化是资本主义的一个重要面向，它是面向市场的大工业生产的内在要求。但是，是不是像韦伯说的这其中还有清教文化渊源呢，也未可知。无论如何，这种倾向直到今天还能看到，比如，以牛仔裤、麦当劳为代表的美国文化。在列数了清教徒对待文学、艺术的基本态度以后，韦伯说当然也不能一概而论，说得那么绝对，但是大体来讲是这样的。

对于增进审美或竞技之乐的文化财富的享受，清教徒有一个基本限制，那就是不能为这些享乐花费分毫。为什么呢？这就和其财富观有很大关联了。“人只是受托保管因上帝的恩宠而来到他手中的财产”，所以“他必须像寓言中的仆人那样的对托付给他的每一个便士都有所交代”。如果一个过着虔诚的基督徒生活的人，不是为了上帝的荣耀，而是为了自己的享乐去花费这笔财产中的任何一部分的话，那就相当的危险。当然，韦伯这里描述的是早期资本主义时期的情况，但他也插了一句说即使在今天又有哪一位明眼的人没有见过这种观念的代表呢？并在注释中举了一位制造商的例子，这位富豪生前曾为了慈善目的而创立了一些大型基金会，出手大方，然而，当医生为了给他治疗严重的消化不良而建议他每天吃几只牡蛎时，却让他感到非常为难。[①] 资本主义世界里不乏这样的人。中西文化差异

① 参阅马克斯·韦伯：《新教伦理与资本主义精神》，第 341 页注 77。

特别大，特别是讲到慈善事业，西方有很悠久的捐赠传统，中国人有时就很难理解。西方很多一流的大学是靠个人捐赠建起来的，像哈佛、普林斯顿这些一流的学校都是靠私人捐赠建立的私立大学，而我们基本上是一个公立的传统，什么事情都是要政府去做。对于这种文化的差异，人们常常会觉得不可理解，你挣那么多钱，给自己子女不好吗？传给儿孙后代享福不好吗？都捐出去干什么呢？我们对这些东西会觉得没法理解。其实这跟他们的宗教背景有很大关系，因为神给你安排天职，让你去挣钱，那么挣到财富以后，实际也不是你的财富，无非是托管一下，证明了你是蒙受了神恩的。而且，托管过程中，你要以一个真正的基督徒的标准来要求自己，等到要去天国的时候，那些财产对你来讲又算什么呢？当然，越到晚进，这种状态变化越大。韦伯讲的是百多年前，但是直到百多年后的今天，仍然是有这种情况的。苹果公司的创始人乔布斯（Steve Jobs）就是最近的例子，他的上百亿巨额遗产没有留给子女，而是以信托的方式留给妻子做公益。中国人会觉得这是不可理喻的。中国有句老话，老吾老以及人之老，幼吾幼以及人之幼。那当然是要先给儿孙，这是中国式的理解。

那么，在这种清教伦理观下，就会产生如下情况：

> 人使自己服从于自己的财产，就像一个顺从的管家，甚至像一部获利的机器，这种对财产强烈的义务观念会给他的生活带来令人胆寒的重负。如果这种禁

欲主义的生活态度经得起考验，那么财产越多，为了上帝的荣耀而保住它们并竭尽全力让他们增值的责任感就越是沉重。[①]

韦伯说，这种生活类型的根源当然也可以追溯到中世纪，但是“它最初是在禁欲主义新教伦理中才找到了一以贯之的伦理基础的”。

这种世间的新教禁欲主义和自发地享受财富几乎势不两立，它约束着消费，尤其是奢侈品的消费。1904 年秋天韦伯到美国考察时，就碰到很多这样的人，认为钱可不能乱花，这不是因为吝啬，而是那不符合虔诚的基督徒的那种生活伦理。但是，这种伦理的悖论在于，一方面它抵制人们自发地享受财富，另一方面，又从伦理上论证了积极获取财富的正当性，把它从“传统主义”伦理观的禁锢下解脱出来了，并把它看作是上帝的意志使然。正是在这种意义上，就打破了对获利冲动的束缚。这里，韦伯还特别引用了贵格会代表人物巴克利的话来说明：这场拒斥情欲诱惑、反对依赖外物的运动，并不是一场反对理性获利活动的斗争，而是一场反对无理性利用财富的斗争。[②] 所谓“无理性地利用财富”，指的是那些过度的奢侈形式。禁欲伦理允许为了个人和共同体的需要而理性地利用财富，并

① 马克斯·韦伯：《新教伦理与资本主义精神》，第 267 页。

② 同上。

不要求富人们实践苦行。在良心允许的开支范围内，可以适度讲究舒适。这特别体现在早期贵格会信徒的简洁而殷实的市民之“家”的理想中。①

在私人财富的生产方面，禁欲主义伦理谴责欺诈和冲动性的贪婪。它所谴责的“拜金主义”，指的是为了自身富有而去追求财富。另一方面，韦伯化用了歌德的格言说，禁欲主义是一种“总在追求善却又总在创造恶”的力量。这里的“恶”指的就是财富及其诱惑。人不应该为了富有而去追求财富，可是一大堆财富到了手里后，是否还能把持得住自己不受财富的诱惑呢？这对于一个清教徒而言是很严重的考验，后面会讲它的变化。这里，韦伯说，如果财富是在履行天职的劳动中获得的果实，那么它就成了上帝赐福的标志。他接着指出：

> 更为重要的是：在一项世俗天职中孜孜不倦、持之以恒的系统劳动，将会得到这样的宗教评价——它是禁欲主义的最高手段，同时也是再生和真诚信仰的最可靠、最显著的证明。这种评价对于我们这里称之为资本主义精神的那种生活态度的扩张必定发挥过巨

---

① 韦伯在原文中提到贵格会信徒，但帕森斯的英译给遗漏掉了。韦伯在注释中还引了巴克利的看法，即“造物的适度利用”（moderate use of the creation）是允许的（参阅 MWG I/18, S.464, Fn.361）。巴克利在《辩解书》（1678）中曾指出：“毫无疑问，无论什么造物都是为了让人用，对它们的适度利用是合律法的。”（Robert Barclay, *An Apology for the True Christian Divinity*, 4th edition, London: Sowle, 1701, p. 517）

大无比的杠杆作用。[①]

这项研究不是关于“资本主义精神”吗？韦伯再次申明了他的研究理路与观点，即主要侧重从基督教新教禁欲主义伦理的角度考溯其文化出身。

那么，一旦对消费的约束和这种获利能动性的释放结合在一起，禁欲主义伦理外显的结果就是资本的生成或者说积累。这是对早期资本主义的资本积累问题提出了一种宗教伦理的解释。马克思曾经采用资本原始积累概念来解释资本的生成过程。他所谓原始积累，凸显了早期资本主义暴力、野蛮的面向，这体现在英格兰的“圈地运动”，采用暴力方式征地，抢夺资源，而体现在国际上的，则是殖民运动、贩卖黑奴、帝国主义战争等。韦伯这里则给出一种不同的解释，强调资本积累是通过禁欲主义的强制节俭实现的。[②] 他还引述了一个英国历史学家关于 17 世纪北美新英格兰的研究作为佐证，当时在清教徒的北方殖民地，

---

① 马克斯 · 韦伯 :《新教伦理与资本主义精神》，第 268 页。

② 韦伯在注释中征引了德国社会民主党人伯恩斯坦（Eduard Bernstein）在《17 世纪英国革命中的共产主义与民主社会主义趋势》（*Kommunistische und Demokratisch-Sozialistische Strömungen während der englischen Revolution des 17. Jahrhunderts*，1895）一书中提出的观点，并承认他在其研究中“首次揭示了这些重要关系”（马克斯 · 韦伯 :《新教伦理与资本主义精神》，第 343 页注 85）。伯恩斯坦在探讨贵格会信条的社会经济效果时指出 :“禁欲主义是一种市民美德。”（Der Asketismus ist bürgerliche Tugend）他认为，这在大工业时代之前尤其如此，因为新资本通过节俭就可以积累起来。参阅德文《韦伯全集》第 I/18 卷编者注 89（MWG I/18, S.466）。

到处都是由于“禁欲主义的强制节俭”而导致的寻找投资出口的资本。[①]

当然，人们在积累了财富以后，有几种可能的选择，一种可能是走向封建生活方式，主要就是买地，然后坐地收租。在西方，比如德国，还得买个贵族头衔；如果在传统中国的话，就是捐个官衔，要不就捐个生员头衔，摇身一变成为绅士。清教徒对封建贵族生活方式的反感，则在相当程度上遏止住了往这个方向的蜕变，这样就推动了资本持续地流向资本主义工商业。当然，清教也认为农业有助宗教虔诚，但这并不适用于地主，而是适用于小农。韦伯说，17世纪以来的英国社会，始终贯穿了两种人的冲突，一种是清教徒，另一种则是老派的地主乡绅（squire 或 landed gentry），也就是“快乐的老英格兰”（Merrie old England）的代表。这两种文化元素共同塑造着英国人的国民性格。而在北美殖民地的早期历史中也能看到类似的两种文化：一种是想通过建立大种植园而过上封建地主生活的“冒险家”，另一种则是抱持市民心态[②]的清教徒。无论如何，韦伯指出：

---

① 马克斯·韦伯：《新教伦理与资本主义精神》，第343页注85、注86。参阅 John A. Doyle, *The English in America: The Puritan Colonies*, vol. II, London: Longmans Green & Co, 1887, pp. 1-125 (ch. 1. "New England in 1650")。

② 马克斯·韦伯：《新教伦理与资本主义精神》，第269页。帕森斯将 bürgerliche Gesinnung 译作 middle-class outlook，学界对此颇有异议。

> 就清教徒的见解影响所及的范围而言，无论在什么情况下，它都有利于一种理性的资产阶级经济生活的发展，这一点当然比仅仅鼓励资本积累重要得多。它对于这种生活的发展至关重要，尤其是，它发挥了唯一始终如一的影响。它守护了现代经济人的摇篮。①

这是韦伯的一个比较概括性的看法。因为他本人是一个经济史家，大家了解一点经济学的话，就知道“经济人”（*Homo economicus*）是古典政治经济学，乃至是今天“西方经济学”的逻辑起点。从“经济人”假设出发，后面的经济学理论演绎才能成立。但是，韦伯恰恰是把经济学的这个理论“公设”给历史化了：它其实是一个文化与历史的产物，是伴随着清教伦理生成的一个现代的文化观念。这样，给经济学这门现代社会科学带来一种具有历史纵深的文化理解。

财富悖论：清教伦理的现实困境

当然，话说回来，这种清教的生活理想在现实中的财富诱惑下也是会发生动摇的。这里，韦伯提到，清教精神的真正信奉者大多是那些正从社会底层逐渐上升的阶层，

---

① 马克斯·韦伯：《新教伦理与资本主义精神》，第 269 页。

即小资产者和农场主们。然而，这些人一旦发达后，难免就会发生摒弃清教理想的情况，这一点，连贵格会信徒也不例外。而且，这种情况不仅限于清教的入世禁欲主义，中世纪的隐修禁欲主义也遭遇过同样的困境。一旦修道院里理性的经济经营导致财富的积聚，随之而来的就是腐化堕落，然后就得重新整饬风气了。韦伯说，修道院制度的全部历史，在某种意义上就是和财富的世俗化影响不断斗争的历史。清教的入世禁欲主义则是更大规模地进行同样的斗争，以 18 世纪后期（英国工业大跃进的前夜）循道宗的“复兴”运动为例。循道宗不是加尔文宗的分支，而是从英国国教安立甘宗衍生出来的一个重要派别。当时，循道宗的领袖人物是约翰·卫斯理（John Wesley，1703—1791），卫斯理不是那种革命性的宗教人物，实际上他有点儿像我们所谓的改良派，想从内部去改进英国国教，可是做着做着，就成了大气候，也就自成一派了。所以，韦伯将其类比为教会的内部改革。这里，韦伯特别引用了卫斯理说的一段话：

> 我担心，凡是财富增长之处，那里的宗教精髓就会以同样的比例减少。因此，就事情的本质而论，我看不出真正的宗教怎么有可能出现任何长久的奋兴。因为宗教必产生勤俭，而勤俭必带来财富。但是随着财富的增长，傲慢、愤怒和对尘世的眷恋也会四处蔓延。……所以，尽管还保留了宗教的形式，但它的精

神却在飞逝而去。[①]

卫斯理的这段感慨，颇有些“卫星上天，红旗落地”的意味。韦伯觉得，这段话非常点题，把他在这项研究中想要揭示的清教伦理与财富增长的悖论关系表达出来了。这段话在1905年版中本来是没有的，后来有一位英国的经济史同行给他提供了这则史料，于是在修订版中补进来了。[②] 之所以补这则史料，就是为了回应《新教伦理与资本主义精神》发表后遭到的各种质疑与批评。韦伯借卫斯理的话表明，他所钩沉的这一文化史关联，其实是过去的清教徒也很清楚的事实。

回到文本。韦伯接着评论说：

> 那些伟大的宗教运动对于经济发展的意义，首先就在于它们的禁欲主义教育所产生的影响，而它们的纯经济效果，一般来说只有在纯粹的宗教狂热过后才会显现出来。这时，寻找天国的狂热开始逐渐转变为冷静的经济美德，宗教的根茎会慢慢枯死，让位于功利主义的名利心。[③]

---

① 转引自马克斯·韦伯：《新教伦理与资本主义精神》，第270页。

② 韦伯在注释中鸣谢的这位同行是英国经济史家阿什利（Sir. William James Ashley，1860—1927），著有《英国工业》（*British Industries*，1903）、《英国的经济组织》（*The Economic Organisation of England: An Outline History*，1914）等。

③ 马克斯·韦伯：《新教伦理与资本主义精神》，第270—271页。“经济美德”对应的德文原文为Berufstugend（恪守天职之德行），帕森斯译作economic virtue；“功

这里勾勒出的是从清教禁欲主义伦理向现代功利主义伦理、从神圣向世俗的转变。换句话说，世俗的功利主义伦理是有一个宗教根源的，只是其宗教根茎慢慢枯死以后，世俗的价值观才慢慢显现。就像18世纪初英国小说《鲁滨逊漂流记》(1719)描述的情形一样，与世隔绝的“经济人”出现了，鲁滨逊是作家笛福笔下的人物，后来也成为古典经济学刻画理性“经济人”的时候借用的人物形象。正是这样的一个“经济人”取代了班扬在《天路历程》中刻画的那个寻找天国的孤独“朝圣者”，这是一个划时代的大转变。韦伯引用爱尔兰评论家道登的话来说明，17世纪这个伟大的宗教时代留给其功利主义后来人的遗产“首先是获取金钱时那种令人吃惊的心安理得”。只要是合法地挣钱，就无愧于良心。至于“不能得神的喜悦”的古训，则早已荡然无存了。[①] 到18世纪的时候，获取财富已经逐渐获得世俗的正当性，富兰克林说“时间就是金钱”“信用就是金钱”，讲起金钱来已经毫不含糊了。不过，这中间经历了一个转折过程。

(接上页)利主义的名利心”对应的德文原文为 utilitarischer Diesseitigkeit(功利性今世关切)，帕森斯译作 utilitarian worldliness。

① 马克斯·韦伯：《新教伦理与资本主义精神》，第271页。

“职业人”的诞生：禁欲主义与资本主义精神

韦伯接着写道：“一种特殊的资产阶级经济伦理终于水到渠成。”[①] 资产阶级企业家们意识到自己的成功是得到了上帝的赐福。另一方面，宗教禁欲主义的力量还给他们提供了异常勤勉的劳动者，而这些劳动者像对待上帝指定给他的毕生目标那样来对待自己的工作。禁欲主义还给资产阶级带来了一种自信，现实财富的分配不均乃是神意的特殊安排，至于其神秘的目的，凡人不得而知。因此，劳动者最好接受上帝的安排，低工资也要好好干活。到了19世纪，这种社会不公严重到相当程度以后，欧洲就开始频繁爆发罢工、革命了。各种社会主义思潮，特别是马克思主义就是在这个过程中兴起的。17世纪、18世纪的时候，情况还没有这样，社会矛盾有个逐渐积累的过程。我们说“工人阶级”，其实它的形成也有个历史过程。有个历史学家写过一部书就叫《英国工人阶级的形成》。早期资本主义的时候，工人们也接受了禁欲主义伦理，把劳作看作天职。人家是老板，我们是工人，做工人就要好好干，这是获得恩宠确定性的唯一也是最佳的方式。韦伯在注释中曾提到，

---

① 马克斯·韦伯：《新教伦理与资本主义精神》，第271页。“资产阶级经济伦理”的德文原文为bürgerliches Berufsethos（天职精神），初版则为bürgerliche Berufsethik（天职伦理）。帕森斯将“天职伦理”改为“经济伦理”，大概是为了呼应韦伯后期关于“世界诸宗教的经济伦理”的研究。但是，就这项研究而言，“天职伦理”显然是贯穿全文的关键词。

巴克斯特当年在基德明斯特布道取得了空前成功，其实就是一个教化下层民众如何胜任资本主义生产需要的劳动的范例。[①] 这样一来，就使得企业主们可以名正言顺地剥削利用这种劳动意愿。马克思讲的资本主义雇佣关系，雇佣和被雇佣都有了“天职”的含义。我负责好好赚钱，你负责好好劳动。这种伦理观当然是很合资本家心意的了。

接着，韦伯做了一个评论：这种履行天职的劳动伦理，外加上教会戒律强加给无产者的禁欲主义，显然会有力地促进资本主义意义上的劳动“生产率”（Produktivität）。[②] 大家注意，这里韦伯是给“生产率”打了引号的。“生产率”本来是个经济学的一般术语，可是被打上引号就有了很耐人寻味的意思。韦伯这个人的反思意识很强，对待他所在的经济学这门学科尤其如此。在他眼里，经济学的很多概念术语都是乍看起来“清白”，其实里面常常有“猫腻”。比如，这个“生产率”问题（第二章曾经提到过），在韦伯的时代就曾流行过低工资能带来高生产率的“理论”，实际上，它是在特定历史与文化语境下形成的，而一些经济学家就把它宣扬成“规律”了。韦伯对此很不以为然，这里的分析就有戳穿此类谬说的意味。如果我们再

---

① 韦伯还就巴克斯特的牧引教化做了一个非常有启发性的评论：“从巴克斯特本身的观点来看，他之所以愿意为资本主义生产尽职尽责，乃是出于宗教和道德上的关切。而从资本主义发展的角度来看，却正是这些宗教与道德关切促进了资本主义精神的发展。”（马克斯·韦伯：《新教伦理与资本主义精神》，第 345 页注 107）

② 同上，第 272 页。

往大里说，整个社会科学可以说都或多或少存在这个问题。许多理论、概念的提出，其实都有特殊的历史文化以及政治背景，我们在运用时需要倍加谨慎，保持高度的反思性。经济学对德国人来说最初也是西方（特别是英国）的舶来品。但是，像韦伯这种具有历史主义素养的学者，对它不是盲目地全盘接受，而是能够将之历史化，批判地加以审视，在这点上，韦伯就很值得我们学习。

接下来的这一段，最初的版本中没有，是后来修订时加写的。本来已经讲得很清楚了，但后来因为和别人论战，又做了进一步的澄清，主要是辨析 17 世纪英国存在的两种截然对立的资本主义态度。[①] 一种是国家支持下的商业、金融与殖民资本主义，英国国教教会、政府与垄断者们结成同盟，属于背靠权威的大资产投机商。另一种则是反对威权的清教徒，他们强烈反对前面这种资本主义模式，他们强调的是个人主义动力，信奉要凭个人的本事理性而合法地挣钱。前者将后者蔑称为“小店主精神的化身”；后者则视前者为道德上可疑的阶层，同时对自身优越的商业伦理引以为傲。[②] 清教徒的商道，颇有点像中国人讲的“君子

---

① 韦伯主要参考了列维（Hermann Levy，1881—1949）关于英国经济自由主义的 17 世纪起源的研究（Levy, *Economic liberalism*, London: Macmillan, 1913）。列维论及“工作伦理”（ethic of work）时参引了韦伯的《新教伦理与资本主义精神》（参阅 Levy, *Economic liberalism*, p. 57, p. 60）。另，列维在分析中将清教天职伦理与中产阶层联系起来，以与大资产商人区分开来（参阅 Levy, *Economic liberalism*, pp. 60-61）。

② 韦伯提到的例子是 17 世纪英国两位著名清教徒作家普林（William Prynne，1600—1669）与帕克（Henry Parker，1604—1652）的言论，系转引自列维的研究

爱财，取之有道”。韦伯说，这两种资本主义态度的对立在很大程度上是与宗教的对立并行的，也就是清教与英国国教之间的对立，清教徒就是“不从国教者”。而在当时人们就清楚地知道，清教的经济伦理“才是资产阶级资本主义的伦理”[①]。

下面这段话是总结性的，非常重要：

> 现代资本主义精神乃至整个现代文化的基本要素之一，就是天职观念基础上的理性行动。它的源头则是基督教的禁欲主义精神——这就是本文力图论证的观点。[②]

现在可以再回过头来说说富兰克林了，他的致富箴言中透出的那种被韦伯称作“资本主义精神”的伦理态度，

（接上页）（Levy, *Economic liberalism*, p. 62）。普林曾因反对查理一世颁布的体育诏谕而入狱。帕克是英国内战时重要的议会派政论家，著有《论清教徒》（*A Discourse concerning Puritans*，1641）。

① 马克斯·韦伯：《新教伦理与资本主义精神》，第 273 页。“资产阶级资本主义的伦理”（bourgeois capitalistic ethic）之德文原文为 bürgerliche Wirtschaftsethos（市民中等阶层的经济气质）。从上文的文理来看，bürgerliche 一词译作“资产阶级的”值得商榷。显然，这个词在这里不是泛指“资产阶级”，而是特指奉行清教经济伦理的社会群体。学界亦有人将之译为“市民的”（civil），似也难准确传达出韦伯的本意。或许，译作“市民中等阶级”（middle-class）更清晰些。不过，需要注意的是，韦伯强调的是这一阶层或群体共同的文化理念与生活样式，而不仅仅是财产占有的多少。

② 同上，第 274 页。需要指出的是，这里理性行动（conduct）一词的德文原文为 Lebensführung（活法）。帕森斯在其英译中对韦伯采用的这一关键术语整体把握不到位，常常将之译为 conduct，从而易与 action（handeln）混为一谈。

其根本的要素跟清教禁欲主义精神是一根同生的，只不过到了富兰克林的时代，这套生活态度已经失去了宗教伦理基础，成为世俗的“精神”了。这样的一个因果关联或者说文化史谱系，建立起来挺不容易的。韦伯采取了一种反复论证的方式，不断去辨析差异，最后才确认现代资本主义精神的宗教根源。这不是泛泛地谈现代资本主义有一个基督教根源，而是具体地辨析“资本主义精神”这一独特的历史个体的文化出身到底是什么。中间需要做大量的文献梳理与解读工作，通过发掘“天职”观念这道文化桥梁，将“资本主义精神”回溯到基督教特别是新教的恪守天职的禁欲主义精神。

韦伯接下来说，现代市民中产阶级的生活“根本上是禁欲主义的特征”，也就是把自身限制在职业化的工作中。这正是德国大文豪歌德在19世纪初完成的伟大作品《威廉·迈斯特的漫游时代》与《浮士德》中要告诉人们的东西。对歌德来说，这意味着“与追求完美人性的时代分道扬镳”。[①] 同时，这也标志着“职业人”（Berufsmensch）的诞生。这段论述，德国人读起来应该会非常亲切，而对我们来说则有些玄奥。应该说，这项研究的主体内容是清教文化史，特别是17世纪英国清教史。不过，韦伯在叙事

---

① 歌德在《威廉·迈斯特的漫游时代》（*Wilhelm Meisters Wanderjahre, oder Die Entsagenden*，1821/1829）中贯穿了“断念”（Entsagung）这一主题。小说中的人们被称作“断念者”（Die Entsagenden）。所要“断”的是对昔日寻求完美人性的时代的念想，所要立的则是禁欲主义驱动的职业化的工作精神。

策略上则考虑到了德国读者，整个故事以德国（社会）始，又以德国（文学）终。通过歌德笔下的人物，点明现代“职业人”生活的禁欲主义特征。我们看到，Beruf（天职/职业）这个概念在这项研究的实质分析中贯穿始终，整个研究以职业统计始，而以“职业人”的诞生终。[①]

资本主义“铁笼”：现代人的命运

本来把结论做完后，这项文化史研究就算完成了。但是，韦伯接着又抒发了一些议论，很有点“太史公曰”的味道。

虽然是历史研究，但是韦伯的研究实际隐含着当下关怀。19世纪后期到20世纪初的时候，德国正处在资本主义大扩张的时代，某种意义上跟我们“改革开放”的状况有点类似，当然中国发展的是社会主义市场经济。抚今追昔，韦伯感慨地写道：

> 清教徒是为了履行天职而劳动；我们的劳动却是迫不得已。因为，当禁欲主义从修道院的斗室里被带入日常生活，并开始支配世俗道德观时，它在庞大的

① 整体而言，帕森斯的英译尽管流畅优雅，但其最大缺陷是将韦伯在原著中用心搭建的一个以Beruf为轴的术语系列给拆解掉了，从而在一定程度上模糊了其分析论证的内在脉络。

现代经济秩序体系的构造过程中就会发挥应有的作用。这种经济秩序如今已经深为机器生产的技术和经济条件所制约，而这些条件正以不可抗拒的力量决定着降生在这个机制中的每一个人的生活。……也许，这种决定性作用会一直持续到人类烧光最后一吨煤的时刻。①

韦伯生活的时代，资本主义经济秩序在西方已经形成了。19 世纪下半叶，马克思在《资本论》中研究资本主义经济怎么运作的时候，把它刻画成运转的机器一样，已经成了一种强制性的物质性力量。韦伯说人类创造出来的现代经济秩序，对降生其中的每一个人的生活都产生了决定性的影响。大家如果看过卓别林的《摩登时代》，印象就会非常深刻了。这种情况会持续到什么时候呢？谁也不知道。韦伯说可能一直到人类烧光最后一吨煤，仿佛资本主义是人类不可逆转的命运了。

那么，在 17 世纪的清教徒巴克斯特看来，外在之物不过是“一件可以随时甩掉的轻飘飘的斗篷”。对一个圣徒

---

① 马克斯·韦伯：《新教伦理与资本主义精神》，第 274 页。首句原文中采用的是 Berufsmensch（职业人或履行天职的人）（参阅 MWG I/18, S.486），帕森斯将之意译为 work in a calling（为了履行天职而劳动），卡尔伯格译作 a person with a vocational calling（有天职 / 职业的人）。另，韦伯后来在关于中国儒教的研究中认为，理性的清教禁欲精神所孕育出的职业人“精神”（„Geist“ des Berufsmenschentums）恰恰是儒教理性主义所拒斥的。他指出：“再没有比儒教的高贵理想更与‘职业’（Beruf）的理念相冲突的了。”（参阅马克斯·韦伯：《中国的宗教：儒教与道教》，第 325—326 页）

来讲，虽然生活在尘世间，可是他不属于尘世，也不是为着尘世，而是朝向天国。可是，到了19世纪、20世纪的时候，命运却将这件斗篷变成了一只无法逃脱的“铁笼”（iron cage）。

“铁笼”譬喻后来成为韦伯关于现代资本主义秩序下人的命运的著名譬喻。当然，学界对于这个譬喻有很多讨论、争议。有人指出，韦伯用的原词stahlhartes Gehäuse不是“铁笼”的意思，而是“如钢一般的壳”，但是帕森斯把它误译为“铁笼”，结果就以讹传讹了。因为笼和壳是很不一样的，铁和钢也是很不一样的。有学者指出，相比于铁，钢是通过一套生产工序炼制出来的，它才是工业现代性的真正象征。钢比铁的密度、硬度更高，同时弹性、韧性也更强。至于Gehäuse这个词，有学者认为韦伯的意思不是“笼”或者“铁屋子”之类，而是有点类似蜗牛身上的壳。蜗牛背着重重的壳无疑是个负担，但这个壳却也是它赖以生存的东西。在韦伯看来，现代人的命运就是生活在难以摆脱的资本主义“钢一般的壳”里。现在的研究真是越来越细致深入了。[①] 但是，无论如何，由于帕森斯的

① 参阅 Stephen A. Kent, "Weber, Goethe, and the Nietzschean Allusion: Capturing the Source of the 'Iron Cage' Metaphor," *Sociological Analysis*, vol. 44, no. 4, 1983, pp. 301-302；D. J. Chalcraft, "Bringing the Text back in: On Ways of Reading the 'Iron Cage' Metaphor in the Two Editions of 'The Protestant Ethic,'" in Larry J.Ray and Michael Reed, eds., *Organizing Modernity: New Weberian Perspectives on Work, Organization and Society*, London and New York: Routledge, 1994, pp. 16-45；Peter Baehr, "The 'Iron Cage' and the 'Shell as Hard as Steel': Parsons, Weber, and the *Stahlhartes Gehäuse* Metaphor in *The Protestant Ethic and the 'Spirit'*

经典翻译，“铁笼”已经成为社会科学乃至公众界的一个流行语了。①

非常悖论的是，自从禁欲主义开始重塑尘世并在尘世间贯彻它的理想，外在之物开始获得一种史无前例的控制力量，这力量不断增强，最终变得不可动摇。现代资本主义被称为一个物质性的强大存在，它可以强制人遵守一种生活秩序，这真是历史的反讽！用韦伯的话说，就是大获全胜的资本主义已经不再需要过去的禁欲主义精神的支持了，因为资本主义已经有了它的机器基础。英国工业革命的历史就是从机器发明、改良开始的，特别是 18 世纪后期清教家庭出身的苏格兰工业家瓦特（James Watt）发明新式蒸汽机，这是大家耳熟能详的。这也正是 19 世纪时马克思讲的东西。马克思说，不是人的意识决定存在，而是存在决定意识。这一哲学立场体现了工业革命以来人们关于现代资本主义这一全新的物质性生存处境的深刻感知。韦伯想说的则是，工业革命前的早期资本主义时期（或者说

（接上页）*of Capitalism*," *History and Theory*, vol. 40, no. 2, 2001, pp. 153-169；Stephen Kalberg, "The Modern World as a Monolithic Iron Cage? Utilizing Max Weber to Define the Internal Dynamics of the American Political Culture Today," *Max Weber Studies*, vol. 1, no. 2, 2001, pp. 178-195。

① 参阅 Arthur Mitzman, *The Iron Cage: An Historical Interpretation of Max Weber*, New York: Alfred A. Knopf, 1970；R. Bruce Douglass, *The Iron Cage Revisited: Max Weber in the Neoliberal Era*, London and New York: Routledge, 2018。这一譬喻的当代运用，如“信息时代的铁笼”（参阅 Royston Greenwood and Thomas B. Lawrence, "The Iron Cage in the Information Age: The Legacy and Relevance of Max Weber for Organization Studies. Editorial," *Organization Studies*, 26/4, 2005, pp. 493-499）。

马克思所谓的工场手工业时期）还不是这样的，那时宗教伦理对人们的生活态度影响相当深。在这之后，随着资本主义的大获全胜，宗教禁欲主义，连同它那个笑逐颜开的继承者——启蒙运动——“脸上的玫瑰色红晕”，都在无可挽回地渐渐逝去；而“天职义务”的观念“则像死寂的宗教信仰的幽灵一样在我们的生活中徘徊”。今天，“履行天职”（Berufserfülung/fulfilment of the calling）已不再和最崇高的精神文化价值发生联系了，人们也已不再费心思为之辩护了。

下面这一段是韦伯对现代资本主义秩序（现代文化）的一段最著名的评论：

> 没有人知道未来谁将生活在这个铁笼之中，没有人知道在这惊人发展的终点会不会又有全新的先知出现，没有人知道那些老观念和旧理想会不会有一次伟大的新生，甚至没有人知道会不会出现被痉挛性妄自尊大所美化了的机械麻木。因为，完全可以这样言之凿凿地说，在这种文化发展的这个最近阶段，“专家已没有精神，纵欲者也没有了心肝；但这具躯壳却在幻想着自己达到了一个前所未有的文明标准。”[1]

“最近阶段”是帕森斯的翻译，后来别的学者指出这个

---

① 马克斯·韦伯：《新教伦理与资本主义精神》，第 275 页。

英国漫画家罗兰森的讽刺画《杰出人士》（Thomas Rowlandson，*The Brilliants*，1801）

翻译是不对的，因为帕森斯当时对尼采的思想不了解。实际上，韦伯这里的表述借用的是尼采提出的概念——“末人”，或者说是“最终的人”的阶段。他借用尼采这个说法表达出对现代资本主义文明高度批判的态度。所谓“最终的人”，即那种自以为达到了人性或者文明的最高水准的人。然而，实际上是一个什么样的情况呢？“专家已没有精神，纵欲者也没有了心肝”；但这具缺乏内在精神的空洞躯壳（Nichts）“却在幻想着自己达到了一个前所未有的文明标准”。大家注意，这段著名的评论，韦伯是加了引号的，表明不是出自他之手，而是引自别人。但是，过去大家都弄不清这段话到底从哪儿来的。有人说，从“末人”概念来看，很可能是从尼采的作品里摘录的。好多人就去找，也没有找到尼采的原话。后来又有一种比较折中的看法认为，韦伯可能综合了歌德和尼采的论述写的这段话。① 直到最近，才终于考证出其具体来历，韦伯应该是转述了经济史前辈学者施莫勒（Gustav von Schmoller）说的话。②

---

① 参阅 Stephen A. Kent, "Weber, Goethe, and the Nietzschean Allusion: Capturing the Source of the 'Iron Cage' Metaphor," *Sociological Analysis*, vol. 44, no. 4, 1983, pp. 301-302。

② 施莫勒是德国经济学历史学派的第二代领军人物、“讲坛社会主义”（Kathedersozialismus）的主要代表。（参阅 Wolfgang Drechsler, "*Kathedersozialismus* and the German Historical School," in Erik Elgar, eds., *Handbook of Alternative Theories of Economic Development*, Cheltenham, UK & Northampton, USA: Edward Elgar, 2016, pp. 109-123）他在其巨著《国民经济学基础》（*Grundriß der Allgemeinen Volkswirtschaftslehre*，1900）中探讨技术发展对于国民经济的重要性时发表了这番关于当代 Nichts（帕森斯译作 nullity，阎译作“躯壳”）的评论。参阅德文《韦伯全集》I/18 编者注 78（MWG I/18, S.488）。

这实在是让人大跌眼镜！百多年来，人们都把它当作韦伯的名言，其实，人家是在向学术前辈致敬。无论如何，透过这段著名的议论，我们知道了韦伯这项研究的目的绝不是为现代资本主义秩序唱赞歌、写颂诗；相反，他对人类在这一全新的生存境遇（资本主义的形式理性与实质非理性）下的命运充满了忧虑。典型的德国现代文化人的范儿，可谓“知我者谓我心忧，不知我者谓我何求”。

不过，韦伯不是一个放纵自己情绪的文人，而是一个对科学有承诺的学人。所以他马上就收住了，说不能再多评论了，因为这就进入价值判断的领域了。他曾经在《社会科学的与社会政策的知识之“客观性”》一文中主张科学研究应当免于价值判断，因此，作为一项历史的考察与探讨“不必背上如此重负”啊。

研究也研究了，议论也议论了，可是，韦伯感觉还没完，关于禁欲主义理性主义的考察还仅仅是个开端，还只是“万里长征走完了第一步”而已。接下来，他扼要交代了自己进一步的研究计划。比如，要去探究禁欲主义理性主义对各种社会共同体（包括国家在内）的组织和功能的影响；探究禁欲主义理性主义与人文主义理性主义之间的关系，与哲学的和科学的经验主义之间的关系等等。此外，还要纵向地考察入世禁欲主义从中世纪的萌芽到最终消融于纯粹的功利主义这个历史过程。只有在这些研究工作之后，才有可能对禁欲主义新教的文化意义做出精确的估量。这些都是他的设想，实际上没有去做，因为他的朋友、基督教史专家特洛尔奇后来出版了专著，非常深入地考察了基督教社会思想史，包括“禁欲主义新教”的伦理思想。后来，韦伯的整个研究重心就转到非西方文明的宗教社会学研究去了，还专门做了关于中国儒教的研究。

那么，仅就这项研究而言，韦伯说他只是尝试追溯了新教禁欲主义对人们的动机发挥影响的情况而已。但如同他在注释里特别申明的，他根本无意“从逻辑上把现代文化的所有特征都归结到新教理性主义那里”。[①] 我们读过《社会科学的与社会政策的知识之“客观性”》就知道，韦伯是坚决反对一元论的心理学解释的。作为一个训练有素的经济史学者，他非常重视经济的力量在历史进程中发挥的重要作用。就新教禁欲主义的具体研究而言，他也提出必须要研究“整个社会条件，特别是经济条件对新教禁欲主义的发展及其性质所产生的影响”。[②] 从他关于中国的研究中，就能清楚看到这个方向的探讨。但是，不少只读过韦伯这项研究的人，又不了解他的方法论，就很容易留下片面的印象，误以为韦伯是历史唯心主义者。

当然，话说回来，韦伯的确认为“观念”（如新教禁欲主义伦理观）在人类历史进程中持续发挥着重要影响。但是，这种影响的结果往往并不是“观念”的持有者们（如 17 世纪的英国清教徒）所想见的，甚至完全是南辕北辙

---

① 马克斯·韦伯：《新教伦理与资本主义精神》，第 348 页注 118。

② 同上，第 276 页。

的。历史就是这样，充满了变数，也充满了反讽，历史研究的乐趣也在这里。有人说过 The past is a foreign country（往昔如异邦），[①] 过去人们的所思所念，在今天人们的眼里往往非常的陌生乃至匪夷所思，简直就像是一个“异邦”。但也正是因为如此，才能激发探究的兴趣，在这方面，可以说韦伯是深得历史研究真义的。他说：“一般而言，现代人，即使抱着最大的决心，也不再能看出宗教观念本来就对文化与国民性所具有的重大意义。”[②] 诸如“禁欲主义新教”伦理（及其世俗的精神子嗣——资本主义精神）这样的东西是无形的历史存在，而且已经消逝在历史进程当中了。《新教伦理与资本主义精神》的成就则是通过严谨有度而又极具匠心的钩沉把这些对现代人而言非常陌生的无形历史存在呈现出来，并揭示出它对于现代西方文明的重要文化意义。

---

① 语出自英国小说家哈特利（L. P. Hartley）的小说《送信人》（*The Go-between*，1953）。

② 马克斯·韦伯：《新教伦理与资本主义精神》，第 276 页。帕森斯的英译再次“遗漏”了 Lebensführung（生活之道）这个关键词，而只保留了“文化”“国民性”。

下编

探究《新教伦理与资本主义精神》之妙

韦伯、现代性与历史的反讽 *

凡是值得思考的事情，无不是已被思考过的；我们必须做的只是试图重新加以思考而已。

——歌德

有人说，所有针对韦伯的写作其实都是出于敬畏。在20世纪的人文与社会科学家当中，恐怕鲜有人能跟这位“现代欧洲文明之子”学术思想的博大精深相比肩。他的经典著作不断为后进们所专研品读、诠释批评，显示了其思想中内在的恒久魅力。多年来，《新教伦理与资本主义精神》[①]一直是社会学系研究生必读的理论书目之一。今天重读这本旧著，我认为有必要探问的是：如何让我们的敬畏化为思想的启迪？如何发掘这部经典的内在鲜活之处而不使它堕为干枯的法则？长期以来，西方学者们已经围绕韦

* 本文最初以《现代性与反讽》为题发表于《北京大学研究生学志》1999年第2期，后收入李永新主编《北大寻思录》（北京：中国社会科学出版社，2003年）。

① 马克斯·韦伯：《新教伦理与资本主义精神》，于晓、陈维纲等译，北京：生活·读书·新知三联书店，1992年。本文征引以这个版本为准。

伯关于早期新教信仰与资本主义精神间历史联系的推理与论断进行过持久而激烈的争论（自然，其中充斥了推崇者与批评者们的曲解和简化）。而对于问题意识主要集中在社会学与中国研究的我们而言，这种争论似乎多少显得有些无关痛痒。韦伯思想最初进入中国学界并引起学人们的浓厚兴趣，恐怕同他与马克思展开深层“对话”的思想肖像不无关系。[①] 马克思把价值和信仰当作阶级或物质利益的副产品来看待，韦伯似乎却在力求表明因果性的道路常常通往相反的方向。尽管如此，如果给他们分别贴上唯物主义者和唯心主义者的拙劣标签则只会造成对他们的思想的粗暴化约。熟悉韦伯思想的人们都知道，韦伯十分肯定马克思主义以经济观点来分析社会现象的重大启发价值。而他在研究宗教与经济生活的关系的同时，也总是强调要同时分析它们所处环境的社会阶层之间的关系。那么，如何理解韦伯与马克思之间思想上的联系与殊异，进而在知识社会学背景下来理解这场对话的深刻内涵？在后现代话语弥漫于知识领域的今天，回溯经典社会学思想对于我们有何意义？透过《新教伦理与资本主义精神》这部经典作品，我们如何去深入地把握社会学思考的技艺与意义，进而能对我们就中国历史与社会问题的思考有所启发呢？这是本文试图回答的一些问题。

---

① 有学者以他们二人的思想为基点，将当代社会学的主要特征概括为“韦伯的马克思主义化或马克思主义的韦伯化”。由此足见理解他们的思想对话的深刻含义对于社会学思考的技艺与风格的把握至为关键，这是本文写作的一个出发点所在。

行动的反讽

彼特·伯格在探讨社会学与自由的关系时提到，社会学具有某种内在的戳穿性效果。它是对既有思想模式的颠覆，每个循着社会学视角通向其逻辑后果的人都会发现自己对社会的认识经历了一次转型。[①] 在我看来，《新教伦理与资本主义精神》正是一部具有这种意味的社会学经典。初读这部书的突出感受恐怕先不是为其推理严密、论证老到而叹服，而是为其新颖敏锐的问题意识及非意图性历史进程的反讽效果展示而触动。凭借常识库我们可以在脑海中粗浅地提出资本主义社会的一些表面特征，诸如贪婪的获利冲动、世俗的拜金主义等；社会批判理论的习得又给我们提供了“异化”“工具理性”之类的思想武装。资本主义或西方理性主义的本性看来已经一览无余，而这个纵情声色、唯利是图的西方世界与清教禁欲主义在我们看来则可谓风马牛不相及的事情。韦伯却着意建立两者的历史关联，他认为：“在清教所影响的范围内，在任何情况下清教的世界观都有利于一种理性的资产阶级经济生活的发展（这点当然比仅仅鼓励资本积累重要得多）。它在这种生活的发展中是最重要的，而且首先是唯一始终一致的影响。它哺育了近代经济人。”[②] 韦伯试图表明，宗教改革运动对于

---

① Peter L. Berger, "Sociology and Freedom," in Joel M. Charon, ed., *The Meaning of Sociology*, Printice Hall, 1990, pp. 396-397.

② 马克斯·韦伯：《新教伦理与资本主义精神》，第 136 页。

经济发展的意义首先在于其禁欲主义的教育影响，而它们的充分的经济效果，一般地讲，只有当纯粹的宗教热情逝去后才会显示出来。这时宗教的根慢慢枯死，鲁滨逊式的经济人取代了班扬笔下那个匆匆忙忙穿过名利场、在精神上寻求天国的孤独朝圣者，天职观念也让位给了经济冲动。正如伯格早已敏锐指出的，韦伯这本著作展示出一幅关于人类行动的反讽的生动画面。[①] 韦伯的论断在今天无疑已成为学术常识，但可以设想在其时则起到了“文化震撼”的效果。这种颇具反讽意味的历史关联的严肃揭示冲击了人们的“当然世界”，从而迫使人们重新认识自己的历史和当下的处境。而韦伯将常识陌生化、问题化的经验研究技艺，正彰显出其敏锐的洞察力和丰富的想象力。[②]

韦伯关注的所谓“世界祛除巫魅”（席勒语）或“理性化”进程我们已耳熟能详。这里讨论的是则是韦伯历史社会学所关注的另一主要论题，即人类社会行为与观念所

---

① Peter L. Berger, "Sociology as a Form of Consciousness," in *Invitation to Sociology*, Anchor Books, 1963, pp. 38-39. 伯格本人对“世俗化”过程的研究就深受韦伯这一观点的影响，他进而宣称：“大多数历史联系的性质都具有讽刺意味，或者换句话说，历史的过程与被作为其中因果因素的那些观念的内在逻辑，几乎没有什么关系。”参阅彼得·贝格尔：《神圣的帷幕》，高师宁译，上海：上海人民出版社，1992 年，第 127—128 页。

② 韦伯提出资本主义精神与新教禁欲主义（而不是贪婪的获利冲动）的历史勾连与他之前的尼采在耶稣基督教与怨恨（而不是爱）之间建立关联（参阅尼采：《论道德的谱系》，周红译，北京：生活·读书·新知三联书店，1992 年；及他之后的福柯在维多利亚时代与性话语的滋长（而不是压抑）之间建立关联（参阅米歇尔·福柯：《性史》[第一、第二卷]，张廷琛等译，上海：上海科学技术文献出版社，1989 年）的举措颇有异曲同工之妙。

产生的非意图性的历史后果（往往具有反讽的意味）。[①]这种历史意识最早或许可以追溯到维科（Giambattista Vico）。[②]马克思将其上升为一般性的人类历史观：人们创造他们自己的历史，但不能选择历史。韦伯的经验社会学则给任何把历史理解为就是思想的实现的那种观点，给任何把历史理解为是由个人或集体有目的的努力而造成的那种观点，树立了一个根本的对立面。他考察资本主义精神（西方理性主义）与世俗的禁欲主义新教伦理的历史关联，意在究明西方资本主义理性主义“这一特殊具体的形式到底是谁的精神产品”。[③]由于忽视韦伯的历史反讽主题，他的批评者常常误解这一历史关联的意涵。有学者批评韦伯引证的新教思想家并未意图将其教义用于产生特定的经济后果，但韦伯从没有认为加尔文教义倾向于导致这些经济行动模式。相反，他非常清楚其意向极为不同。后果不能归于意向。这并非意味着观念根本无关紧要，而是意味着观

① 参阅艾伦·斯温杰伍德：《社会学思想简史》，陈玮、冯克利译，北京：社会科学文献出版社，1988年，第159页。

② 维科很早就指出：“当今世界无疑是产生于一种多方面的、有时是完全相反的，而且总是高出于人们原来为自己提出的特定目的的精神……”维科提出的社会行动意外效果说对18世纪社会学说产生了巨大影响，如苏格兰启蒙学派弗格森（Adam Ferguson）、斯密等人的理论。他们明确认识到社会是一个过程，是一定的经济、社会和历史力量的产物，是可以通过经验科学的方法加以识别和分析的。社会是一个历史考察的范畴。参阅艾伦·斯温杰伍德：《社会学思想简史》，第9页，第22—24页。我认为，这种社会历史意识的形成是经验科学从哲学中独立出来的重要前提之一。因此，美国社会学家默顿（Robert K. Merton）甚至主张把社会行动的意外效果（他将之纳入到功能分析的框架，提出“隐性功能”的著名概念）视为社会学研究的主要任务不无道理。

③ 马克斯·韦伯：《新教伦理与资本主义精神》，第57页。

念的后果通常和行动者的筹划、期望非常不同。这里引述一段韦伯为回应 W. 桑巴特等学者的批评而做出的答复：

> （阿尔贝蒂与富兰克林的伦理观念）差别的关键在于（预言），一种建立在宗教基础之上的伦理观念只要维持了宗教规定的态度，就能产生一定的心理上的约束力（非经济性质的）。只要宗教信仰存在，这种约束力就极其有效。像阿尔贝蒂具有的那种纯粹世俗的智慧是不能控制这种约束力的。只有当这种约束力发生了作用的时候，更重要的是，只有当它朝着与神学家的教义常常是完全不同的方向发生作用时，这种伦理观念才对生活行为，从而对经济秩序产生独立的影响。坦白地说，这才是整个文章的主旨。[①]

韦伯的夫人玛丽安妮曾将他的这一思想主旨洗练地概括为“观念的悲剧”：在世俗化的过程中，观念常常最后都会反击它原初的意义，因而摧毁了它本身。

---

① 马克斯·韦伯：《新教伦理与资本主义精神》，第 160 页。这一主旨或许可以进一步延伸为“世界的无理性”这一更为宽泛的论题。例如韦伯在《以政治为业》的著名演讲中还曾谈道：“政治行为的最后结果往往——甚至经常——完全不合初衷，甚或时常同它截然相背。这是一切历史的基本事实。”参阅马克斯·韦伯：《学术与政治》，冯克利译，北京：生活·读书·新知三联书店，1998 年，第 102 页。我认为，韦伯对人类生活的这种感受和认识，促使他在科学事业中采取一种“科学禁欲主义”的态度。非如此不足以充分认识到社会与历史问题的复杂性，而在这种研究态度背后则渗透了浓厚的悲剧意识。但是，这个问题不是本文所能处理的。

这里，我们所关心的不是提炼韦伯思想中的社会学理论法则，而是这种历史意识（这里不把它习惯性地归入理论抑或方法论的范围）的深刻内涵。在我看来，韦伯的研究主旨表明了他对现代性话语（discourse）[①] 抑或目的论论述的警醒与拒斥，而力图认识现代性问题的复杂性。利奥塔曾指出："后现代性不是一个新的时代，而是对现代性自称拥有的一些特征的重写，首先是对现代性将其合法性建立在通过科学和技术解放整个人类的事业基础之上的宣言的重写。但正如我已经说过的，这种重写在现代性本身里面已经进行很长时间了。"[②] 套用他的说法，韦伯的研究工作在某种意义上可说是"重写现代性"的先声。

重写现代性

从 18 世纪 50 年代到 20 世纪 20 年代，欧洲发生了巨大的社会变迁，波拉尼（Karl Polanyi）称之为"大转型"。作为对社会和历史变迁的反应，现代社会学正是在这一时期逐步发展起来。现代社会学的诞生与发展所围绕的核心主题即是现代性问题。正如雷蒙·阿隆（Raymond Aron）

---

① 一译"论述"，如刘小枫：《现代性社会理论绪论》，上海：上海三联书店，1998 年。

② 利奥塔：《后现代性与公正游戏》，谈瀛洲译，上海：上海人民出版社，1997 年，第 165 页。

所言，“社会学也许可以说是社会现代化的一种意识”。[①] 整个19世纪和20世纪的思想和行动，是由人类解放的观念支配的。这一观念在18世纪末期的启蒙运动哲学和法国大革命中发展起来。科学、技术、艺术和政治自由的进步，会把全部人性从无知、贫困、落后、专制中解放出来。进步不但会产生幸福的人民，而且尤其因为教育，他还会产生开明的公民，他们是自己命运的主人。在哈贝马斯（Jürgen Habermas）那里，这种“现代”理想被称为“现代性事业”。[②] 毋庸置疑，现代社会学理论亦为这种“时代精神”所深深浸染。随着社会学学科的制度化、理论方法论的日臻完善，现代性话语逐渐沉淀下来构成了学科的规范认识，而现代性问题本身的历史性在很大程度上则被遮蔽掉了。现代性话语支配经验社会科学的潜在悖论在于：启蒙运动制造的现代性话语是建立在不可逆转的时间意识之上的历史目的论的承诺，其核心是“理性”与“主体的自由”；现代性话语利用理性、主体的自由等普适性概念及其反宗教姿态遮盖了它与欧洲基督教文化的历史联系。[③]

---

① Raymond Aron, "Modern Society and Sociology," in Edward Tiryakian, ed., *The Phenomenon of Sociology*, New York: Appleton-century-crofts, 1971.

② 在利奥塔看来，解放叙事这一总体性话语赋予了现代性特有的形式：事业，即指向一个目的的意志。他认为哈贝马斯在现代性问题的焦点上犯了严重错误：问题过去不是现在也不是（因为现代性已经完结了）纯粹的启蒙运动，它过去是现在也是意志对理性的渗透。参阅《后现代性与公正游戏》。

③ 汪晖：《韦伯与中国的现代性问题》，载《汪晖自选集》，桂林：广西师范大学出版社，1997年，第2页。

而作为一门经验性学科的社会学其初衷恰是反对“形而上学的历史目的论论述”。

仅以三位社会学奠基者为例，他们都着意于资本主义现代性问题的经验分析：马克思毕生志在摆脱黑格尔思辨历史哲学而将对资本主义现代性的批判社会分析建立在经验基础之上；涂尔干在确立社会学方法的准则时明确提出社会学是独立于哲学的科学；韦伯则专注于“历史个体”之文化意义的探究而拒斥总体性的历史话语。

韦伯与马克思的深层对话可看作是关于现代性问题与现代性话语的对话。[①] 马克思对资本主义现代性进行了最为严厉的批判，但他仍承继了“解放”这一启蒙运动的核心观念，希望通过更完美的现代性来取代资本主义现代性。正是在这一意义上，他被冠以“启蒙之子”的称号。[②] 在马克思的分析中，启蒙话语仍然常常取代了对现代性问题的经验性社会历史考察。他在其巨著《资本论》一书中曾讲道：“对直接生产者的剥夺，是用最残酷无情的野蛮手段，在最下流、最龌龊、最卑鄙和最可恶的贪欲的驱使下完成的。”[③] 显然，马克思将资本主义原始积累与贪欲联系在一起。尽管他也把“资本家的科学自白”——国民经济

---

① 刘小枫指出，（对于现代学而言）“现代性根本就不是一个构想，而是一个问题”。参阅刘小枫：《现代性社会理论绪论》，第 12 页。

② 金耀基：《现代性论辩与中国社会学之定位》，载《北京大学学报》1998 年第 6 期，第 93 页。

③ 马克思：《所谓原始积累》，载《马克思恩格斯选集》第二卷，北京：人民出版社，1977 年，第 266 页。

学称为“关于禁欲主义的科学”，但归根到底认为“一切激情和一切活动都必然湮没在发财欲之中”。[①] 在很早写就的《论犹太人问题》一文中，青年马克思就探讨过金钱及基督教与犹太教的关系。[②] 他的分析路径是“把神学问题化为世俗问题”，从而进一步把犹太人问题上升为“当代的普遍问题”。他指出：“我们不是到犹太人的宗教里去寻找犹太人的秘密，而是到现实的犹太人里去寻找犹太教的秘密。”[③] 犹太的世俗基础是实际需要、自私自利，犹太人的世俗肖像是做生意，他们的世俗上帝是金钱。马克思认为：“犹太人用犹太人的方式解放了自己，他们解放了自己不仅是因为他们掌握了金钱势力，而且因为金钱通过他们或者不通过他们而成了世界势力，犹太人的实际精神成了基督教各国人民的实际精神。基督徒在多大程度上成为犹太人，犹太人就在多大程度上解放了自己。”[④] 犹太教是犹太精神在理论上的完成；而犹太精神在本质上只能在实践中完成。基督教世界使犹太精神在实践上达到了自己的顶点。“犹太随着市民社会的完成而达到自己的顶点；但市民社会只有在基督教世界才能完成。”[⑤] 基督教是高尚的犹太教思

---

① 马克思：《1844 年经济学哲学手稿》，载《马克思恩格斯全集》（第一版）第四十二卷，北京：人民出版社，1979 年，第 134—135 页。

② 马克思：《论犹太人问题》，载《马克思恩格斯全集》（第一版）第一卷，北京：人民出版社，1956 年，第 419—451 页。

③ 同上，第 446 页。

④ 同上，第 447 页。

⑤ 同上，第 450 页。

想，犹太教是基督教的卑鄙的功利的运用，但这种运用只有当基督教作为完整的宗教从理论上完成了人从自身和自然界的自我异化，才能成为普遍的。“基督徒的灵魂的利己主义，通过自己完成了的实践，必然要变成犹太人的肉体的利己主义，天国的需要必然要变成尘世的需要，主观主义必然要变成利己主义。”[①] 从以上这段精彩而抽象的论述中可以看到，青年马克思一针见血地将资本主义现代性的本质概括为犹太性。他对资产阶级市民社会发展演进的分析与韦伯的看法有诸多近似：他们都敏锐地看到了“天国的需要”/“朝圣者”向“尘世的需要”/“经济人”的转变。但是，二人对这一转变的分析又存在重大的歧义。马克思对资本主义精神——犹太精神的诊断弥漫于他对资本主义历史过程的理解，他将资本主义现代性的发生演进视作“犹太精神”这一黑格尔式的绝对精神在实践中逐步完成的总体历史过程。犹太教与基督教被统合在这一绝对精神之下，它们具有共同的世俗基础。这样，资本主义源起的具体宗教历史背景被排斥于批判话语之外了。而在韦伯的思考中，“天国的需要”与资本主义精神的勾连则被陌生化、历史化了。朝圣者向经济人的转变则并非是某种绝对精神的必然实现，而具有了历史反讽的意味。韦伯对把资本主义精神等同于贪财欲的看法的质疑，恰恰是他的研究起点。他明确指出：“获利的欲望、对营利、金钱（并且是

① 马克思：《论犹太人问题》，第 451 页。

最大可能数额的金钱）的追求，这本身与资本主义并不相干。这样的欲望存在于并且一直存在于所有人的身上……对财富的贪欲，根本就不等同于资本主义，更不是资本主义的精神。倒不如说，资本主义更多的是对这种非理性欲望的一种抑制或至少是一种理性的缓解。”因此，在《新教伦理与资本主义精神》一书中，他致力于对“资本主义精神”这一历史个体的具体关系的片断考察。

马克思关于资产阶级市民社会的犹太性的本质论断，可能影响了桑巴特对资本主义起源的分析。在某种意义上，他们都把犹太人作为资本主义的人格肖像。[①] 因此，韦伯与马克思就现代性问题的对话，在韦伯与学术同仁桑巴特就现代经济人的知识史论争中或可有更直接的展现。桑巴特和韦伯都反对布伦塔诺认为资本主义精神即对金钱的无限追求的看法，而主张至少在资本主义早期时它是对获利冲动的道德调节的结果。桑巴特指出，资本主义经济制度处于支配地位的经济原则是营利原则与经济理性主义。他认为：“资本主义是由欧洲精神的深处发生出来的。产生新国家、新宗教、新科学和新技术的同一精神，又产生新的经济生活。”[②] 这种创造了资本主义的精神是由企业的精神和市民的精神组成的统

---

① 桑巴特自命为马克思的继承者，将他的巨著《现代资本主义》视为《资本论》的“续篇”。他曾声称：“凡我的著作中稍好的东西，都是受了马克思的精神之赐。”本文中所建立的思想传承在写作时尚未找到有关论述的依据，此处引用目的只在于澄清问题，因而有待进一步讨论。

② 桑巴特：《现代资本主义》第一卷第一分册，第 248 页。

一的整体心情，而其承载者是“市民的企业家”。但是，桑巴特否认韦伯坚称的禁欲新教的特殊角色。他认为，“商业精神不固定在任何宗教本身上，却和从前所说的一样，是固定在全体的异端之上”。[①] 他不否认“异教徒”在欧洲大都为新教徒（和犹太人），但他认为最根本的是“异教徒的精神”。在此基础上，桑巴特认为犹太人在现代资本主义历史中所担负的任务是十分特殊的。他指出，早期资本主义的经济形态迅速达到高度资本主义的经济形态，是由于犹太人的影响，所以必须在这里寻找他们特殊的和真正的意义。同时，他认为犹太人在资本主义早期做企业家也取得了重大的成就。桑巴特将犹太人在资本主义历史中的特殊地位归由于犹太民族精神结构的特殊质素与他们特殊的外部生活条件。他认为犹太人的商业与计算能力以及市民的道德，在资本主义发展初期即已具备了。韦伯反对桑巴特关于犹太人在现代资本主义进程中扮演了重要角色的看法，他认为清教徒与犹太人的区别在于：犹太资本主义是投机性的贱民资本主义，而清教资本主义则是资产阶级式的劳动组织。[②] 桑巴特没有看到，犹太教宗教实践并未导致犹太人的布尔乔亚式心态——通过经济行为的宗教证成之观念——的发展。[③] 这是

---

① 桑巴特：《现代资本主义》第一卷第二分册，第 698 页。

② 韦伯指出：“最重要的，现代资本主义特殊性质的一个因素是明显地——可能是完全地——从犹太人数目众多的经济活动的名单上消失。这就是工业生产的组织化或家庭手工业和工厂体系的制造业。”马克斯·韦伯：《宗教社会学》，刘援、王予文译，台北：桂冠图书股份有限公司，1993 年，第 249 页。

③ Wolfgang Schluchter, *Paradoxes of Modernity*, translated by Neil Solomon, Stanford: Stanford University Press,1996, pp. 234-235.

与犹太人的地位（status）联系在一起的。犹太人的客乡人地位使得他们没有克服伦理道德的二元论，从而经济心态没有克服传统主义。①

这里，我们主要关注的不是谁揭示出了资本主义精神真实的观念起源，而是在学术思考中如何克服想当然认识的陷阱。直观上而言，犹太人作为资本主义的肖像、唯利是图作为资本主义的特征是再恰当不过了。然而，这些主观认识却有可能阻碍乃至误导我们对历史的清明认识。韦伯的思考风格恰在于对这些当然性规范认识的省察。它们不是预设，而是问题。在我看来，马克思与桑巴特的分析都有从资本主义现代性后果来合理化地追溯其缘起的嫌疑。正是这种合理化追溯（常常先于经验考察，从而屏蔽掉经验事实中可能存在的断裂、悖论）埋下了目的论分析的隐患，这时经验证据往往沦为先验性总体历史话语的历史注脚。因此，这一历史问题的论争背后反映出的是韦伯对历史目的论解释的抗拒。② 在这个意义上，韦伯的历史社会

---

① 韦伯在对儒教的分析中也采用了类似的逻辑（参阅《宗教社会学》）。韦伯常被称为中国文化研究方面的一个“伟大的外行”，出此语者言下颇有几分自鸣得意的味道。实际上，即使是面对基督新教神学教义，韦伯恐怕也未见得就是“内行”。我认为应该看到的是，韦伯在研究儒教与道教时从来不是单纯考察教义，而是注重观念与阶级 / 地位群体的关系。这是韦伯与中国的文化研究学者们（往往拘泥于所谓“东西方文化形态”的形而上比较）的一个重大差异所在。因而，恐怕不能以所谓“内行”“外行”来评判高下。

② 他在同一时期写就的一系列社会科学方法论论文也体现了与启蒙方案联系在一起的现代性话语所隐含的“应然”冲动的拒斥。参阅马克斯·韦伯：《社会科学方法论》，韩水法、莫茜译，北京：中央编译出版社，1999 年。

学思考可以说是“后现代”或“后启蒙”（而非“反启蒙”）的。他竭力试图摆脱现代性话语与目的论分析支配现代性问题的思考，从而将启蒙方案与现代性问题分离开来。

因此，如果我们把韦伯与马克思的分歧仅仅归结为观念还是利益决定历史的抽象理论法则的论争，则根本无助于汲取韦伯社会学思考中所蕴含的丰富汁浆。与马克思的总体历史话语相比，韦伯关于资本主义现代性起源的分析可谓片断性的经验主义。而他的经验主义背后实隐含着重要的意涵。[①]

片断主义者

存在主义哲学家卡尔·雅斯贝尔斯准确地把握到韦伯是个没有整体与绝对意识的片断主义者（Fragmentarian）：“他的作品往往停留在不完整的阶段，就像巨人泰坦未完成的建筑一样。韦伯不允许社会学中掺杂任何形而上学的成分，此外，他还将科学的思想方式变为一种禁欲精神，这两件事实显示，他永远保留真正挣扎的可能性，而遏止

---

① 单纯把韦伯称为经验主义者肯定会失之偏颇，本文的用意只在凸显韦伯与马克思的一个歧异点。透过卢卡奇（György Lukács）对马克思主义的诠释（参阅卢卡奇：《历史与阶级意识》，杜章智等译，北京：商务印书馆，1996 年），实际上可以清晰地看到韦伯在研究理路上对马克思（“具体总体”）的传承。而长期以来困扰着社会学家的理性主义与经验主义之辩，更非本文所能够解说。

对科学不实的满足感。”[①] 韦伯曾经讲过：“何谓‘终极观点’？它们除了制造一些愚蠢的言论之外……别无它用。最重要的是，根据长期的经验和信念，我认为唯有将自己认定的‘终极’态度置于具体问题中加以考验，他才会真正明白自己的意向。”[②] 基于这种态度，韦伯的工作重心从不放在抽象的理论法则，而是集中于片断式的经验研究。[③]

现代性概念通过对具体历史内涵的遗忘而被启蒙时代用于总体历史的描述，从而它本身不过是该时代价值观或意识形态对于历史目的论的命名。马克思从欧洲文明内部的阶级关系分析了“现代性方案”与资产阶级的历史联系，但他本人的历史观的基本方面仍承袭了启蒙传统和犹太暨基督教的时间观念，从而是一种批判“现代性”的现代性理论体系。[④] 黑格尔首先将社会和历史纳入其哲学体系，马克思则将哲学纳入到历史与经济而进一步推动哲学观念

---

① 卡尔·雅思培：《论韦伯》，鲁燕萍译，台北：桂冠图书股份有限公司，1992 年，第 70 页。

② 同上。

③ 应该指出，韦伯后期的思考重心有所变化。李凯尔特曾概括这一“变化的核心”：韦伯这位曾经坚信个别事件之独特性的历史学家，变成了一位寻求普遍性的社会学家。即使如此，韦伯“在形成普遍性观点时又是极其谨慎的，他一贯拒绝所有历史哲学——就这一概念的真正含义而言。他作为史学家积习已深，因此不可能对普遍历史的整体做思辨的表述。即使是作为社会学家，为了做到方法上的明确和自觉，他也仅仅满足于做一名专业研究者。任何把社会学当作‘哲学’的做法，同他的思想总是相去甚远的”。参阅李凯尔特：《马克斯·韦伯的科学观》，载马克斯·韦伯：《学术与政治》，第 132 页。

④ 汪晖：《韦伯与中国的现代性问题》，第 9 页。

转向政治经济领域和资本主义研究。[①] 但统而观之，他们的理论体系都可以归为历史目的论的现代性总体历史话语，其一般的后果是理论对具体历史联系的遮蔽。[②] 在这一理路背景下，才能凸显出韦伯研究风格的重要意涵。《新教伦理与资本主义精神》一书所关注的是“资本主义精神”这一历史个体现象，韦伯明确强调“资本主义精神”概念是一个历史性的概念：从历史概念的方法论意义上来说，它并不是要以抽象的普遍公式来把握历史实在，而是要以具体发生着的各组关系来把握，而这些关系必然地具有一种特别独一无二的个体性特征。韦伯批评了关于资本主义的朴素唯物论的解释，指出“资本主义精神（就我们所赋予它的意义而言）无疑在资本主义秩序出现以前就已存在”的历史事实。资本主义精神的起源比持上层建筑说的理论家们所想象的要复杂得多。因此，韦伯坚持“资本主义精神”这一概念最后的完善形式不能在考察的开端，而必须

① 美国实用主义哲学家悉尼·胡克（Sidney Hook）曾精辟地概括：在马克思看来，经验哲学家的真正任务并不在于说明历史的内容是逻辑的，而在于说明逻辑的内容是历史的。参阅胡克：《对卡尔·马克思的理解》，徐崇温译，重庆：重庆出版社，1989 年，第 66 页。

② 海尔布隆纳（Robert Heilbroner）认为，辨证历史观的弱点就在于其目的论的论述，他指出：“马克思主义的历史观，并不满足于宣称作为一切现实的一个本质特征的不断变化是历史内在固有的。它给历史过程强加了一个预定使命，这个预定使命的唯心主义色彩绝不比黑格尔赋予历史的那种极其神秘的历史方案少。把历史看作一种不断变化而且没有道德超越力的壮丽行列，这种历史观是马克思主义者所不能接受的。到头来正是黑格尔把马克思倒转过来。”参阅海尔布隆纳：《马克思主义：赞成与反对》，易克信、杜章智译，台北：桂冠图书股份有限公司，1990 年，第 66 页。

在考察的最后。必须逐步逐步地把那些从历史实在中抽取出来的个体部分构成为整体，从而组成这个概念。

那么，韦伯的分析为何不是另一种先验认识，其历史反讽的揭示何以不是仅仅出于某种逻辑嗜好呢？这是本文最后需要说明的。

历史的"遗忘"

韦伯在文末曾引用卫斯理的一段话，以"表明这些禁欲主义运动的领导人物在当时就非常明白那种我们所指的似乎自相矛盾的关系"。卫斯理写道："我感到忧虑的是无论何处，只要财富增长了，那里的宗教本质也就以同样的比例减少。因而我看不出就事物的本质而论任何真正的宗教复兴如何能够长久下去。因为宗教必然产生勤俭，而勤俭又必然带来财富。但是随着财富的增长，傲慢、愤怒和对现世的一切热爱也会随之而增强。……因此尽管还保留了宗教的形式，但它的精神正在如飞般逝去。"[①] 韦伯坦言卫斯理所表述的正是他一直试图指出的，而他只不过是对这种关系做了圆满的解释。他在注释中指出，17 世纪时没有人怀疑这些关系的存在。在今天却变成了历史"隐秘"。回到韦伯这部著作的研究主旨，他所关注的并不是当时理论

① 马克斯·韦伯：《新教伦理与资本主义精神》，第 137 页。

或官方在伦理概要里传授的是什么东西，而是“宗教信仰和宗教活动所产生的心理约束力的影响，这些约束力转而指导日常行为并制约个人行动”。[①] 他把加尔文教的预定论视为历史现象——其重要性的判断尺度是“这种历史现象作为一个因果性因素对其他历史过往的影响”，预定论教义是由于其文化历史后果而被赋予了重要意义。因此，韦伯考察的是建立在宗教基础上的伦理观念所产生的心理约束力对经济秩序的影响而非教义本身，这种心理约束力常常沿着与神学家的教义完全不同的方向发挥作用。[②]

韦伯不满于功利主义经济学的心理学预设，而采用物质的与观念的利益作为文化科学的基础，尝试分析特定的文化动机的内在后果。德国学者施路赫特正确地指出，韦伯的“诠释心理学”分析不只是出于方法论的考虑，而且是出于实质性的考虑：资本主义产生的基础不仅包括制度层面的革命，而且要求心态层面的革命。[③] 而这一点常常

① 马克斯·韦伯：《新教伦理与资本主义精神》，第 73 页。

② 韦伯指出：“从宗教的角度看来，我们所关心的往往都是宗教生活中非常浅薄、非常粗俗的方面。然而正因为它们浅薄粗俗，才经常是最深刻地影响着世俗的行为。”（马克斯·韦伯：《新教伦理与资本主义精神》，第 150 页）这是韦伯与特洛尔奇、桑巴特等学者研究风格的重大差异所在。如他在评论特洛尔奇的《基督教教会和教团的社会教育》一书时认为：“他的作者关心的主要是宗教学说，而我的兴趣却在其实际后果。”（同上）

③ Wolfgang Schluchter, *Paradoxes of Modernity*, pp. 225-228. 这也正是“资本主义精神”的具体历史联系之为现代性问题的原因所在。刘小枫甚至认为“现代性题域”关涉的就是“个体－群体心性结构及其文化制度之质态和形态变化”。参阅刘小枫：《现代性社会理论绪论》，第 3 页。由此也足见心态研究不容社会学忽视。当然，我不同意刘小枫对现代性题域的勘定，而且认为他对韦伯的问题意识的把握亦存在有意地化约，这正是本文所着力反对的。刘认为韦伯忽视了现代现象中

为我们所忽视或者遗忘。韦伯试图把握世俗的历史心态这一实在的历史力量，而不是神迷于观念与物质的形而上论争（否则，他的学术努力就未免太过拙陋了）。社会历史心态 / 观念不仅是客观实在的投射 / 反映——这种看法用理论分析上的梳理取代 / 遮蔽了社会历史实在，而且其本身就是社会历史实在的构成部分。可以说，社会历史研究的基本困境之一就在于：心态这一具体实在的历史力量或韦伯所谓的“心理约束力”并非外在可见的物体，它在历史长河中倏忽即逝。而心态史也不是一部简单的线性积累的历史。也许我们只能走到它的“对岸”，却要竭力把握它昔日的生动以及直至今日的印记。即使如此，我们也必须拒斥那种对它视而不见的历史。当然，在我看来，韦伯在这方面的尝试并不成功。尽管他也做了诸如区分加尔文的神学思想和加尔文教信徒的宗教行为的努力，但在论证过程中仍过于“理念型”地用班扬笔下的基督徒或富兰克林的教导来充当史料，而回避了文本与大众心态之间可能存在的重大差异。但是，韦伯的经验研究促使人们严肃地反省现代社会理论话语的盲区 / “遗忘”。

（接上页）的“个体心态及其动机结构的转变”，而舍勒（Max Ferdinand Scheler）和西美尔的现代学思路“表明现代问题并非只是韦伯所关注的理性化及其起源和未来问题”（同上，第 25 页）。在我看来，问题并不是谁注意到了心态问题，而在于各自是如何去研究的。

结语：韦伯的“挣扎”

80年代以来，欧美思想界出现了所谓“后现代主义”思潮，在各个人文学科领域迅速扩张，从而引发与现代性话语决裂的大论战。而社会学学科内的后现代倾向也应时而生，对这门经验性学科的规范认识、前提预设发起了挑战。处在这样的思想背景下，重读韦伯这部社会学经典就显得卓有意义了。我们看到，“后现代主义者”的问题意识在20世纪之初即已暴露无遗。恰如利奥塔所言：现代性在本质上是不断地充满它的后现代性的。韦伯很早就在社会科学领域艰难而顽强地抵抗着启蒙的宏大叙事，这种清明体现在他对理性化进程“悲观的”（雷蒙·阿隆语）态度，更渗透于他的经验研究技艺（如“历史个体”“理念型”“价值中立”）之中。福柯在一次访谈中曾经讲到，知识分子的工作“不是要改变他人的政治意愿，而是要通过自己专业领域的分析，一直不停地对设定为不言自明的公理提出疑问，动摇人们的心理习惯、思想方式和行为方式，拆解熟悉的和被认可的事物，重新审视规则和制度，在此基础上重新问题化（以此来实现他的知识分子使命），并参与政治意愿的形成（完成他作为一个公民的角色）。”[①] 在我看来，这正是韦伯思想的写照。单就社会学思考的技艺而言，韦伯引导我们克服目的论倾向的历史与社会解释，而

---

① 福柯：《权力的眼睛》，严锋译，上海：上海人民出版社，1997年，第147页。

去发现经验事实中悖反、混乱、模糊和“微不足道”的东西，将它们纳入科学知识当中而不是将它们堂而皇之地摒弃或“视而不见”。这些“片断”正是研究者的经验敏感性和理论想象力滋生的沃土，我们需要的是走出既有总体历史话语与（相伴随的）目的论分析的诱惑去正视它们。这一点，我想对于我们研究中国社会与历史的问题是一个非常重要的启示。

学问旨在寻求智识上的清明，社会学在本性上是一种认识上的除魅。韦伯的社会学思考正是在捍卫理性的同时力图不堕入理性的神话之中，这是其思想的矛盾与深邃之处。而韦伯的难能可贵就在于让这种深刻的矛盾完整地呈现出来。因此，雅斯贝尔斯说：韦伯是我们这个时代中最彻底最深刻地了解挣扎（floundering）之意义的人。他的挣扎不等于无力完成某事，他的成就也不等于能够完成某事。他的挣扎和积极的意志类似，都是一种磨难（suffering)，这是一个人处在被命运嵌入的历史环境中真实的挣扎。[①]

---

① 卡尔·雅思培：《论韦伯》，第 27 页、第 89 页。

韦伯、谱系学与现代资本主义“精神”史 *

百年前，马克斯·韦伯的海德堡大学同事埃伯哈德·格特恩在为韦伯逝世撰写的悼念文章中曾提出：《新教伦理与资本主义精神》将来会是首先和韦伯大名联系在一起的作品。① 百年来的国际学术史表明，其言不虚。这部作品在人文社会科学领域长期占据着世界经典名著的显赫地位，至今广为流传。

这部作品何以能获得如此受人瞩目的学术地位？《新教伦理与资本主义精神》提供了一种关于现代资本主义文明——更准确地说，作为早期现代资本主义的重要历史构成要素的资本主义“精神”——发生源起的极富创见的独特解说。韦伯在研究结论中将其主旨扼要概括为：“现代资本主义精神——乃至整个现代文化——的基本要素之一，就是天职观念基础上的理性行为，它的源头则是基督教的禁欲主义精神。”② 当然，他的独特创见并不在于看到新教

---

* 本文曾刊于《史学理论研究》2021 年第 5 期，发表时略有文字变动。

① 参阅 Joshua Derman, *Max Weber in Politics and Social Thought: From Charisma to Canonization*, New York: Cambridge University Press, 2012, p. 80。

② 马克斯·韦伯：《新教伦理与资本主义精神》，阎克文译，上海：上海人民出版社，

文化与资本主义的亲和现象，也不在于提出“资本主义精神”这一概念。前者早已由其他学人指出，如前文提到的经济史家格特恩就曾在其著作中“恰如其分地将加尔文教徒在各地的聚居地称为资本主义经济的温床”。[①]后者则由维尔纳·桑巴特在其大著《现代资本主义》中率先提出，而为韦伯所采用并加以重新阐发。《新教伦理与资本主义精神》的原创性，毋宁说在于独辟蹊径从16世纪以来由“禁欲主义新教”塑造的生活伦理及其历史演变中梳理、辨识出西方现代“资本主义精神”——以及，作为其俗世承载者的资本主义“新人”——功利主义“经济人”、市民阶层“职业人”——的文化“出身”。[②]这项资本主义“精神”史的考察，巧妙地揭示出看似极度悖反而又扎实有据的文化“亲缘”谱系。

本文的主要关注点是韦伯在这部经典作品中具体运用的方法、展示的技艺。这里应该指出，韦伯最初转向清教禁欲主义问题之时，依旧是在他熟悉的经济学领域

（接上页）2010年，第274页。这一译本基于由塔尔科特·帕森斯翻译的《新教伦理与资本主义精神》1920年修订版的英译本。此外，为了准确把握韦伯原初的研究意图及其理路的逐渐变化，本文在必要时将征引由彼得·贝尔和戈登·韦尔斯合作编译的《新教伦理与资本主义精神》1904—1905年版本及其他相关文献的英译本（Max Weber, *The Protestant Ethic and the "Spirit" of Capitalism and Other Writings*）。

① 马克斯·韦伯：《新教伦理与资本主义精神》，第178页。

② “禁欲主义新教”是韦伯在这项研究中最为重要的概念创造。关于这一概念的内涵、由来及其与“清教”的关联，参阅 Peter Ghosh, "Max Weber's Idea of 'Puritanism': A Case Study in the Empirical Construction of *The Protestant Ethic*," *A Historian Reads Max Weber: Essays on The Protestant Ethic*, pp. 5-49。

内——沿着“社会经济学”的旨趣——开展研究。自威廉·罗舍尔以降，德国（国民）经济学素重“历史方法”（geschichtlicher Methode）在研究中的运用。[①] 作为“德国历史经济学派的嫡系传人”，韦伯正是沿着这一学术传承脉络进行反思、探索与创新的。[②] 其时，韦伯在学术方向尤为推重的是新康德主义哲学家海因里希·李凯尔特提出的所谓“历史的文化科学”。[③] 韦伯本人曾在 1905 年 4 月 5 日致李凯尔特的信中将《新教伦理与资本主义精神》定性为一篇“文化史方面的论文”。[④]

那么，韦伯关于西方现代资本主义“精神”之历史钩沉的基本方法是什么？除了人们耳熟能详的“历史个体”“理念型”“诠释性理解”“因果‘归责’”之外，本文尝试揭示在《新教伦理与资本主义精神》中隐而不彰的一种重要方法——谱系学（genealogy）。这一“历史方法”既非来自德国经济学历史学派，又非来自李凯尔特的历史哲学，而是来自尼采。它进而被韦伯批判地继承并创造性地转化为历史与社会（文化）科学研究的方法工具。

---

① 参阅 Jacob J. Krabbe, *Historicism and Organicism in Economics: The Evolution of Thought*, Dordrecht: Kluwer, 1996, pp. 23, pp. 27-29。

② 马克斯·韦伯：《民族国家与经济政策》，第 96 页。

③ 参阅李凯尔特：《李凯尔特的历史哲学》，涂纪亮译，北京：北京大学出版社，2007 年，第 91—92 页。

④ 玛丽安妮·韦伯：《马克斯·韦伯传》，第 271 页。

《新教伦理与资本主义精神》中的尼采幽灵

韦伯关于资本主义“精神”史的独到见识，虽发前人所未发，但并非横空出世之奇想。历来论家多已指出，韦伯的问题意识，与德国学界当时关于现代资本主义的论争联系在一起。[①] 自马克思以后，德国经济学历史学派的年轻一代已接受把“资本主义”这一概念作为认识现代世界的基本概念。同时，正如《新教伦理与资本主义精神》英译者塔尔科特·帕森斯指出：“把现代经济秩序当作历史上独一无二的，体现了一种特殊 Geist（精神）的关系体系，这种倾向在较早的经济学的历史学派中已经很明显了。”[②] 而在历史学派青年一代学者的讨论中，最早提出所谓“资本主义精神”的也不是韦伯，而是桑巴特。在其 1902 年出版的两卷本巨著《现代资本主义》中，桑巴特就“早期资本主义时代”（15 世纪中叶至 18 世纪中叶）的经济生活的考察，分别沿着经济的“精神”与形态两个方面展开。[③] 韦伯写作《新教伦理与资本主义精神》这篇长文，正是欲就资本主义“精神”问题与桑巴特展开深入对话。如他自陈，《新教伦理与资本主义精神》的成文“得益于桑巴特那

---

① 参阅塔尔科特·帕森斯：《社会行动的结构》，张明德等译，译林出版社，2012 年，第 543—544 页；京特·罗特：《导读》，载韦伯：《经济与社会》，阎克文译，上海：上海人民出版社，2010 年，第 49—50 页。

② 塔尔科特·帕森斯：《社会行动的结构》，第 544 页。

③ 参阅桑巴特：《现代资本主义》第二卷第一分册。

些做出深入阐述的重要著作，甚至——事实上尤其是——在我们分道扬镳的地方也同样如此”。[①]

当然，韦伯论旨的形成很大程度上还得益于海德堡大学提供的多学科交流的知识环境。例如，他曾在《新教伦理与资本主义精神》最初发表时公开表示受到前辈学者、法学家格奥格·耶利内克关于“人权”观念的宗教起源研究的启发与激励。[②]又如，韦伯曾多次申明经济学同事格特恩在他之前已揭示出加尔文主义和资本主义之间的“选择性亲和”。[③]而在“历史的文化科学”及其方法论方面，韦伯明显受到前弗赖堡大学同事李凯尔特的影响。[④]此外，还有年轻一代的海德堡同事如经济学家弗里德里希·戈特尔（Friedrich Gottl）、法学家古斯塔夫·拉德布鲁赫（Gustav Radbruch）等等。韦伯甚至还会提及同时代的友人如历史哲学家格奥格·西美尔对他的科学观的影响。

然而，尼采似乎完全滑出了韦伯本人的科学视界。无论是在《新教伦理与资本主义精神》还是在同时期的科学方法论系列论文中，韦伯都没有正面提及过尼采对他的可能启示。帕森斯、莱因哈特·本迪克斯（Reinhard Bendix）等美国社会学界早期的韦伯追随者们也基本忽略了其思想

① Max Weber, *The Protestant Ethic and the "Spirit" of Capitalism and Other Writings*, p. 49.

② Ibid. p. 157.

③ 马克斯·韦伯：《新教伦理与资本主义精神》，第178页、第410页。

④ 玛丽安妮·韦伯：《马克斯·韦伯传》，第247页。

中尼采的影响。本文则把主要研究任务设定在揭示《新教伦理与资本主义精神》中韦伯与尼采的思想“传承”关系，特别是韦伯“历史方法”中闪现的尼采幽灵。

与帕森斯、本迪克斯等韦伯研究学者不同，早年曾在海德堡大学就读过的德裔学者汉斯·格特（Hans Gerth）和其美国合作伙伴赖特·米尔斯（C. Wright Mills）为韦伯社会学文集出版撰写的长篇导读中曾论及韦伯的比较宗教社会学研究对尼采思想的批判继承。① 在格特等德裔移民学者以及哲学家卡尔·洛维特（Karl Löwith）、政治学家威廉·亨尼斯（Wilhelm Hennis）、社会学家格奥格·斯托特（Georg Stauth）等德国本土学者的持续努力下，国际学界已日益重视韦伯与尼采之间的深刻思想关联。本文关于韦伯的“谱系学”方法的发掘，部分得益于西方学界关于韦伯思想中尼采因素的发掘。② 不过，与这些研究不同，就本文的论旨而言，我们的主要关注点不是韦伯探讨的社会学实质论题，或其背后的哲学人类学关怀，而是隐藏在

---

① 参阅 Hans H. Gerth and C. Wright Mills, "Introduction: The Man and His Work," in H. H. Gerrth and C. Wright Mills, trans and eds., *From Max Weber: Essays in Sociology*, New York: Oxford University Press, 1946, pp. 61-63。

② 参阅 Wilhelm Hennis, "The Traces of Nietzsche in the Work of Max Weber," in *Max Weber: Essays in Reconstruction*, London: Allen and Unwin, 1988, pp. 146-162；Georg Stauth and Bryan S. Turner, *Nietzsche's Dance: Resentment, Reciprocity and Resistance in Social Life*, Oxford: Blackwell, 1988；Georg Stauth, "Nietzsche, Weber, and the Affirmative Sociology of Culture," *European Journal of Sociology*, vol.33, no.2, 1992, pp. 219-247；Franz Solms-Laubach, *Nietzsche and Early German Sociology*, Belin: Walter de Gruyter, 2007；等等。

《新教伦理与资本主义精神》中的重要“历史方法”。

《新教伦理与资本主义精神》这部作品与尼采的思想关联一度隐而不彰，部分是由于韦伯本人的处理方式所致。他在书中未正面提及过尼采对他的影响。全书中，尼采的大名仅在脚注中偶然地出现了一次。亨尼斯则在《新教伦理与资本主义精神》中捕捉到尼采的身影。例如，《新教伦理与资本主义精神》文末关于资本主义体制下人的命运的那段著名议论，尽管不是引用尼采的原话，却完全符合尼采的精神。不唯如此，《新教伦理与资本主义精神》与尼采的《道德的谱系》第三篇《禁欲主义理念意味着什么？》在问题意识上有着鲜明的相似性。此外，在尼采研究专家马志尼·蒙提纳里（Mazzino Montinari）的提示下，亨尼斯注意到《新教伦理与资本主义精神》一书的标题在结构上实际呼应了尼采早期作品《悲剧的诞生》——其全称为“悲剧诞生自音乐精神”（*Die Geburt der Tragödie aus dem Geiste der Musik*）。[①] 匈牙利裔社会学者阿帕德·绍科尔采伊进而把韦伯在1902年康复中开启的研究明确称作是“新的尼采式项目”。[②] 为此，他专门尝试细致地重建韦伯阅读尼采的经历及对他写作的影响。绍氏认为，从韦伯的写作计划中可以看到他“创造性地仿效”尼采的痕迹：《新

① 参阅 Wilhelm Hennis, "The Traces of Nietzsche in the Work of Max Weber," pp. 153-154, 237, n. 28。

② Arpad Szakolczai, *Max Weber and Michel Foucault*, London and New York: Routledge,1998, p. 141.

教伦理与资本主义精神》与其同时期完成的几篇方法论论文恰好分别对应了尼采的《悲剧的诞生》与《不合时宜的思考》。[①]

随后，绍科尔采伊在其所谓“反思的历史的社会学”（reflexive historical sociology）系列研究中专门解读了《新教伦理与资本主义精神》，并从论旨与方法两个方面讨论了尼采对韦伯的影响。就论旨而言，与亨尼斯一样，他认为韦伯接续了尼采提出的禁欲主义与西方现代性的关系这一议题。此外，他还认为韦伯的天才在于从“马克思与尼采之间的联结处开启出一条卓有成效的考察进路，从而突破了两者各自为阵的局限”。[②] 亦即，在现代资本主义中经济获利（马克思议题）与禁欲主义（尼采议题）之间存在的正面关联。韦伯正是从这一经验性的谜题出发，展开其历史考察。就方法而言，绍科尔采伊指出，早在米歇尔·福柯之前，韦伯“已经识别出了尼采的谱系学方法并且将之付诸应用”。[③] 绍氏的解读，重在揭示韦伯对尼采的传承。但是，他的论断有点显得过头。例如，为了凸显尼采的禁欲主义议题对于韦伯致思的重要性，他便说马克思从未关注禁欲主义问题。这当然不是事实。实际上，青年时代的马克思就曾一针见血地把国民经济学称为“关于禁

① Arpad Szakolczai, *Max Weber and Michel Foucault*, p. 143.

② Arpad Szakolczai, *Reflexive Historical Sociology*, London and New York: Routledge, 2000, p. 104.

③ Ibid.

欲主义的科学”。[①] 可见，马克思很早就曾注意到新教禁欲主义与资本主义的历史关联。不唯如此，恩格斯、伯恩斯坦、考茨基等德国社会民主党人也都在不同程度上关注过这一问题。[②] 在《新教伦理与资本主义精神》中，韦伯曾对伯恩斯坦的相关研究表示高度赞赏。[③]

回到本文更为关注的“历史方法”问题。绍科尔采伊敏锐地注意到韦伯对于尼采的谱系学方法的传承。不过，他在分析中对这一方法本身则缺乏必要的交代与讨论。而且，对于韦伯与尼采之间的重要差别也缺乏深入辨析。在绍氏之前，英国学者大卫·欧文（David Owen）已经尝试过梳理尼采、韦伯及福柯这一后康德的现代批判思想脉络，并以尼采提出的“谱系学”这一具体批判形式来加以统摄。[④] 欧文指出，这三位思想家分别发展了关于现代性的各具特色的谱系学批判。不过，他的基本旨趣是揭示他们之间的“家族类似”。而且，他主要关注的是揭示谱系学作为一种批判方式所具有的伦理的与政治的特点。这当然不是本文的研究关注所在。在笔者看来，欧文与绍科尔采

---

① 马克思：《1844 年经济学哲学手稿》，第 135 页。

② 例如，参阅恩格斯：《“社会主义从空想到科学的发展”英文版导言》，载《马克思恩格斯全集》（第一版）第二十二卷，北京：人民出版社，1965 年，第 338—349 页。

③ 参阅马克斯·韦伯：《新教伦理与资本主义精神》，第 302 页注 5、第 329 页注 188、第 343 页注 85。

④ David Owen, *Maturity and Modernity: Nietzsche, Weber, Foucault and the Ambivalence of Reason*, London and New York: Routledge,1994, p. 1.

伊的研究虽然正确地点出了谱系学这一韦伯与尼采之间的连接点，却未能深入辨析他们的重要差异，进而揭示韦伯如何批判地继承这一人文性方法并将之创造性转化为社会（文化）科学方法的过程。这正是下文中的研究任务。

谱系学：尼采对社会达尔文主义的批判与改造

“谱系学”这一方法在很大程度上因福柯在其“思想史”研究中的出色运用而广为人知。相应地，他关于尼采谱系学方法的疏解也成为人们了解谱系学的通行“正解”。[①]然而，就本文论旨而言，这位尼采主义者的解读并不足以充分提示韦伯与尼采之间的关联。对尼采的谱系学进行正本清源地考察仍是必要的。

关于尼采谱系学的渊源，西方学界大致有两种看法。一种认为，如尼采自陈，他的谱系学方法是在批判那些探究道德起源的“英国谱系学家”的过程中针锋相对地提出来的。尼采抨击“英国方式”的道德谱系学，主要针对的是社会达尔文主义，如赫伯特·斯宾塞（Herbert Spencer）

---

① 参阅 Michel Foucault, "Nietzsche, Genealogy, History," in Paul Rabinow, ed., *The Foucault Reader*, New York: Pantheon Books, 1984, pp. 76-100；福柯：《尼采·谱系学·历史学》，苏力译、李猛校，载汪民安编：《尼采的幽灵：西方后现代语境中的尼采》，北京：社会科学文献出版社，2001 年，第 114—138 页。

为代表的社会进化论。[1]后者将“是”“应当是”混为一谈，并试图从“实然”推论到“应然”。尽管尼采经常也把批判的矛头指向达尔文，但他的谱系学理路在根本上与达尔文的进化论思想实际并无抵牾。因此，丹尼尔·丹尼特（Daniel Dennett）将尼采的《道德的谱系》一书视作“关于伦理进化的最早也是最杰出的达尔文式考察之一”。[2]另一种观点则强调尼采谱系学的德国本土渊源。迈克·福斯特（Michael Forster）认为，这一方法肇始于赫尔德提出的“遗传”（genetic）方法，中经黑格尔（特别是《精神现象学》），而成于尼采。[3]贯穿其中的则是对历史感受性的强调。例如，尼采曾强烈抨击叔本华将同情视为道德本源的观点。他指出：“如此荒诞而幼稚，只有在一个思想家被褫夺了一切历史本能，并以最为诡异的方式摆脱了德国人已经经受的——从赫尔德到黑格尔——强大历史训练的情况下才可能发生。”[4]据此，笔者倾向认为，尼采的谱系学方法在与英国进化论的思想交锋中形成，同时也传承了赫尔德以降的德国历史主义传统。至于“谱系学”这一名称，

---

① David Z. Hoy, "Nietzsche, Hume, and the Genealogical Method," in Y. Yovel, ed., *Nietzsche as Affirmative Thinker*, Dordrecht: Martinus Nijhoff Publishers, 1986, p. 29.

② Daniel Dennett, *Darwin's Dangerous Idea: Evolution and the Meanings of Life*, New York: Simon and Schuster, 1995, p. 182.

③ 参阅 Michael Forster, "Genealogy," *American Dialectic*, vol. 1, no. 2, 2011, pp. 230-250。

④ 转引自 Michael Forster, "Genealogy," p. 240。

则是借自达尔文等生物进化论者。[①]

作为一种哲学方法，关于道德的谱系学考察体现了尼采的“历史主义”取向。尼采在《道德的谱系》前言中自陈，他“对于我们道德偏见的起源的思考”始于《人性的太人性的》(*Menschliches, Allzumenschliches*)一书。[②] 该书开篇，尼采提出了“历史的哲学”(historische Philosophie)——与“形而上学的哲学”针锋相对。[③] 他批判以往的哲人缺乏历史意识，幻想“人”是一种永恒的事实，是衡量万物的可靠的尺度。尼采则主张：“一切都是形成的过程，不存在永恒的事实，正如不存在绝对的真理一样。”[④] 1885年，尼采在札记中写道：“把我们与康德区分开来的东西，就如同把我们与柏拉图、莱布尼茨区分开来的东西：甚至在精神方面，我们也只相信生成和变异，我们彻头彻尾是历史的。这是一种伟大的转变。”[⑤]

但是，正如尼采对“英国谱系学家”的批判所示，他对这些外来思想的吸收并非是机械地照搬，而是批判地化用。这鲜明地体现在《道德的谱系》前言中提出的关

① 参阅达尔文：《人类的由来及性选择》，叶笃庄、杨习之译，北京：北京大学出版社，2009年，第96页。

② 参阅尼采：《道德的谱系》，梁锡江译，上海：华东师范大学出版社，2015年，第48页、第52—53页。

③ 参阅尼采：《人性的，太人性的》(上)，魏育青译，上海：华东师范大学出版社，2008年，第15—17页。

④ 同上，第20页。

⑤ 尼采：《权力意志》，孙周兴译，上海：上海人民出版社，2016年，第11页。

于谱系学的蓝色、灰色之辨。当然，他的直接对话对象并非达尔文或者斯宾塞，而是昔日的密友保罗·雷伊（Paul Rée）。1877 年，雷伊出版了《道德感的起源》（*Der Ursprung der moralischen Empfindungen*）一书。尼采于次年出版的《人性的，太人性的》一书中曾将雷伊引为同道。然而，伴随着两人友情的终结，尼采在思想上也与雷伊分道扬镳，最终形成自己独树一帜的“谱系学”。尼采提出，与“那种英国式的、毫无方向可言的蓝色假说”不同，他的道德谱系学的色彩是“要比蓝色重要百倍”的灰色。“也就是说，那些有证据记载的、可以真实确定的、真实存在过的东西，简言之，那是有关人类整个漫长道德历史的难以辨认的象形文字！”[①]

当然，必须看到，尼采的“科学”诉求并不会满足于道德历史的客观呈现。绍科尔采伊指出，尼采在阐说其谱系学方法的时候错误地越出界限，试图对道德价值进行诊断与批判。[②] 其实不然，谱系学在尼采那里本来就是用于开展文化批判、道德诊断的武器。换句话说，尼采意欲使其谱系学研究尽可能地被价值充盈。[③] 例如，他在《道德的谱系》第一篇末（第 16 节）明确地表达了其价值立场。尼采认为，“好与坏”（罗马人的主人道德）、“善与恶”（犹

---

① 尼采：《道德的谱系》，第 57—59 页。

② 参阅 Arpad Szakolczai, *Max Weber and Michel Foucault*, p. 43。

③ 参阅 David Hoy, "Nietzsche, Hume, and the Genealogical Method," p. 21。

太人的奴隶道德）这两种价值观势不两立，它们之间的持续斗争“贯穿了全部人类历史”。站在“高贵者”（希腊、罗马）的价值立场，这位古典学家不但全盘否定基督教文明，而且对文艺复兴以来的欧洲历史加以褒贬。他把文艺复兴视作古典理想（罗马）的一次复苏，然而很快犹太就又一次高奏凯歌——先是（德国人和英国人的）宗教改革，然后是法国大革命——“犹太人再次从一个更具决定性的、更深刻的意义上获得对古典理想的胜利”。[①]

韦伯对于欧洲现代文明史的认识，显然迥异于尼采。他在《新教伦理与资本主义精神》中高度评价了宗教改革对于现代资本主义文明的贡献，完全拒斥尼采式咒骂的干扰。[②] 相应地，他在《新教伦理与资本主义精神》中传承自尼采并创造性运用的“谱系学”，也已不同于尼采的谱系学。如果说，从达尔文到尼采（历史的哲学），谱系学方法经历了一个充盈价值判断的人文化过程，那么，从尼采到韦伯（历史的文化科学），谱系学方法则经历了一个免于价值判断的“科学”化过程。

不过，我们还是首先要考察下尼采《道德的谱系》一书对韦伯关于资本主义精神史的研究的方法启示。

---

① 尼采：《道德的谱系》，第 100 页。

② 韦伯友人西美尔亦曾批评过尼采“不能理解基督教的超验性”，并以加尔文式动机为例来说明这一点（参阅西美尔：《叔本华与尼采》，莫光华译，北京：商务印书馆，2019 年，第 211—213 页）。

谱系学：尼采对韦伯的方法启示

虽然韦伯思想的尼采面向已经越来越得到西方学界的认识，但是，尼采对韦伯的社会科学方法的影响则未得到主流学界的认可。诸如弗里茨·林格（Fritz Ringer）等研究专家讨论韦伯的方法论时，都未提及尼采的影响。[①] 究其原因，恐怕还在于缺乏纸面上的直接证据。例如，韦伯科学论文集的英译者、丹麦学者汉斯·布鲁恩（Hans Henrik Bruun）认为，尽管尼采对韦伯的方法论有影响，但非常有限。[②] 学界主流倾向认可的是韦伯科学观主要受到李凯尔特的新康德主义哲学影响，[③] 这当然是有依据的。

韦伯在《新教伦理与资本主义精神》中关于其研究方法的说明，以第二章的开篇几段最为清晰、紧要。他提出，"资本主义精神"作为一个历史概念，所指涉的对象只能是一个"历史个体"。因为，历史概念的方法论目的"并不是以抽象的普遍公式，而是以具体发生的各种关系来把握历史现实，而这些关系必然地具有一种特别独一无

---

① 参阅 Fritz Ringer, *Max Weber's Methodology: The Unification of the Cultural and Social Sciences*, Cambridge and London: Harvard University Press, 1997；Ola Agevall, *A Science of Unique Events: Max Weber's Methodology of the Cultural Sciences*, Ph.D. diss., Uppsala: Uppsala University, 1999；Sam Whimster, *Understanding Weber*, London and New York: Routledge, 2007。

② Hans Henrik Bruun, *Science, Values and Politics in Max Weber's Methodology*, p. 39.

③ 参阅 Thomas Burger, *Max Weber's Theory of Concept Formation: History, Laws, and Ideal Types*, Durham: Duke University Press, 1976。

二的个体性质”。[①] 所谓“历史个体”这一提法，正是来自李凯尔特的历史哲学。李凯尔特强调，所谓“个体”不仅包含了独特的、具体的、唯一的之意，而且意指一个可以引发历史研究者的逻辑旨趣的统一体。换句话说，除了其独特性（uniqueness）外，他还特别强调不可再分性（indivisibility）或整体性（unity）。他认为，历史个体的不可再分性乃是基于其独特性，而只有当其独特性与社会一般文化价值相关联时，历史个体才可能具有不可再分性。[②] 韦伯在其关于资本主义“精神”史的研究中采纳了李凯尔特的方法论思想。他把历史个体视为“一种在历史的现实中联结起来的诸要素的综合体，我们是从文化意义的角度把它们统一成一个概念整体的”。[③]

但是，也有一些学者则认为尼采对韦伯（包括其科学观）的影响不容忽视。例如，前文提及的德国学者亨尼斯就是主要代表之一。不过，即使亨尼斯也认为：“只要关乎科学的、因果的、无瑕的‘归因’，尼采就不是权威；在这

---

① 马克斯·韦伯：《新教伦理与资本主义精神》，第 182 页。

② 参阅 Heinrich Rickert, *The Limits of Concept Formation in the Natural Sciences: A Logical Introduction to Historical Sciences (Abridged Edition)*, translated by Guy Oakes, Cambridge: Cambridge University Press, 1986, p. 84。

③ 马克斯·韦伯：《新教伦理与资本主义精神》，第 181 页。当然，韦伯并没有全盘接受李凯尔特的历史概念构建原则。他虽然接受其价值关联原则，但并不接受其客观价值论（参阅 Guy Oakes, "Weber and the Southwest German School: The Genesis of the Concept of the Historical Individual," in Wolfgang Mommsen and Jürgen Osterhammel, eds., *Max Weber and His Contemporaries*, London: Allen & Unwin, 1987, p. 444）。

方面，其他人更为有力。”[1] 针对学界在这一问题上的分歧，绍科尔采伊则提出一个大胆的推想：“在某种意义上，韦伯在其参引文献中用李凯尔特‘替代’了尼采；他声称李凯尔特是其方法论观点的主要来源，实际则是反讽地指涉同时阅读尼采和李凯尔特的体验，其神来自前者，其形则是后者。”[2] 换句话说，李凯尔特和尼采在韦伯的方法论思想中呈现为一显一隐的关系。

笔者认为，尼采的确是韦伯的“文化史”研究中隐微的存在。特别是韦伯非常欣赏的《道德的谱系》这部杰作，对《新教伦理与资本主义精神》中运用的方法提供了极为重要的启示。既有研究多是从第三篇（《禁欲主义理念意味着什么？》）来识别尼采对《新教伦理与资本主义精神》论旨的影响。至于第一篇《“善与恶”、“好与坏”》，论者多只是注意到韦伯在其后期的宗教社会学研究中就怨恨这一命题与尼采展开的对话。[3] 与此不同，笔者则认为《道德的谱系》第一篇对《新教伦理与资本主义精神》的创作构思、分析理路具有整体性的实质影响。

作为《道德的谱系》首篇，《“善与恶”、“好与坏”》一文堪称尼采开创其关于人类道德的“谱系学”的宣言书。他在这篇檄文中挑战了昔日友人雷伊及其代表的“英国方

---

① Wilhelm Hennis, "The Traces of Nietzsche in the Work of Max Weber," p. 154.

② Arpad Szakolczai, *Max Weber and Michel Foucault*, p. 141.

③ Wilhelm Hennis, "The Traces of Nietzsche in the Work of Max Weber," pp. 151-152.

式的谱系学家”的道德发生史叙事，抨击他们缺乏真正的“历史精神”。这些道德史家推论，“好”/“善”（德语均为gut）这一价值判断源自那些受益于“善行”的人对无私行为的赞扬。尼采则认为，这种假设乃是毫无历史根据的迷信。他针锋相对地提出，“好人”（即那些高贵者）自己才是“好”这一判断的起源。这些高贵的、上等的统治阶层认为自身的行为是好的，并通过语言——好（高贵的）与坏（下贱的）——来表达其主导性的感觉。因此，“好”这个概念从一开始与“无私的”行为完全没有必要的联系。只是到了贵族的价值判断走向衰亡的时期，“无私的”（善）与“自私的”（恶）这对概念才开始逐渐占据人们的良知。[①]

为了论证自己的观点，尼采找到的一个有力武器是就“好”这一概念进行语源学的考察。他发现，无论在哪里，“高贵的”“贵族的”这些社会等级观念都构成——具有“心灵高贵的”“贵族的”意义的——“好”这一观念得以发展出来的基础。与此相应，“卑贱的”“粗鄙的”等词汇则最终转化出“坏”这一观念。例如，德语“坏”（schlecht）一词就曾与“朴素”（schlicht）一词是通用的，最初指称的就是普通的人。即，作为高贵者的对立面。一直到三十年战争（1618—1648）时期，德语“坏”一词的含义才转到今天通用的含义。尼采对于自己的这一发现非

① 参阅尼采：《道德的谱系》，第64—66页。

常得意，称之为“对道德谱系的一个本质性的洞见”。[①] 在该篇末尾的附注中，这位昔日的古典学教授、“老语文学家”特别申明他就道德历史研究提出了一个十分值得注意的问题：“语言学，尤其是语源学的研究，将会为道德概念的发展史给出怎样的提示？”[②] 可见，语源学考察构成了尼采的道德谱系学非常核心的环节。

如果我们将韦伯于 1904 年发表的《新教伦理与资本主义精神》第一篇《问题》（即前三章）与《道德的谱系》第一篇加以比较，会发现其中的诸多“神似”。韦伯在不惑之年撰成的这篇长文，是他精神康复后开展的第一项实质性研究，也是他处心积虑为重回学界而郑重推出的个人“代表作”。[③] 有趣的是，与《“善与恶”、“好与坏”》一文类似，这篇文章也具有某种“檄文”性质，直接挑战了其友人桑巴特在《现代资本主义》一书中关于“资本主义精神”的论述。而且，与尼采类似，韦伯在文中也针锋相对地提出自己关于“资本主义精神”之意涵的截然不同的看法。桑巴特提出，早期资本主义精神具有两个特点：一个是浪漫的特点，即以营利为目标的所谓“冒险精神”；一个是市民的特点，即以契约诚信、勤劳节俭为特征的市民精神。前

---

① 参阅尼采：《道德的谱系》，第 67—68 页。

② 同上，第 102 页。

③ 韦伯曾在 1904 年 6 月 14 日致李凯尔特信中将《新教伦理与资本主义精神》第一篇称为他的“代表作”（Hauptwerk）。参阅 Peter Ghosh, *A Historian Reads Max Weber: Essays on The Protestant Ethic*, p. 95。

者的典型代表是16世纪的英国海盗或者著名的德意志工商业、银行业大亨富格尔；后者的代表则是15世纪佛罗伦萨的富商阿尔贝蒂。桑巴特还看到："早期资本主义时代的经济主体，真正是依照宗教和道德的戒律去规定他们的生活。"[①] 由此，生成了"有体面地营利的观念"。他指出："从阿尔贝第到佛兰克林的一切商人，教科书和宗教书一致承认，只有用'适当的'方法，公平正直获得的财富，才能招福。"[②] 韦伯在《新教伦理与资本主义精神》中则以18世纪的英裔美国商人富兰克林为经验典型，提出了自己关于"资本主义精神"的独到理解。他不认为以营利为目标的"冒险精神"构成其文化独特性，而是着重强调把营利作为一种个体的责任，即作为其生活的目的本身。[③] 进而，韦伯也不赞同桑巴特提出的"从阿尔贝蒂到富兰克林"这一"资本主义精神"谱系的勾勒。无论是阿尔贝蒂还是富格尔，都是前宗教改革的经济人物。韦伯则坚信，他所谓"资本主义精神"乃是欧洲宗教改革以后才得以生成的新的文化现象。

---

① 桑巴特：《现代资本主义》第二卷第一分册，第34页。

② 同上，第35页。因此，韦伯指出："桑巴特并没有忽略资本主义企业家的伦理面向。但是在他看来，这个伦理面向似乎是资本主义的结果。我们则为了自身的研究目的而考虑提出相反的假设。"（Max Weber, *The Protestant Ethic and the "Spirit" of Capitalism and Other Writings*, p. 48, n. 21）

③ Max Weber, *The Protestant Ethic and the "Spirit" of Capitalism and Other Writings*, p. 11. 在1920年修订版中，韦伯进一步强调指出，这是"一种独特的伦理"，是"一种精神气质"（马克斯·韦伯：《新教伦理与资本主义精神》，第184页）。

为了论证自己的观点，韦伯运用的有力武器也是语源学考察。他的突破点就是他确信构成“资本主义精神”内核的Beruf（“职业”或“天职”）观念。韦伯发现：“无论是天主教诸民族还是古典主义的古代民族，都没有任何表示与我们所知的‘天职’具有同样含义的说法，而它在所有新教民族中却一直沿用至今。”[①] 经过进一步的考证，他确信这个词的现代意义最初是马丁·路德在翻译《圣经》（次经《便西拉智训》）时首次使用的。韦伯指出：“同这个词的含义一样，这种观念也是崭新的，是宗教改革产物。……至少有一点是完全崭新的：把履行尘世事务中的责任看作是个人道德活动所能采取的最高形式。这就必然使日常的世俗活动具有了宗教意义，并且第一次产生了这个意义上的天职观。”[②] 关于“天职”一词的语源学考证，无疑是《新教伦理与资本主义精神》论旨得以成立的关键环节。这是桑巴特的分析完全没触及的，而是韦伯的重要发现。通过语源学的追溯，韦伯得以清晰地判分天主教、新教的古今之别。他坚决否定阿尔贝蒂、富格尔代表了现代“资本主义精神”，正是基于“天职”这个观念的语源学考证。否则，其论点就难免显得刚愎武断了。事实上，韦伯为此下了很大的语言学功夫。这从第三章的相关注释的

① 马克斯·韦伯：《新教伦理与资本主义精神》，第203页。

② 同上，第204页。

篇幅与学术分量就可窥见一二。[①] 韦伯关于“天职”的语源学考察，正是受到尼采在《谱系》第一篇提出的方法指引或启发。尽管韦伯不像尼采一样专长语源学，但他还是竭尽所能完成了这项重要的基础性研究。当然，较之尼采，韦伯在《新教伦理与资本主义精神》中的分析远为细腻。路德尽管是“天职”这一观念的首创者，却不是作为现代“资本主义精神”的历史“前身”的禁欲主义新教伦理的代表。在新教内部，韦伯又做了进一步的“古”（路德、路德宗）、“今”（加尔文、加尔文宗和其他禁欲主义新教教派）之辨。

总之，韦伯在《新教伦理与资本主义精神》第一篇中关于“资本主义精神”的两种截然不同的价值内涵——“天职”伦理（韦伯）与“营利”驱动（桑巴特）——的辨析、对置，在策略上非常类似尼采在《道德的谱系》第一篇中关于“好与坏”“善与恶”两种截然不同的道德价值的辨析、对置。而且，韦伯也像尼采一样通过语源学考察来寻求“价值重估”式的认识突破。就此而言，可以说《新教伦理与资本主义精神》在分析理路上是对《道德的谱系》的一种“创造性效仿”。[②]

我们再来看韦伯于1905年发表的《新教伦理与资本主义精神》第二篇（即后两章），也能从其运思中发现尼采的

---

① 参阅 Max Weber, *The Protestant Ethic and the "Spirit" of Capitalism and Other Writings*, pp. 52-58；马克斯·韦伯：《新教伦理与资本主义精神》，第290—295页注1—3。

② 参阅 Arpad Szakolczai, *Max Weber and Michel Foucault*, p. 143。

间接影响。第四章提出“禁欲主义新教”这一理念型概念，并对其核心教理进行了考察。韦伯在这章中关于加尔文宗与路德宗的理念型比较，有意放大、凸显二者的差异，乃至将其对立起来。例如，关于恩宠问题，路德宗的信条是恩宠可以被撤销，也可以（通过真诚忏悔）重新赢得，而加尔文“却反其道而行之”，强调上帝的旨意（恩宠）不可变更。又如，在因信称义问题上，路德宗信仰追求的“神秘合一”体验，“对归正宗的信仰来说是生疏的”。韦伯在1920年修订《新教伦理与资本主义精神》时，又进一步把二者“类型化”，将它们分别归入“禁欲主义”（加尔文宗）和“神秘主义”（路德宗）的类型。这样的辨析、对比策略，不禁再次令人感到与尼采在《谱系》第一篇中提出的“好与坏”“善与恶”的辨析、对比之间的某种“神似”。尼采的道德谱系学，其智慧在于从貌似一而二、二而一的两组范畴中，辨析出截然不同乃至根本对立的两种道德（或价值判断原则），即所谓“主人道德”“奴隶道德”这两种基本类型。[①] 韦伯关于加尔文宗与路德宗这两种同出一源的新教教理之间重要差异的辨析，实颇得尼采谱系学的神韵。

以上可见，韦伯的《新教伦理与资本主义精神》在历史研究方法上传承了尼采的谱系学。但是，这种传承并不是全盘照搬，而是有选择、有批判的改造与化用。就此而言，它

① 参阅尼采：《善恶的彼岸》，魏育青等译，上海：华东师范大学出版社，2016年，第247—251页。

已经变成了韦伯自己的“谱系学”。下文中，笔者从历史个体的文化“归责”、社会心理的历史理解、行动的“反讽”后果、价值的历史“转化”等几个方面来说明这一点。

韦伯的“谱系学”：对尼采的改造与化用

尼采在《道德的谱系》前言中提出，谱系学的色调是灰色的。也就是说，谱系学家应该注重的是“那些有证据记载的、可以真实确定的、真实存在过的东西”。他还依着语文学家的习惯将其工作比喻为识别人类整个漫长道德历史中“难以辨认的象形文字”。[①] 这似乎表达出一种关于道德史的自然主义的“科学”态度。但是，他的道德史书写实际上多是来自睿智而大胆的推想，并不是基于对“灰色”的历史记录中那些“象形文字”耐心而细致地识别。应该说，他所设想的谱系学工作，在韦伯关于资本主义“精神”史的研究中才得到典范的落实与体现。

谱系学的基本任务是历史个体的文化“亲缘鉴定”。具体而言，西方现代“资本主义精神”的文化“出身”问题。[②] 它是文艺复兴之子，还是宗教改革之子？或是启蒙

---

① 尼采：《道德的谱系》，第 58—59 页。

② 福柯在其关于尼采谱系学的疏解中，深入辨析了尼采的两个用词——“出身”（Herkunft）与“起源”（Ursprung）及其差异（参阅 Michel Foucault, "Nietzsche, Genealogy, History"）。

运动之子？它是犹太教的产物？还是天主教的产物？抑或是新教的产物？

韦伯明确地认为，“资本主义精神”是宗教改革运动的历史产物。他进一步提出“资本主义精神”与新教禁欲主义伦理之间的谱系关联假设。这样一个表面看来南辕北辙的文化谱系，其实质关联点何在？如前所述，韦伯将其锁定为“天职”观念，并通过语源学考察而确定这一观念是宗教改革的产物。进而，通过辨析路德宗和加尔文宗的天职观，更加具体地识别并提出“禁欲主义新教”这一世俗资本主义“精神”的宗教“母体”。再进一步，韦伯通过深入细致的教理分析来识别新教禁欲主义伦理中那些产生重大文化史效果的核心教理（特别是加尔文主义的得救预定论）。进而，再考察这些教理对普通信众的实际的心理影响。通过研读 17 世纪新教教牧实践中形成并广为流传的著述——如理查德·巴克斯特的《基督徒指南》、罗伯特·巴克利的《辩解书》（*An Apology for the True Christian Divinity*）等，韦伯进一步识别清教“实用神学”中蕴含的资本主义“精神”元素，包括其财富观、劳动观、消费观等。如此迭次推进，展现一种独特的新型资本主义经济伦理如何出人意料地“水到渠成”。

韦伯的“谱系学”与尼采谱系学的一大差异是在历史“归因”判断问题上的方法论自觉。为了尽可能对“资本主义精神”这一历史个体准确地进行文化“归责”，韦伯在研究中不断地借助其创设的“理念型”方法进行比较、辨析，以努力析别出具体的历史因果关联。可以说，辨析差异构成其“谱系学”的重要工作。例如，第二章中在资本主义精神问题上关于富兰克林与富格尔的差异辨析、第三章中在天职观问题上关于加尔文教与路德教的差异辨析、第四章中在善举问题上关于中世纪天主教徒与清教徒、在禁欲主义问题上关于天主教禁欲主义与清教禁欲主义的差异辨析，等等。经过这一系列的比较、辨析，才得以确认“谱系”。[①]

尼采自视为“新心理学家”，并致力于让心理学“重新被承认为科学之王”。[②] 他的谱系学也是以心理学解释为基础的。例如，他在《道德的谱系》第一篇中就贯彻了其心理学方法，提出善 / 恶之价值判断的怨恨“驱动”说。[③] 诚然，韦伯在其“精神”史考察中高度重视历史行动者的心理或（作为“大众现象”的）心态。但是，他致力的社会（文化）科学拒绝把历史化约为去历史的一般心理驱动（如尼采设想的怨恨驱动）。韦伯所谓“心理”，不是社会经济学的（非历史性的）前提预设，而是文化科学与文化

① 顺带指出，在《新教伦理与资本主义精神》一书中，韦伯不仅运用“谱系学”方法追溯了“资本主义精神”与新教禁欲主义的文化渊源，而且还简略地勾勒了现代西方个人主义、功利主义与新教禁欲主义的谱系关联（马克斯·韦伯：《新教伦理与资本主义精神》，第 222 页、第 224—225 页、第 271 页、第 304 页注 22、第 305—306 页注 22、第 306—307 页注 34、第 323 页注 145、第 331 页注 9、第 334 页注 33）。

② 参阅尼采：《善恶的彼岸》，第 22 页、第 37 页。

③ 参阅尼采：《道德的谱系》，第 75—76 页、第 79—83 页。

史的考察对象，即经验性的具体文化实在。“心理”是历史的、文化塑造的，同时又是可诠释、可理解的（仅就此而言也是“理性的”）。这是其“心理”学与自然主义的心理学的差异所在。即，不是寻找可以进行化约的心理“驱动”（如道德谱系学的“畜群本能”、精神分析学的“俄狄浦斯情结”、理论经济学的“边际效用”等），而是诠释地理解“心理”在特定历史情境下的特殊的文化意义。

当然，在《新教伦理与资本主义精神》中，韦伯的直接对话对象并不是尼采，而是桑巴特。他们不仅在实质问题上存在分歧，而且在方法上也是两条截然不同的进路。照韦伯的归纳，桑巴特的社会经济学研究失之于理论经济学式的心理学化约论，即把资本主义经济行为与制度的认识建立在“获利”这一（非历史的）心理驱动基础上。韦伯在《新教伦理与资本主义精神》第二章中明确地将“资本主义精神”与桑巴特强调的“获利本能”在分析上区分开来。他指出：“资本主义精神和前资本主义精神之间的区别并不在赚钱欲望的发达程度上。自从有了人类历史，也就有了财迷心窍，有的人贪得无厌，已经毫无限制地成了一种失控的冲动，比如那位荷兰船长，他‘要穿过地狱去寻宝，哪怕地狱之火烧焦了船帆也在所不惜’。但是，我们可以看到，这些人并不是作为一种大众现象的那种心态的代表，而正是那种心态，才产生出了特别的现代资本主义精神，这就是问题的关键。”[①] 为了历史地理解这种特殊的文化心态，韦伯一路追溯到加尔文以来的禁欲主义新教信仰与实践，考察其“所产生的心理约束力在指导实际行为并制约个人时的影响”。[②] 在第四章中，韦伯着重诠释了加尔文主义的预定论对其普通信众所产生的心理效果（包括内心的孤独、焦虑、恐惧、激励等）。

从韦伯关于社会文化心理的探索，可以看到他与尼采之间潜在的严肃对话。他关注的是作为历史个体的心理（或心态）的独特文化意义，而拒斥一般的心理学解释。在他的历史世界里，“精神”（或“心理”）固然是历史进程的重要构成因素，但历史进程又总是无情地辗碎、抛弃各种“精神”（如“资本主义精神”）。

尼采的道德谱系学具有浓厚的“自然主义”倾向，但其“生理－心理学”诊断对“驱动”“本能”的倚赖又往往会给人强调意图性的印象。与此不同，韦伯的“谱系学”在着力辨识“资本主义精神”的独特文化“出身”的同时，也非常有意识地剔除这一历史谱系关联的意图性。例如，他在《新教伦理与资本主义精神》第三章中确定以加尔文、加尔文宗及其他清教教派为研究新教伦理与资本主义精神之间关系的起点后，随即强调指出：

---

① 马克斯·韦伯：《新教伦理与资本主义精神》，第 188 页。

② 同上，第 217 页。

> 不应将此理解为，我们期望发现这些宗教运动的任何创始人或代表人物把推动我们所说的资本主义精神之发展完全视为他们毕生工作的目的。我们也不能坚持认为他们中的任何人会把追求世俗利益作为目的本身、会给予这些利益任何正面的道德评价。必须永远记住，伦理观念的改革方案从来就不是任何宗教改革家（就我们的目的而言，这里应当包括门诺、乔治·福克斯和卫斯理）所关心的核心问题。他们既不是道德文化团体的奠基人，也不是社会改革或文化理想的人道主义规划倡导者。灵魂的救赎，而且仅仅是灵魂的救赎，才是他们生活和工作的核心。他们的道德理想及其教义的实际效果都是建立在这个惟一的基础之上的，而且是纯宗教动机的结果。因此，我们不得不承认，在很大程度上，也许尤其在我们重点研究的这些方面，宗教改革的文化后果是改革家们未曾料到，甚至是不希望出现的劳动成果。它们往往同他们自身所要达到的目的相去甚远，甚至背道而驰。[①]

这段话明确排除了从心理动机层面提出“资本主义精神”的发生学解释。相反，韦伯一再强调宗教动机与其文化后果之间的巨大反差。换句话说，资本主义精神的历史“生成”是一个非意图性的过程。也可以说，是非法则性

① 马克斯·韦伯：《新教伦理与资本主义精神》，第 210 页。

的。正因其非法则性，资本主义“精神”才得以标示出其作为历史个体的文化独异性。就此而言，它的诞生可谓是一个不折不扣的“事件”。

虽然韦伯高度强调新教伦理与资本主义精神的禁欲主义“理性主义”特征，但它们之间的“亲缘”关联却是非意图性的或者说非理性的。这一理性（意图）与非理性（后果）的辩证法，正是韦伯关于现代文明的“谱系学”的要义所在。

为了佐证其揭示的充满悖论的历史因果关联，韦伯在1920年修订本中特意插入了18世纪英国神学家、循道宗创始人卫斯理的一段话：“我担心，凡是财富增长之处，那里的宗教精髓就会以同样的比例减少。因此，就事物的本质而论，我看不出真正的宗教怎么有可能出现任何长久的奋兴。因为宗教必产生勤俭，而勤俭必带来财富。但是随着财富的增长，傲慢、愤怒和对尘世的眷恋也会四处蔓延。……所以，尽管还保留了宗教的形式，但它的精神却飞逝而去。”[①] 卫斯理的忧虑生动地展示了宗教与俗世之间巨大的内在紧张，而非和谐的功能性关联。正因如此，韦伯在文中化用歌德的话，把禁欲主义刻画为“一种‘总在追求善却又总在创造恶’的力量”。[②]

宗教改革运动不期然间为现代西方资本主义的早期发

---

① 马克斯·韦伯：《新教伦理与资本主义精神》，第270页。

② 同上，第268页。

展提供了至关重要的禁欲主义伦理教育，深刻塑造了现代资产阶级企业家与工人劳动者的“生活哲学”。然而，其充分的经济效果，则“只有在纯粹的宗教狂热过去之后才显现出来。这时，寻找天国的狂热开始逐渐转变为冷静的经济美德；宗教的根茎会慢慢枯死，让位于功利主义的名利心”。[①] 英国文学中朝圣者（班扬）向经济人（笛福）的形象蜕变，象征了禁欲主义新教伦理与现代资本主义精神的谱系关联。在韦伯的笔下，与它们相应的历史人物“代表”则是两位不同时代的劝世伦理家——牧师巴克斯特和商人富兰克林。

从巴克斯特到富兰克林，而不是从阿尔贝蒂到富兰克林，这就是韦伯与桑巴特关于资本主义“精神”史的认识分歧所在。毋庸置疑，韦伯勾勒的“精神”史谱系远为出人意料，乃至近乎“不可思议”。通过“谱系学”的考察，他成功地把貌似对立的价值之间的深层历史“亲缘”揭示了出来。笔者认为，这正是其研究之“妙”所在。

尼采在《善恶的彼岸》中曾嘲笑、抨击过那些质问“事物怎能来自其对立面”的形而上学家们。他们的基本信念就是“对价值对立的信念”。尽管自诩为“怀疑一切”，却从未怀疑过是否真有这种对立存在。他反问道：“那些世俗的价值评判和价值对立，即形而上学家们盖上印章担保无误的东西，是否只是粗浅的判断，只是瞬间的景象？也

① 马克斯·韦伯：《新教伦理与资本主义精神》，第 271 页。

许还是一隅之见，是自下而上的坐井观天……甚至还可能是这样：那些好的、受人尊敬的价值，恰恰在于这些事物与坏的、表面上与之格格不入的事物之间令人尴尬的关联、纠缠、勾连，也许甚至在于两者本质上的一致。”[①] 韦伯在《新教伦理与资本主义精神》中展示的洞见，可以说正响应了尼采对超越世俗价值对立的“新型哲人”的召唤。他虽然拒斥尼采关于宗教的心理学解释，但传承了其超越价值的形而上学对立的智慧。从而，得以观照从基督教禁欲主义到“资本主义精神”再到世俗享乐主义的一系列价值“转化”。这清晰显示出谱系学的非道德主义、反目的论的风格。就这一点而言，他与尼采可谓一脉相承。

不过，韦伯的“谱系学”取意则不同于尼采。尼采的谱系学试图揭示“好的、受人崇敬的价值”（如基督教的博爱）与“坏的、表面上与之格格不入的事物”（怨恨）之间的尴尬关联——福柯的谱系学研究传承了这一点；韦伯的“谱系学”则致力于揭示宗教（神圣）与经济伦理（世俗）之间的非常出人意料的历史关联（文化科学），而并无刻意“揭丑”的价值倾向（文化批判）。毋宁说，韦伯对那些清教运动领袖们抱有崇高敬意，乃至强烈认同。[②] 他们的宗教努力一度对西方现代文明的发展演进产生过——尽管与他们的初衷南辕北辙——巨大的影响。然而，这些已随着

---

① 尼采：《善恶的彼岸》，第 4 页。

② 玛丽安妮·韦伯：《马克斯·韦伯传》，第 266 页。

历史而被人们遗忘了。不唯是禁欲主义新教伦理，就是其孕育的资本主义“精神”也早已被工具理性主宰的资本主义经济秩序无情遗弃。

在完成了关于资本主义“精神”史的谱系学勾勒后，韦伯才在《新教伦理与资本主义精神》结尾发表了一番“太史公曰”式的议论，感慨现代人在资本主义秩序下遭遇的“铁笼”命运。这段话清晰显示了韦伯关于西方现代资本主义文明的价值诊断的尼采元素。然而，帕森斯当年在翻译这段话时误将“最后的人”（“末人”）译成“最近阶段”，以致意蕴大失。[①] 这个翻译错误也为本文的考察提供了一个不无相关而耐人寻味的学术史插曲。

结语：韦伯、“谱系学”与历史的文化科学

以上，本文初步考察、揭示了韦伯在《新教伦理与资本主义精神》这一经典作品中所运用的“历史方法”。韦伯运用的“历史方法”已与老一代的历史经济学派有了很大差别。特别是受到李凯尔特关于“文化”及“历史的文化科学”的论述影响，从而能够更加自觉地剔除各种“自然主义教条”的影响。韦伯本人还创造性地发展出“理念型”

---

① 参阅 Stephen A. Kent, "Weber, Goethe, and the Nietzschean Allusion: Capturing the Source of the 'Iron Cage' Metaphor," *Sociological Analysis*, vol. 44, no. 4, 1983, pp. 301-302。

这一方法论概念，作为其“文化科学”研究的方法工具。然而，笔者认为，在《新教伦理与资本主义精神》中，更具核心地位的应该是“谱系学”这一源自尼采的“历史方法”。可以说，《新教伦理与资本主义精神》一书关于资本主义“精神”及其宗教禁欲主义出身的经典“谱系学”考察，一举奠定了韦伯作为西方现代性之谱系学家的地位。

尽管尼采对现代科学表达出公开的敌意，今天人们仍然可以更为公允地评估尼采对韦伯的科学研究（包括其基本关怀、实质问题及研究方法等）的潜在影响。有些方面，已得到韦伯本人的公开认可，如在宗教社会学中对尼采提出的怨恨问题的批判性检讨；有些隐微的方面，则需后人来加以揭示，如谱系学方法的传承与化用。本文尝试从“技术”上揭示韦伯在关于资本主义“精神”史的研究中对尼采谱系学方法的传承，具体体现为：沿着非道德主义的文化科学立场，超越价值的形而上学对立，把握价值的历史“转化”；通过语源学考察来识别文化谱系的关键联结点；通过建构对立的理念型来细致辨析宗教教理及其心理效果的微妙差异，等等。不过，另一方面，韦伯的谱系学工作已与尼采在风格与旨趣上大相径庭。如果说尼采在德国哲学领域内推动的是“历史的哲学”，那么韦伯执着的则是“历史的文化科学”。进而，如果说尼采的谱系学是其“重估一切价值”的文化批判武器（如对贯穿于西方哲学、宗教乃至现代科学中的禁欲主义理念的批判），那么在韦伯这里谱系学则是其理解历史实在（如现代资本主义“精神”）之意义的文化科学工具。

诚然，韦伯在《新教伦理与资本主义精神》文末关于现代资本主义“铁笼”下人的命运的议论可谓震人心魄，展示出非凡的文化批判力。他笔下所勾勒的“末人”状态清晰透露出尼采对他的思想影响。然而，他很快就显示了科学家的自我克制，明确将之与“纯历史的讨论”分离开来。后者才是韦伯在《新教伦理与资本主义精神》中贯彻的“文化科学”研究路线。也许，在韦伯看来，这正是他和尼采分野的关键之处。

必须指出，从《新教伦理与资本主义精神》发表以来，其所采用的“理念型”分析策略就始终充满争议。就一项文化史研究而言，其经验论证无论如何是不够充分的，尤其是欠缺相关史料的有力支撑。诸如“资本主义精神”这样的理念型，在方法上是可行而且必要的，甚至新型“资本主义企业家”的静态理念型图像也是可以接受的。但是，关于“资本主义精神”的发生史（或者说新兴资本主义企业家的“革命史”）采取虚构的理念型叙事，就显得非常薄弱而乏说服力了。韦伯在第二章中提到“资本主义精神”的主要社会承载者——“正在上升中的中等阶级（middle class，德语 Mittelstand）”时，只是寥寥数语，几乎没有什么实质性的经验支撑。[①] 1920 年修订时只加写了一句，转

① Max Weber, *The Protestant Ethic and the "Spirit" of Capitalism and Other Writings*, p. 20.

述他人关于16世纪时期苏黎世的研究。[①] 也许，韦伯本应多下功夫搜集他所谓“新贵”阶层（即新型企业家）的相关史料，但他似乎没有去做这方面的文献工作，而主要是依赖自己的家族经验，乃至穿越时空（从19世纪德国穿越到17世纪英国）来想象地建构资本主义革命历史过程。[②] 这样的历史叙事，难免会给其批评者如历史学者菲利柯斯·拉赫法尔（Felix Rachfahl）留下“内卡河上的水泡”的印象。[③] 就此而言，至少可以说，我们很难把《新教伦理与资本主义精神》的成功简单归功于理念型这一韦伯式的文化科学方法的典范运用。

与此同时，我们则看到，从基督教禁欲主义伦理到“资本主义精神”，再到现代资本主义秩序下的世俗享乐主义，韦伯对这一出人意料的“谱系”演变的揭示是这项研究的绝大魅力所在。它有效地打破乃至完全颠覆了人们关于资本主义及其“精神”的习以为常的现代成见，正如韦伯在《新教伦理与资本主义精神》中一再提醒读者的那样。应该说，这一“谱系学”的考察，成功展示了韦伯的文化科学（文化史）研究的洞见与技艺。

---

① 马克斯·韦伯：《新教伦理与资本主义精神》，第193页。

② 参阅玛丽安妮·韦伯：《马克斯·韦伯传》，第135—136页。然而，韦伯本人则有意回避了其家族经验的影响，而是给出一个非常含糊其辞的说明：他勾勒的这幅画面“是根据在不同工业部门和不同地区所看到的情况”而构建的理念型（马克斯·韦伯：《新教伦理与资本主义精神》，第288页注25）。

③ 参阅 Max Weber, *The Protestant Ethic and the "Spirit" of Capitalism and Other Writings*, p. 282。

韦伯的“谱系学”考察是对现代“经济人”（世俗的功利主义理性）的文化“出身”（宗教理性或世俗幸福主义眼光下的无理性）的历史探寻、鉴定。人们的文化心态及其历史演进的把握，不可能采用外在观察的研究路径，而必须加以内在地诠释性理解。同时，在研究过程中不断进行差异辨析，以求把握其独异性。这是非常精细的学术功夫。谱系的梳理（或谱系学考察）往往是跨越领域的，把看似不相干乃至“对立”的领域（如世俗经济心态与宗教救赎伦理）之间的隐秘联系揭示出来。谱系学考察的技艺，需要渊博的知识、开阔的视野与之匹配。如《新教伦理与资本主义精神》所示，韦伯正是这种“通才”式的学者。

自 1920 年经过韦伯亲自修订的《新教伦理与资本主义精神》再版，迄今已整整百年。这部世纪经典无疑是现代人文社会科学的一座宝藏。然而，对其中所蕴藏的丰富“矿藏”——如“谱系学”这一历史方法——的挖掘，则需要我们重新回到经典本身及其诞生的知识与文化语境，耐心细致地观照、领会韦伯不拘一格、海纳百川、锐意创新的学术气魄与智慧。

后记

这本小书的形成，多少是个意外。20 世纪 90 年代在燕园求学的时候，韦伯及其名作《新教伦理与资本主义精神》曾对我个人的学术成长产生过重要影响。我单独发表的第一篇学术作品就是关于这部经典的释读。2020 年韦伯逝世百周年之际，我又写了一篇探讨这部作品中隐藏的“历史方法”的文章以资纪念。次年文章发表后，又在澎湃网、三联学术通讯等一些公共学术平台上得到转载。“活字文化”编辑陈轩先生联系到我，希望能将有关讲稿整理出来，以飨读者。在他的敦促下，我决定着手这项工作。

上编的讲录是在为重庆大学博雅学院本科生和高研院研究生授课的基础上整理而成。2014 年秋季入职重庆大学后，我受命连续几年给博雅学院本科生开设毛泽东著作选读课，作为公共课教学改革的试验。直到 2017 年秋季，上完最后一次。主管教学工作的李东副院长找我商量，能否为学生们开设一门社会科学方向的基础课。恰好几年来我一直参与高研院研究生平台课“社会思想经典选读”的教学，并负责导读韦伯的两个演讲。于是，便考虑给低年级本科生开设一门韦伯专题。经过一年多的筹备，于 2019 年春季正式行课。博雅学院教学最大的特色是注重经典阅读，《新教伦理与资本主义精神》是我在这门课上安排的重点研读文本之一。这使我有机会认真地重读了这部学术经典，并在课堂上做比较细致深入的导读。2020年春季，由于疫情原因改为线上教学，我又为高研院“政治、经济、法律”专业的研究生新生导读了这部作品，进一步充实了内容。

这样的经典教学对我来说可算是一次“圆梦之旅”。它让我有机会重温学生时代的求知之乐，并在课堂上与新一代的求知者们分享、交流。这真是一件非常有意义的事情!

但是，我绝不敢冒称韦伯研究专家。与我求学的时代不同，能够娴熟地阅读德文原著并利用德语二手文献已成为今天从事韦伯研究的基本要求。我不通德语，教学与研究主要只能依靠英语文献，这是局限所在。不过，韦伯当年完全不懂中文，却敢于去研究中国文明，并写出了《儒教与道教》这样伟大的传世作品。我和学生们说，敢给大家开这门课很大程度上是受了他这种探究勇气的激励。我也绝不敢冒称《新教伦理与资本主义精神》研究专家。实际上，这部作品的深入研读需要大量英美早期现代史的知识，单是这一点，我就不具备。如果是一位英美史专家来解读这部作品，相信肯定会呈现别样的知识风景。不过，带着长期从事中国革命史研究的体验，我自信对《新教伦理与资本主义精神》的理解也有自己的一些独到之处。通过自己的导读方式，我希望能有效拉近这部作品与中国读者之间的距离。

2022年秋季，我有机会到浙江大学人文高等研究院担任驻访学者。在幽静而美丽的之江校区，终于能集中精力专心完成书稿写作。非常感谢高研院行政团队的服务与支持!

晁群、罗立健、邱淑怡、李依晓等同学参与了讲课录音的初期整理工作，石紫嫣录入了旧文《现代性与反讽》。感谢大家的帮助!

感谢陈碧村、顾逸凡和薛羽三位的编辑工作。他们出色的文字审校为小书添色不少。

最后，还要感谢我的妻子陈慧彬一直以来的鼓励和支持!

2022年12月28日

浙江大学之江校区头龙头教师公寓

2024年1月22日

补于重庆虎溪花园寓所

守 望 思 想　逐 光 启 航

理性的反讽：韦伯《新教伦理与资本主义精神》导读

李放春 著

责任编辑　顾逸凡
特邀编辑　陈　轩　陈碧村
营销编辑　廖　琛　池　淼　赵宇迪
装帧设计　毕梦博

出版：上海光启书局有限公司
地址：上海市闵行区号景路159弄C座2楼201室　201101
发行：上海人民出版社发行中心
印刷：商务印书馆上海印刷有限公司
制版：吴　磊

开本：890 mm × 1240 mm　1/32
印张：9.5　字数：182,000　插页：2
2024年3月第1版　2024年8月第3次印刷
定价：69.00元
ISBN：978-7-5452-1999-9/B·1

图书在版编目（CIP）数据

理性的反讽：韦伯《新教伦理与资本主义精神》导读 / 李放春著. -- 上海：光启书局，2024（2024.8重印）
ISBN 978-7-5452-1999-9

Ⅰ.①理… Ⅱ.①李… Ⅲ.①新教—基督教伦理学—关系—资本主义—研究 Ⅳ.①B976.3

中国国家版本馆CIP数据核字（2024）第002221号